Rolf Hosfeld

Tucholsky

Rolf Hosfeld

TUCHOLSKY
EIN DEUTSCHES LEBEN

Siedler

Die Arbeit an diesem Buch wurde gefördert durch ein
Stipendium der Stiftung Preußische Seehandlung.

Verlagsgruppe Random House FSC-DEU-0100
Das für dieses Buch verwendete
FSC®-zertifizierte Papier *Munken Premium* liefert
Arctic Paper Munkedals AB, Schweden.

Erste Auflage
März 2012

Copyright © 2012 by Siedler Verlag, München,
in der Verlagsgruppe Random House GmbH

Umschlaggestaltung: Rothfos + Gabler, Hamburg
Satz: Ditta Ahmadi, Berlin
Druck und Bindung: GGP Media GmbH, Pößneck
Printed in Germany 2012
ISBN 978-3-88680-974-5

www.siedler-verlag.de

Inhalt

DIE WELT VON GESTERN

Pimbusch	9
Der Gentleman	25
»Die Schaubühne«	40
August 1914	56
The wind cries Mary	62
Die Welt als Wille und Vorstellung	74

DIE HALBE REPUBLIK

Nachkrieg	87
Zwischen zwei Frauen	102
Cabaret	114
Der Neue Mensch des Weltkriegs	125
Demokratie oder Gewaltherrschaft?	139

DEUTSCHLAND VON AUSSEN

Paris	155
Innen weint es	178
Ménage à trois	192
Mona Lisa	209

KEIN ORT, NIRGENDS

Nordland	227
Hochverrat?	238
Nuuna	250
Endspiel	259

ANHANG

Kurt Tucholsky – Stationen seines Lebens	275
Anmerkungen	279
Literaturverzeichnis	306
Personenregister	313
Bildnachweis	320

DIE WELT VON GESTERN

Pimbusch

Der Regionalexpress vom Berliner Hauptbahnhof nach Löwenberg benötigt 38 Minuten. Er fährt dann weiter über Neustrelitz nach Stralsund. Nicht anders vor dem Ersten Weltkrieg der D-Zug vom Stettiner Bahnhof, angetrieben von einer Lokomotive der Baureihe P 8, die damals eine Höchstgeschwindigkeit von hundert Stundenkilometern erreichen konnte. D-Züge waren sogenannte Durchgangszüge und standen für einen 1891 von der preußischen Staatsbahn eingeführten revolutionären Wagentypus, der die Vorteile des amerikanischen Großraumwagens mit der gewohnten europäischen Abteilanordnung zu verbinden wusste. Jedes Abteil konnte man nun vom Wageninneren über einen Seitengang erreichen und dank eines Faltenbalgs am Wagenende den ganzen Zug durchlaufen.

In einem solchen Durchgangszug saßen im August 1911 die Medizinstudentin Else Weil und der Jurastudent Kurt Tucholsky auf einem Ausflug nach Rheinsberg im Ruppiner Land. »Seinen eigentlichen Anfang nahm das Abenteuer erst, als sie in Löwenberg ausstiegen. Der D-Zug ruhte lang und dunkel in der Halle unter dem Holzdach« – mit dieser Passage beginnt Tucholskys Erstlingswerk *Rheinsberg*, das ihn berühmt machen sollte und heute noch zu seinen beliebtesten Büchern zählt. Es war im Staatsbahnhof – der kleine Ort Löwenberg verfügte auch über einen Privatbahnhof –, und man musste den Zug wechseln.

Das Holzdach existiert nicht mehr, aber das verwitterte Ziegelgebäude des Bahnhofs umgibt immer noch die Patina jener Zeiten. Der alte Wasserturm, aus dem die P 8 mit frischem Nachschub versorgt werden musste, hat überlebt. Auch zwei Bahnsteige gibt es nach wie vor. Damals, mit der Kleinbahn, »wie aus Holz gefügt, steif und verspielt«, dauerte es allerdings deutlich länger als heute von Löwenberg bis in die kleine Residenzstadt am Grienericksee, die sich seit einigen Jahren zu einer beliebten Sommerfrische für Berliner der mittleren Schichten gemausert hatte. Eine dreiachsige Henschel-Lokomotive bewegte drei Personenwagen auf dieser Strecke, und »das Maschinchen schnob und klingelte zornig, durch den staubigen Rauch hindurch klingelte es melodisch, wie eine Kirchturmglocke bei Sturm«. Unterwegs – kaum als Landschaft zu bezeichnen – ein Halt auf freier Strecke; die Lokomotive hatte Funken ausgeworfen. Und dann kamen sie endlich an.[1]

Rheinsberg verdankt seinen Nimbus Friedrich II., den man in wilhelminischer Zeit wie selbstverständlich den Großen nannte. 1903 hatte man vor dem stadtseitigen Eingang zum Schlosspark eine Bronzeskulptur des jungen Friedrich aufgestellt, voller Verehrung für den Mann, dem Preußen seine Wandlung vom Parvenü unter den Staaten zur europäischen Macht zuschrieb. Als Kronprinz residierte er hier zwischen 1736 und dem Tod seines Vaters 1740, einstweilen eher introvertiert und besessen von dem Gedanken, ein großer Komponist zu werden oder ein geachteter Philosoph. Er korrespondierte mit Voltaire, unter anderem über seine in Rheinsberg entstandene Streitschrift gegen Machiavelli, die der Franzose als die beste Abhandlung aus der Feder eines Fürsten seit Mark Aurel begrüßte. Wenig später wurde die Rheinsberger Hofgesellschaft aufgelöst. Nun bewohnte für die nächsten Jahrzehnte Prinz Heinrich, der Bruder des Monarchen, das Landschloss, und kurz vor Friedrichs Tod 1786 weilte noch einmal ein berühmter Franzose dort, der spätere zwielichtige Revolutionsheld und Preußenverehrer Honoré-Gabriel Graf Mirabeau.

Seit 1802 lag es, nur von der Familie eines Kastellans behütet, verlassen da, und als der britische Reisende Alexander Hamilton 1872 nach Rheinsberg kam, boten Schloss und Stadt ein ödes Bild. Ausflügler gab es keine, wenn man von den zwei

Schloss Rheinsberg im Ruppiner Land verdankt seinen Ruf dem preußischen König Friedrich II. Als Sommerfrische und Ausflugsort vor allem für Berliner wurde Rheinsberg Anfang des 20. Jahrhunderts ein beliebtes Reiseziel. Kaum ein Buch hat Rheinsberg so populär gemacht wie Kurt Tucholskys Erstlingswerk von 1912, das nach einem Wochenendausflug mit seiner Geliebten dorthin entstand.

Landschaftsmalern absieht, die ihm dort begegneten. Die Zimmer im ersten Gasthaus des Ortes rochen muffig, das Essen schmeckte ziemlich schlecht. Doch, so meinte Hamilton mit dem sicheren Blick eines weltläufigen Engländers, eines Tages werde sich aus dem Ort etwas machen lassen, nichts Mondänes, aber vielleicht etwas für die einfachen Leute.[2] Mit der 1899 eröffneten Kleinbahn war diese Zeit schließlich gekommen.

Im Sommer 1911, als Tucholsky sich auf den Weg nach Rheinsberg machte, litt ganz Europa unter einer starken Hitzewelle. »Die Sonne glüht. Der Asphalt kommt ins Kochen«,[3] schreibt er Ende Juli. Auch das wird einer der Gründe dafür gewesen sein, dass er sich dazu entschied, in den fortgeschrittenen Augusttagen eine Landpartie mit seiner Freundin Else Weil ins Auge zu fassen. Er war einundzwanzig, sie zweiundzwanzig Jahre alt. Er hatte bereits eine künftige Verlobte, Kitty Frankfurther, die von seinen Freunden niemand kannte und über die man bis heute kaum mehr weiß, als dass er in jungen Jahren einmal »sehr verliebt« in sie war.[4] Nicht etwa neben ihr, sondern in der Hauptsache, berichtet der mit ihm befreundete Verlegersohn Heinz Ullstein, hielt er sich noch eine andere Freundin, Else Weil.[5] Er war »innen etwas unmoralisch, / nie alleine, stets à deux: – / der neveu«, wie er seine Tante Berta damals selbstironisch wissen ließ.[6]

Wann Tucholsky und Else Weil sich kennenlernten, lässt sich heute nicht mehr rekonstruieren. Sie stammte aus einer jüdischen Berliner Kaufmannsfamilie und hatte im Februar 1910 an einem Schöneberger Knabengymnasium ihr externes Abitur abgelegt. Im Wintersemester des gleichen Jahres immatrikulierte sie sich zunächst an der Philosophischen Fakultät der Friedrich-Wilhelms-Universität Unter den Linden, hörte Heinrich Wölfflin über Leonardo da Vinci, Wilamowitz-Moellendorff über homerische Poesie und den charismatischen Georg Simmel über Ethik, bevor sie im April 1911 an die Medizinische Fakultät wechselte. Sie war eine der ersten Frauen in Preußen, die Medizin studierten, was in Berlin vor 1908 grundsätzlich nicht möglich gewesen war. Sie hatte soeben ihr erstes medizinisches Semester hinter sich gebracht. In Tucholskys *Rheinsberg*-Capriccio heißt sie Claire. Sie war keine Kunstfigur. Wie er 1931 anlässlich der hunderttausendsten Auflage schrieb: »Claire war real.«[7]

Tucholsky nannte Else Weil schon seit geraumer Zeit Claire Pimbusch nach der von unzüchtigen Gedanken gemarterten Gattin eines Schnapsfabrikanten aus Heinrich Manns Roman *Im Schlaraffenland* – eine Frau, die in manchen Details eher hässlich aussah, im Ganzen aber den unwiderstehlichen Reiz einer mondänen, sehr teuren Kokotte ausstrahlte. Das war auf den ersten Blick wenig schmeichelhaft. Tucholsky fand Manns *Bel-Ami*-Verschnitt über die unausstehliche Berliner Gesellschaft seiner Zeit im Übrigen eher platt gestrickt und etwas zu simpel in der Satire. »Bautsch!«, meinte er einmal: »Ein bisschen mit dem Hammer!« Die Namen dagegen habe Mann geradezu »wundervoll« erfunden.[8] Zum Beispiel Pimbusch. Tucholsky gefiel das – und ihr auch.

Else Weil konnte bei aller Intellektualität eine ziemlich alberne, selbstironische und frivole Person sein. Auch das gefiel ihm. Diese bezaubernde Frau war es, die seine Sprache in *Rheinsberg* regelrecht erfunden hat. »Ihr Deutsch war ein wenig aus der Art geschlagen«, heißt es dort: »Sie spielte immer, gab stets irgendeiner lebenden oder erdachten Gestalt für einige Augenblicke Wirklichkeit.« Eine maßlose Frechheit sei das, gemeinsam einfach auf Tour zu fahren, lässt Tucholsky sie gegen den wilhelminischen Sittenkodex kokettieren, ohne verheiratet oder wenigstens verlobt zu sein: »Wenn das niemand merkt! Aber es merks niemands – pass mal auf, es merks niemand!«[9] Die Pimbusch, also Else Weil, habe ihm dieses infantile Schlafzimmer-Gealber, das er phonetisch waschecht kopiert hat, erst eingeflüstert, behauptete Tucholskys Freund Walter Mehring.

Sie hatte tatsächlich etwas von einer erotischen Ausnahmeerscheinung an sich, aber anders als Heinrich Manns überzeichnete Romanfigur. Else Weil war – so der Verlegersohn

Heinz Ullstein – ein nicht unbedingt hübscher, aber anziehender Mensch mit ungewöhnlich zarten und schönen Händen.[10] »Einmal legte Claire die Hand auf den Bootsrand«, heißt es in *Rheinsberg,* »diese ein wenig knochige und männliche Hand, auf deren Rücken blassblaue Adern sich strafften; sah man aber die holzgeschnitzten, langen Finger, so ahnte man, es war eine erfahrene Hand. Diese Fingerspitzen wussten um die Wirkung ihrer Zärtlichkeiten, kräftig und sicher spielten die Gelenke.«[11] Ein Einundzwanzigjähriger schreibt das, offenbar nicht ganz lebensunerfahren, pathos- und romantiklos, mit fast fotografisch sezierendem Blick, und doch spürt man, wie tief ihn dieser Anblick berührt. Und dann der schnippische Eros ihrer Privatsprache und ihres kindlichen Schlafzimmergealbers. Es hatte, wie sie ihm einmal gestand, stets etwas Rauschhaftes an sich, wenn sie zusammenkamen. Claire war eine Annäherung des für Tucholsky immer vielgestaltigen und unerreichbaren Frauenidealtypus.

Rheinsberg, ein lauer Sommerwind, Rascheln in den Bäumen, es ist reichlich warm, »und neben Dir stand die, die Du nie vergessen wirst«, schreibt er im *Vorwärts* Ende März 1912, acht Monate bevor das Buch erschien. Ein Band mit kolorierten Fotos aus der Mark Brandenburg – darunter Schloss Rheinsberg – hatte ihn die Erlebnisse des vergangenen Spätsommers noch einmal Revue passieren lassen. Diese Fotos, meinte er, gingen im Vergleich zur Malerei bereits ganz eigene Wege. Sie regten an. Sie animierten dazu, sie aus der Phantasie zu ergänzen und eine dahinter liegende Geschichte zu vermuten.[12]

Vielleicht so: Mit der Kleinbahn aus Löwenberg erreichten sie Ende August des Vorjahres den am Rand des Städtchens liegenden Bahnhof, einen schmucklosen Zweckbau aus der Jahrhundertwende. Davor ein gepflasterter Platz, wo sie ein Bediensteter ihres Hotels mit einem Zweispänner erwartete. Dann der Marktplatz mit seinen Knobelsdorff'schen Reihenhäusern. Das Schloss und der Park des Prinzen Heinrich. Der

Die Medizinstudentin Else Weil war die Claire Pimbusch in Tucholskys Rheinsberg-Capriccio. Sie konnte eine außerordentlich selbstironische, frivole und erotomanische Person sein, und obwohl er mit einer anderen verlobt war, sah man ihn meist an ihrer Seite. In den zwanziger Jahren war er zeitweilig mit ihr verheiratet. Else Weil wurde am 11. September 1942 in Auschwitz ermordet.

See. Im Schloss stellten sie sich dem alten Kastellan gegenüber als Ehepaar Gambetta aus Lindenau vor und hatten ihre helle Freude daran, wie »historische Erinnerungen« an die Tage von Sedan und die französische Volkserhebung gegen die Preußen unter der Führung des jungen Republikaners Léon Gambetta den dicken Mann sichtlich bewegten und seine Lippen schweigend zu zucken begannen.

Es machte ihnen Spaß, »über die Sehnsucht der Bürger zu spotten«, über die Hausfrau, die sagt: »mein Mann, der Bergassessor«; die spitzmäulige Dame, die tuschelt: »und denken Sie, sie ist eine Berlinerin, aber wissen Sie, im guten Sinne des Wortes«; oder die schwitzenden Familienväter, die ihre Spazierstöcke beim Landausflug »am Ende Gewehr über trugen« und stumm der nächsten Bierquelle entgegenhechelten. O wilhelminische Kastenwelt und dumpfe Strammheit! Doch sie waren jung, »jetzt waren sie an der Reihe – hurra! – und sie waren beide nicht unerfahren«. Die ganze Geschichte durchzieht ein Grundakkord zeitgemäßer Zarathustra: »Kämpfen – aber mit Freuden! – Dreinhauen – aber mit Lachen!«[13] Tanzt, tanzt!

Rheinsberg war ein Buch der Jugend – nach den Worten der Schriftstellerin Gabriele Tergit die Leiden des jungen Werther für jene Generation, die wenig später in den Weltkrieg zog[14] –, aber kaum von jenem Geist des bündischen Aufbruchs geprägt, aus dem die orakelnden Wanderer zwischen zwei Welten hervorgingen, denen die Bewährung in den Schützengräben schließlich wie eine Erlösung aus der faden Monotonie des bürgerlichen Alltags erschien. Tucholskys Erzählung verhielt sich dazu wie Heinrich Heines Apotheose des Lebens oder Nietzsches tanzender Stern zu den Todessehnsüchten des von seiner zerrissenen Zeit überwältigten Dramatikers Heinrich von Kleist. Und auf eine andere Weise wie Walter Leistikows lichtdurchflutete Bilder der Havelseenlandschaft oder Arnold Böcklins Wolken zum erstarrten Akademismus der Kunstdoktrin des Kaisers und seines Hofmalers Anton von Werner, die Tucholsky mit siebzehn – noch ein Pennäler – 1907 in der Zeitschrift *Ulk* als die großen Antipoden seiner Zeit gegenüberstellte. Der Kaiser – Wilhelm II. –, hieß es da, »pfiff darauf«, auf die freie Luft der Moderne.15

Ein Buch wie *Rheinsberg* wiederum pfiff auf die wilhelminische Enge. Es war ohne den Aufstand gegen die erstarrten Konventionalitäten in jener irritationssüchtigen Wendezeit – als der Expressionist Jakob van Hoddis 1911 dem Bürger in einem Gedicht seinen Hut vom spitzen Kopf fliegen ließ – kaum denkbar.

In solchen Irritationen lag immer auch die tiefe Sehnsucht nach einer im Verfall begriffenen Welt von gestern verborgen. Gegen eine wirtschaftliche Amerikanisierung, meint Tucholsky 1913, könne man sich kaum zur Wehr setzen, wohl aber gegen eine geistige. »Denn es gibt besseres«, meint er: »Es gibt Solidität, Würde, Stetigkeit. Und die wollen wir uns bewahren.«16 Was, fragt er, würde geschehen, wenn einer wie Henrik Ibsen wiederkäme in diese »Zeit des Raffens, des übereilten Tempos, des Spektakels« und verlangte von den Zeitgenossen stilles Zuhören und Meditation? Sie würden ihn heruntertrampeln, sie würden nicht ruhen, bis sie ihn tot gemacht hätten, bis er sich nicht mehr rührt. »Wir sind zurückgegangen«, so sein melancholisches Fazit.17

Und dann gab es den Anarchen Knut Hamsun, die moderne Herausforderung der amerikanischen Moderne par excellence. Tucholsky verehrte ihn, den »lieben Gott«, der »heftig gegen das Alter eingenommen« war.18 Er war nach Ibsen, Strindberg und Munch die jüngste skandinavische Sensation in Deutschland. Wo immer er auftauchte, wurde er wie ein Idol behandelt. Er war intensiv, erotisch und dabei von einer sachlichen Lakonie, die damals überraschte. 1910 erschien erstmals eine Ausgabe seiner Gesammelten Werke, und nicht wenige hielten ihn für den größten lebenden Schriftsteller auf Erden, einen Visionär, einen geistigen Aristokraten, dem es wie keinem Zweiten gelang, tief in die Geheimnisse des Lebens einzudringen. Man müsse schreiben können wie Hamsun, meinte noch Nick Adams in Ernest Hemingways erotischer Shortstory *Summer People*.

Auch *Rheinsberg* ist eine Geschichte von Menschen im Sommer. Den Gedanken, dass die Liebe etwas unendlich Schönes und zugleich unendlich Unerreichbares sei, teilte Tucholsky mit Hamsun. Viel wissen wir um alle Heimlichkeiten der Körper, heißt es in *Rheinsberg* – aber auch um alle der Seele? Kaum, meint er, sonst wäre der Liebende mehr als ein Narr. Aber er will etwas, das es nicht gibt: Erfüllung. Fast alles auf der Welt ist zu befriedigen, beinahe jede Sehnsucht – »nur diese nicht«. Man kann glücklich sein, aber nie zufrieden. Es gibt keine Wahrheit im Seelenleben, nur eine, die wir empfinden und an die wir glauben. »Und das Erlebnis und ich und sie«, so Tucholskys Fazit des Rheinsberger Spätsommers, »das gibt einen Klang, einen guten Dreiklang.«[19] Einen Schwebezustand zwischen Realität, Impression und Illusion.

Schön wäre es, meinte Tucholsky einmal, »auf Eichendorffsche Art« zu reisen: »alles hinnehmen, träumen und betrachten«.[20] Ein Wunsch: »In wundervoller Unbekümmertheit«[21] dahinzuleben. Irgendwie hat *Rheinsberg* auch etwas von der Leichtigkeit des Eichendorff'schen *Taugenichts* an sich. Wenn es doch so einfach sein könnte. In Wirklichkeit war schon die originale Romantik alles andere als naiv, und man musste nicht zu den wissenschaftsgläubigen Monisten und Alleserklärern jener Zeit zählen – die das Buch in Gestalt eines »begabten Mädchens« mit »klaren festen Begriffen« karikiert –, um darin ein Problem zu sehen. Des Nachts steht der Mond über dem Rheinsberger Schloss, der Obelisk wirft einen scharfen Schatten, und das Laub raschelt und rauscht. »Warum reagieren wir darauf wie auf etwas Schönes?«, fragt sich Tucholsky: »Es ist doch nur ein durch Schallwellen fortgepflanztes Geräusch.«[22]

Und trotzdem kann Erkenntnis die Seele nicht abtöten. Sie kann sie auch nicht erklären. Man kann ihr Geheimnis nur andeuten, wie in einem pointillistischen Gemälde, das bewusst die Nähe zur Musik sucht. »Ich weiß genau, wo die Technik aufhört und das Andre anfängt«, schrieb Tucholsky einmal, »das, was man nicht machen kann«.[23] Das, was man nicht machen kann, ist die Musik – und in seiner kompositorischen Leichtigkeit, in seiner minimalistischen Lakonie liegt der eigentliche Reiz von *Rheinsberg* verborgen.

Im Spätsommer 1911, als Tucholsky und Else Weil das Residenzstädtchen besuchten, befand sich Europa fast am Rande eines großen Krieges. Deutsche Ansprüche auf afrikanische Gebiete, am Kongo und in Westmarokko, hatten nach der unangemeldeten Landung eines deutschen Kanonenboots in Agadir am 1. Juli zu starken Spannungen mit Frankreich geführt, das sich der Rückendeckung Englands gewiss sein konnte. Das bürgerliche Deutschland erlebte bis zum November, als die sogenannte zweite Marokkokrise beigelegt wurde, einen Erregungszustand, wie man ihn vorher in Europa nicht gekannt hatte. Auch in den hohen Kabinetten, schreibt Tucholsky Ende Juli im *Vorwärts*, herrschte wegen Marokko »35 Celsius«. Vorsicht, meint er: »Die Hitze hat oft böse Konsequenzen.«[24] Und während er am Grienericksee leichtfüßig herumflirtet, wünscht sich ein junger Mensch im westpreußischen Bromberg, der spätere Expressionist Ernst Toller, den Krieg und das Ende des faulen Friedens regelrecht herbei.[25] Er ist kein Einzelfall.

Nicht von ungefähr wird der heitere Eros in *Rheinsberg* durch diese Stimmung und damit einhergehende Vorahnungen kurzzeitig getrübt. »Sehssu, mein Affgen, das is nu deine Heimat. Sag mal: würdest du für dieselbe in den Tod gehen?«, fragt Claire ihren Geliebten unvermittelt, als sie träumend im Gras der Rheinsberger Remusinsel liegen, und erhält die Antwort: »Du hast es schriftlich, liebes Weib, dass ich nur für dich in den Tod gehe. Verwirre die Begriffe nicht.« Es ist ein fast beiläufiger Dialog, doch er formuliert bereits Tucholskys großes Lebensthema. Der Krieg, der immer mehr zu einer realen Möglichkeit zu werden drohte, war für ihn, den radikalen Zivilisten, ein Rückfall in kindliche, rohe und vorgesellschaftliche Verhaltensweisen und nichts für erwachsene, kultivierte Menschen: »Die Gefühle sind andere.«[26]

Nach ihrem Rheinsberg-Ausflug reisen Tucholsky und Else Weil an die Ostsee und verbringen dort fast den ganzen September. Bis dahin hatte er gerade einmal elf kleine Artikel und Gedichte veröffentlicht. Nun arbeitet er, der sich in Rheinsberg Aufzeichnungen gemacht hat, an seiner ersten größeren literarischen Geschichte. »Was in den drei Tagen leicht und grün vorübergeglitten war, wurde an der See in ebenso viel Wochen würgend langsam in kleine Notizbücher geschrieben.«[27] Die Pimbusch sitzt, während er dichtet, meist im Nebenzimmer und bereitet sich vermutlich auf das kommende Wintersemester vor. Ein »Bilderbuch«[28] soll es werden, wie scheinbar zwanglos aneinandergereihte fotografische Momentaufnahmen. Noch im September – mitten in der Marokkokrise – hat er eine erste Fassung fertig. Max Brod in Prag, dem Tucholsky den Text im Frühherbst zukommen lässt, schlägt einige Veränderungen am Schluss vor, die in der Endfassung Berücksichtigung finden.[29]

Brod ist es auch, der sich als Verlagsautor bei Axel Juncker für den noch völlig unbekannten Tucholsky einsetzt. Mit Erfolg. Irgendwann jedenfalls – noch im Herbst 1911 – war man bei Juncker von dem Manuskript regelrecht hingerissen. Da wurde eine Tür geöffnet, das war eine neue Welt.[30] Bei Juncker befand sich Tucholsky in guter Gesellschaft. Er verlegte neben Max Brod unter anderem Rainer Maria Rilke, Franz Werfel, Else Lasker-Schüler und Max Dauthendey. Am 15. November 1912 wird *Rheinsberg,* illustriert von Tucholskys Freund Kurt Szafranski, als Geschenkbändchen der Reihe *Orplid* an die Buchhandlungen ausgeliefert, broschiert siebzig Pfennig, gebunden eine Mark.

Die erste Rezension veröffentlicht der unter dem Pseudonym Dr. Owglass auftretende *Simplicissimus*-Autor Hans Erich Blaich 1913 in der Zeitschrift *März*. »Gottlob«, meint Blaich, »Eichendorff ist noch nicht tot.« Und Julius Bab schreibt in Siegfried Jacobsohns *Schaubühne,* hier gebe es endlich etwas zu lesen, das völlig frei sei von der rührend-lächerlichen Pathetik bemondeter Maiabende, aber auch von der parfümbelasteten Salondämonie der sogenannten großen Welt,[31] die Heinrich Mann zu seiner Satire auf das Berliner Schlaraffenland veranlasst hatte. »Eine Dichtung«, so Bab.[32] Doch das leichtfüßige *Bilderbuch für Verliebte* ist auch eine vollendete Antiwelt zu dem landauf, landab grassierenden Nervenfieber angesichts der über Europa wie ein Damoklesschwert lastenden Kriegsgefahr.

Seit Jahren hatte sich das Bild eines möglichen Krieges in den Köpfen verschoben. Er wünsche seinem Vaterland von allen guten Dingen zwei, meinte beispielsweise der General Colmar von der Goltz: nämlich völlige Verarmung und einen mehrjährigen harten Krieg. Dann erst würde sich das deutsche Volk vielleicht noch einmal erheben und sich für Jahrhunderte vor moralischer Auflösung schützen.

Welten lagen zwischen der von Clausewitz geprägten klassischen preußischen Vorstellung vom Krieg als Fortsetzung der Politik mit anderen Mitteln und solchen Phantasien eines nationalen Purgatoriums in Stahlgewittern. Manche Militärs waren von Torschlusspanik heimgesucht, wie Admiral Tirpitz, der die Ansicht vertrat, ein Entscheidungskampf mit England sei unvermeidlich. Alles lief in seinen Augen auf eine Schicksalsschlacht hinaus, bei der es nur einen Ausgang geben konnte: Alles oder nichts, Weltmacht oder Untergang. Tirpitz hatte Darwin gelesen. Wie der General a. D. Friedrich von Bernhardi, dessen Buch *Deutschland und der nächste Krieg* Anfang 1912 erschien, in dem er den Kampf ums Dasein zur Grundlage aller gesunden Entwicklung erklärte. Überhaupt, meint Tucholsky im *Vorwärts,* die Zahl der politisierenden inaktiven Offiziere wachse von Tag zu Tag, Bernhardi eingeschlossen: »Aufsätze, Broschüren, Reden, Vereine –: das Resultat ist stets dasselbe: der Krieg! Der unvermeidliche, frische, fröhliche Krieg!«[33] Unter den Deutschen grassierte eine moderne bellizistische Nervosität ohne Bezug zu jener bürgerlichen »Solidität, Würde und Stetigkeit«, die Tucholsky stets bewahrt sehen wollte.³⁴ Im Rheinsberger Abenteuer mit Pimbusch aber regiert nicht Mars und auch nicht Wotan, sondern Venus – und die Geschichte eines preußischen Spätsommers strahlt noch viel von der Gelassenheit der Welt Theodor Fontanes aus, den Tucholsky immer bewunderte und schätzte.

Schon als Student hatte er Norman Angells pazifistische Streitschrift *The Great Illusion* gelesen, ein »ausgezeichnetes Buch«, wie er später schrieb.³⁵ Es erschien 1910 und wurde bald zu einem der größten Bestseller des frühen zwanzigsten Jahrhunderts. Innerhalb eines Jahres erlebte es Übersetzungen in fünfzehn Sprachen. Angell warnte darin vor der Fähigkeit moderner Armeen, immer tödlichere technische Waffen einzusetzen, und vor der verheerenden Auswirkung eines Krieges auf die in Netzen gegenseitiger Abhängigkeit prosperierende Weltwirtschaft sowie das zivile Leben. Ein moderner Krieg würde nichts als Verlierer hervorbringen. Das war auch Tucholskys Ansicht.

Doch seit 1908 waren internationale Krisen eine übliche Angelegenheit geworden, und ganz Europa taumelte in einen unabsehbaren Rüstungswettlauf hinein. Nur wenige waren sich der Gefährlichkeit des Vabanque-Spiels bewusst, das hier ohne ernsthafte Ziele, aber mit hohem Einsatz gespielt wurde. Was es bedeuten würde, den Frieden Europas aufs Spiel zu setzen, hat niemand so deutlich gesehen wie der Sozialdemokrat August Bebel, der am Ende der zweiten Marokkokrise 1911 den Reichstag mit einer fast endzeitlichen Vision geradezu beschwor.

»Sie treiben die Dinge auf die Spitze, Sie führen es zu einer Katastrophe«, so Bebel: »Alsdann wird in Europa der große Generalmarsch geschlagen, auf den hin 16 bis 18 Millionen Männer, die Männerblüte der verschiedenen Nationen, ausgerüstet mit den besten Mordwerkzeugen, gegeneinander als Feinde ins Feld rücken.« Er erntet nur Lachen von den Rängen der konservativen und bürgerlichen Fraktionen, als er zu dem Satz anhebt: »Die Götterdämmerung der bürgerlichen Welt ist im Anzuge.« Doch Bebel, der einer zutiefst zivilen Welt entstammt und der für das russische Roulette der führenden Eliten überhaupt kein Verständnis aufbrachte, weiß, was er sagt. »Seien Sie sicher; sie ist im Anzug«, so seine prophetische Antwort auf das Gelächter der Gegenseite.[36]

Der früh verstorbene und von Tucholsky sehr geschätzte Dichter Georg Heym[37] ist einer der wenigen, die zur gleichen Zeit von ähnlichen apokalyptischen Visionen heimgesucht werden. »Wo der Tag flieht, sind die Ströme voll von Blut«,[38] schreibt er im gleichen Jahr 1911 über den kommenden Krieg, der in den Stimmungen der Dichterseele bereits seine Schatten vorauswirft.

Ende Juli 1914 meldet Tucholsky Nachrichten aus dem Tollhaus. Ungeheure Menschenmassen auf dem Kurfürstendamm: »Was gibt es Schöneres als den Krieg?! Faul und matt sind wir geworden durch den langen Frieden. Stickig und schwül ist die Luft ... Nun aber soll es kommen, das erlösende Gewitter, reinigend, beglückend.«[39] Innerhalb weniger Tage hatte sich die Welt in Europa plötzlich verdunkelt. Sir Edward Grey, der britische Außenminister, war sich schon in den ersten Tagen des Krieges darüber im Klaren, dass hier weit mehr auf dem Spiel stand als in den bisher bekannten Kämpfen um Einflusssphären. In ganz Europa gehen die Lichter aus, so Grey am 5. August 1914, und wir werden es nicht mehr erleben, dass sie wieder angezündet werden.

Die Vorgeschichte des immer nervöser werdenden Europa, der mit Urgewalt einbrechende Krieg und vor allem die Nachgeschichte dieser die ganze Welt moralisch verändernden Katastrophe – das war der geschichtliche und seelische Rahmen für Kurt Tucholskys kurzes und intensives Leben.

Tucholskys Vater Alex, ein begüterter Manager, wurde am 5. November 1905 auf dem Jüdischen Friedhof in Berlin-Weißensee beigesetzt, wo sich sein Grab noch heute befindet. In der Erde unter der Tafel mit dem Namen seiner Frau befindet sich nichts. Sie wurde Anfang Mai 1943 als Angehörige eines »Alterstransports« in Theresienstadt ermordet und ihre Asche in die Eger geschüttet.

Der Gentleman

Unter dichtem grünem Efeu, im Feld T 2 nahe einer Mauer, liegt auf dem Jüdischen Friedhof Berlin-Weißensee Alex Tucholsky begraben. »Jedweder hat hier seine Welt: / ein Feld«, dichtet Kurt Tucholsky 1925 über diese Stätte: »Da, wo ich oft gewesen bin, / zwecks Trauerei«.[40] Der Vater blieb für ihn zeit seines Lebens eine wichtige, prägende Figur. »Zu denken, dass ein so wertvoller Mann wie Papa sterben musste, als er an der Schwelle der Ernte seines Lebens war«, meinte er noch kurz vor seinem eigenen Tod, »ist bitter«.[41] Alex Tucholsky war am 1. November 1905 im Alter von fünfzig Jahren abends um halb sieben verschieden und wurde am 5. November hier mit einem Kaddisch zu Grabe getragen. Er litt seit Ende des Jahrhunderts an einem Spätstadium der Syphilis, das sich zunehmend in nervlichen Störungen und starken Schmerzen bemerkbar machte, was seiner preußischen Arbeitsethik allerdings keinen Abbruch tat.

Alex Tucholsky war ein musisch gebildeter und belesener Mann. Allen voran liebte er Heinrich Heine, die weltbürgerliche Weite und die ironische Distanz seiner Dichtung zu allem falschen vaterländischen Pathos. Ein Foto aus Tucholskys Kinderzeit zeigt ihn in einem Strandkorb in Misdroy auf Usedom mit Pfeife im Mund, die rechte Hand lässig auf einen Spazierstock gestützt – ein durch und durch ziviler Mensch in Zeiten eines sich zunehmend militarisierenden wilhelminischen Alltags. Berta von Suttner, die böhmische Schriftstellerin und Pazifistin, die Alfred Nobel dazu veranlasste, einen Friedensnobelpreis zu stiften, zählte zu seinen prägenden Lektüreerlebnissen. »Wenn ich Schriftsteller wäre, würde ich die Suttner noch übersuttnern«, schrieb er in einem Brief an einen heute unbekannten Adressaten vom 14. Dezember 1894: »Krieg heißt doch schließlich auf Deutsch privilegierter Mord; wenn die Leute an der Spitze in Verlegenheit sind und nicht mehr ein noch aus mit der Politik und ihren Finanzen wissen, dann wird aus der Rumpelkammer die Puppe Patriotismus herausgeholt und ihr Kleid und Mantel – Erbfeind und Heldenmuth – umgehangen, und dann ist der Popanz fertig.«[42] Und noch etwas anderes mochte Alex Tucholsky nicht: nervtötende Hast.[43]

Im Vergleich zu dem nicht weit entfernten, aus rotem Marmor gebauten und mit dorischen Säulen geschmückten Mausoleum des Verlegers Rudolf Mosse nimmt sich die einfache schwarze Grabtafel Alex Tucholskys mit ihren Frakturgravuren recht bescheiden aus. Doch auch er gehörte zum besseren Berliner Bürgertum. Tucholskys waren, wie Heinz Ullstein sich ausdrückte, Menschen »unserer Kreise«;[44] erfolgreiche, assimilierte Juden der zweiten Generation. Der 1855 geborene Sohn des Greifswalder »Kaufmanns im ersten Stand« Neumann Tucholsky arbeitete in gehobener Position – zuletzt als Direktor – bei Carl Fürstenbergs Berliner Handelsgesellschaft, damals eines der sechs größten deutschen Geldinstitute und die Hausbank der expandierenden AEG Emil Rathenaus. Kurt Tucholsky – am 9. Januar 1890 in Berlin, Lübecker Straße 13, zur Welt gekommen – war drei Jahre alt, als der Vater von Fürstenberg den Auftrag erhielt, an der Stettiner Börse die Geschäfte des Hauses zu reorganisieren und insbesondere die Bilanzen der Stettiner Vulcanwerft aufzubessern. Die nordische Landschaft an der Ostseeküste, die einen Teil seiner Kindheit prägte, würde sich tief als Traumland in seine Seele einschreiben, bis zu seinen letzten Lebensjahren in Schweden. Und das norddeutsche Platt, die Sprache seines Vaters, würde für den späteren Urberliner Kurt Tucholsky das allgegenwärtige Idiom seiner frühen Kindheitsjahre bleiben. »Niederdeutsch«, schreibt er noch 1931, »ist jener Weg, den die deutsche Sprache leider nicht gegangen ist.« Wie viel kraftvoller könnte das Deutsche dann sein, »wie viel bildhafter, einfacher, klarer«.[45]

Im Oktober 1887 hatte Alex Tucholsky seine Cousine Doris Tucholski geheiratet, sechs Jahre jünger als er selbst und ausgebildete Lehrerin. Ihr ist neben der Grabplatte ihres Ehe-

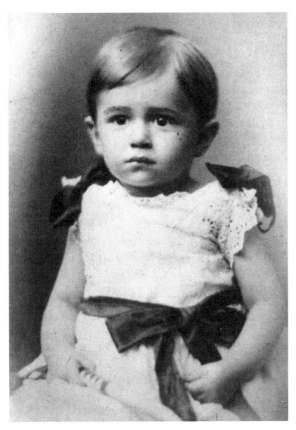

Auf diesem Foto ist Kurt Tucholsky noch ein Berliner. Im Alter von drei Jahren wird er jedoch nach Stettin an die Ostsee umziehen. Das norddeutsche Platt, das ohnehin die Sprache seines Vaters war, wird sich lebenslang in seine Erinnerung einprägen und die norddeutsche Landschaft das Traumland seiner Seele bleiben. Tucholsky war weit weniger Großstadtmensch als gemeinhin vermutet.

manns eine in dem gleichen schwarzen Stein gehaltene Gedenktafel gewidmet. Immer wieder legt jemand in jüdischer Tradition Steine auf die Stätte, doch das Grab ist leer. Doris Tucholsky wurde am 16. Juli 1942 mit dem 23. Alterstransport nach Theresienstadt deportiert. Dort hat man sie Anfang Mai 1943 im Alter von 81 Jahren ermordet und ihre Asche vermutlich in die Eger geschüttet.

Sie war die Tochter eines aus Posen stammenden Berliner Lederfabrikanten, eine außergewöhnlich kluge und belesene Frau, die allerdings bald nach ihrer Hochzeit in die Rolle eines veritablen Hausdrachens schlüpfte. Sie zeigte sich von einem geradezu manischen Ordnungssinn besessen, hielt autoritativ zu Mäßigung und Gehorsam an und achtete dabei immer auf die nötige emotionale Distanz. Sie war ein »Muttertier«, das seine Jungen liebt, »doch Liebe, steht geschrieben, ist nur möglich von Individualität zu Individualität«.[46] Tucholsky hatte stets ein gespanntes Verhältnis zu ihr.

»Die Frau«, schrieb er einmal, und er meinte seine Mutter, »versucht eben, auf alle Fälle ihren Willen (der übrigens nicht recht weiß, was er eigentlich will) durchzusetzen, und es ist ihr herzlich gleichgültig, ob sie dabei Leute ruiniert oder nicht«.[47] Jean-Paul Sartre hat Gustave Flaubert einmal als Kind porträtiert, das man mit der Mutter eingesperrt und zur pflichtgemäßen Liebe angehalten hatte, mit dem Ergebnis, dass ihm immer eine gewisse Selbstdistanz und Fremdheit zum eigenen Ich erhalten geblieben ist. Irgendwie war das in ähnlicher Weise auch Tucholskys Schicksal.

In Stettin kommen Tucholskys Geschwister zur Welt, im Mai 1896 sein Bruder Fritz und im Juli 1897 seine Schwester Ellen. Ostern 1896 wird Kurt eingeschult. Als »kleiner Junge«, der mit dem Ranzen zur Schule ging, ist auch er begeistert vom »Tschingderingdsching« des Preußenmarschs und voller kindlicher Bewunderung für die schnieken Leutnants auf den Stettiner Alleen.[48] Drei Jahre später, im Frühjahr 1899, zieht die Familie nach Berlin zurück und wohnt – unten Concierge

Bei Tucholskys waren regelmäßige Seeurlaube Bestandteil des Familienlebens, hier im Ostseebad Misdroy auf der Insel Wollin. Das Foto ist vermutlich als Kulisseninszenierung in einem Atelier entstanden. Neben Alex Tucholsky sieht man dessen Mutter, im Boot Kurt mit seinen Geschwistern und seiner Mutter Doris Tucholsky, zu der er zeit seines Lebens ein gespanntes Verhältnis unterhielt.

und oben eigener Telefonanschluss – standesgemäß in der Dorotheenstraße 11, unweit des Central-Hotels der Eisenbahn-Hotel-Gesellschaft am Bahnhof Friedrichstraße mit seinem berühmten *Wintergarten*. Tucholsky würde ihn später die »aristokratische Ausnahme unter den Bürgervarietés« nennen.[49] Er ist neun Jahre alt und kommt nun jeden Tag auf seinem Weg ins Französische Gymnasium – für Alex Tucholsky eine seinem Sohn verordnete Präventivmedizin gegen den überbordenden Nationalismus in Deutschland – an diesem Wunderwerk der Technik und Illusionskunst vorbei.

Der Wintergarten des Central-Hotels bestand aus einer 2300 Quadratmeter großen glasüberwölbten Halle, ursprünglich ein künstlicher Jardin de plaisanterie mit Palmen, Araukarien, Lorbeerbäumen, Freitreppe, Grotten und Springbrunnen sowie einem Konzertpodium – auch des Nachts von tausend Gasflammen tageshell erleuchtet. Daraus hatte sich Berlins führendes Varieté entwickelt, in dem Otto Reutter in diesem Jahr 1899 zum ersten Mal gastierte und für die nächsten dreißig Jahre mit berlinischen Couplets sein Publikum begeistern würde. Er war ein Berliner »Star«, und alles ging ihm, wie Tucholsky 1921 schreiben würde, »aus dem leichtesten Handgelenk«.[50]

1895 hatte im *Wintergarten* das Zeitalter des Films begonnen, als die Brüder Skladanowsky hier mit bewegten Bildern überlebensgroßer Artisten auf einer Leinwand debütierten – ursprünglich als ausgesprochen kuriose Varieténummer gedacht. Ansonsten sah und hörte man im *Wintergarten* viele Gäste aus dem Ausland: die Five Sisters Barrison (noch der erwachsene Tucholsky wird ein Bändchen mit kolorierten Fotografien von ihnen zu seiner Bibliothek zählen[51]), die amerikanische Nachtigall Lillian Russell, die Pariser Diseuse Yvette Guilbert oder in dem Jahr, als Tucholskys in die Dorotheenstraße zogen, die legendäre australische Tänzerin Saharet, die in Wirklichkeit Clarisse Campbell-Rosé hieß und mit artistischer Perfektion virtuos einen choreografisch unterkühlten Cancan auf die Bühne

Der Düsseldorfer Otto Reutter, hier mit der australischen Tänzerin Saharet, hieß eigentlich Otto Pfützenreuter. Obwohl Rheinländer, avancierte er im berühmten Wintergarten an der Friedrichstraße zu einem berlinischen »Star«. Über vierhundert Couplets sind von ihm überliefert. Tucholsky, der meinte, bei ihm gehe alles aus dem leichtesten Handgelenk, zählte zu seinen frühen Fans.

zaubern konnte. Ein Jahr später – 1900 – sollte der *Wintergarten* grundlegend modernisiert werden, eine Drehbühne erhalten sowie seinen seitdem in ganz Europa berühmten Sternenhimmel. Es ist das Berlin der ausgehenden Belle Époque, und der *Wintergarten* jenes »gottbegnadete Institut«, das immer glänzte.[52]

Das Varieté bleibt überhaupt Tucholskys große Liebe, der »Ort der schrankenlosesten Gefühle und der tiefsten Philosophie« – ein Triumph des lebendigen Körpers über die moderne Welt der Apparate und der Technik.[53] Kurz: ein Hamsun'sches Universum. Die Artisten. Angstlust fesselt, wenn sie durch den Raum schweben. Furcht, Wonne, zuversichtliche Hoffnung. Die Gefahr: für den Artisten kein Problem. Die Clowns. Sie schlagen wie mimische Philosophen »die gedankliche Abstraktion mit der platten Nüchternheit der realen Welt«.[54] Die Exzentriks: »Alle Macchiavellisten: roh und dem Idealen abhold.«[55] Das Schönste aber am Varieté sind und bleiben »die Girls«.[56]

Theater gibt es zuhauf in Tucholskys Nachbarschaft. Berlin hat sich seit der Gründerzeit zu einem glanzvollen Mittelpunkt deutscher Kultur entwickelt. Mit dreißig repräsentativen Bühnen, von denen – und das gilt insbesondere für Otto Brahms *Deutsches Theater* – ein unwiderstehlicher Glanz ausgeht, ist es die Theaterstadt schlechthin. Dann die Kaiserpassage an der Ecke Linden / Friedrichstraße. Zwar ging es seit den neunziger Jahren mit dem mondänen Schmuckstück etwas bergab, aber die Passage mit feinen Läden, Cafékonzert, Panoptikum – und vor allem dem Kaiserpanorama, jenem »Zauberort unserer Kinderromantik«, wie sich Tucholsky später erinnert[57] – war immer noch stets taghell erleuchtet. Das Kaiserpanorama, das waren Bilderreihen mit handkolorierten 3-D-Fotos, die wie eine Diaschau, fast schon wie ein kleiner Film wirken konnten.

Das Französische Gymnasium am nördlichen Reichstagsufer besucht Tucholsky bis zur Obertertia. Nebenbei erhält er Klavier- und Gitarrenunterricht, lernt Stenografie, und Tante Flora, Lehrerin, gibt ihm Nachhilfestunden in Französisch. Er ist ein eher durchschnittlicher Schüler, und daran ändert sich auch nach seinem Wechsel an das Königliche Wilhelms-Gymnasium in der Bellevuestraße nichts. Die Schule langweilt ihn offenbar. »Schultragödien haben wir nie gehabt, furchtbare Missstände auch nicht. Aber schlechten Unterricht«, meint er später. Zerpflückte Klassiker, törichte Aufsätze, Auswendiglernen, dynastische Zahlen im Geschichtsunterricht und so fort. Es gab dort pflichtbewusste Lehrbeamte, etwas geistfreie und nicht einmal gute. Dabei galt die Anstalt, im Volksmund das Lackstiefel-Gymnasium genannt, als Eliteschule für Zöglinge der besseren Kreise. »Was wir wissen und können«, so allerdings Tucholskys nüchternes Fazit im Rückblick, »das haben wir uns mit unsäglicher Mühe nachher allein beibringen müssen.« Das einzig Positive, was ihm aus dieser Zeit in Erinnerung blieb: dass die Schule noch nicht so nationalistisch verhetzt war wie nach dem Krieg.[58]

Eine amüsante Fußnote: Besonders mit seinen Deutschaufsätzen hatte Tucholsky chronische Probleme. Man hielt sie für vollkommen verstiegen. Schließlich: die tödliche Note Mangelhaft (wenige Monate später würden seine ersten literarischen Kurztexte in Rudolf Mosses Zeitschrift *Ulk* erscheinen[59]). Tucholsky bleibt sitzen, muss nach der Obersekunda die Schule verlassen und wird von der Mutter bei dem Privatlehrer Dr. Krassmöller in der Pariser Straße in Pension gegeben. Das war nicht so sehr weit von der Motzstraße entfernt, in die Doris Tucholsky nach dem Tod ihres Mannes umgezogen war. Krassmöller, der auch dem Verlegersohn Heinz Ullstein als Nachhilfelehrer diente, war wieder eine Adresse für höhere Kreise. Am 21. September 1909 besteht Tucholsky als Externer am Königlichen Luisen-Gymnasium sein Abitur mit gerade einmal akzeptablen Noten. Zweieinhalb Wochen später schreibt er sich unter der Matrikelnummer 5743 für das Studium der Rechtswissenschaft an der Berliner Friedrich-Wilhelms-Universität Unter den Linden ein.

Krassmöller, der seine Gutmütigkeit hinter einem polternden Wesen verbarg, hat bald einen Assistenten, der ihm zur

Seite steht: den Studenten Kurt Tucholsky. Er hielt, im Unterschied zum Lehrkörper des Wilhelms-Gymnasiums, sehr viel von ihm. Tucholsky sei, meinte er, ein bedeutender Mensch mit Zukunft. Denn, sinnvoll dosiert, war das Lernen in Wirklichkeit eine überaus ernste Angelegenheit für ihn. Er war fleißig, exakt, unnachgiebig in Sachfragen und forderte das auch von anderen. »Tucholsky hasste das Preußentum«, erinnert sich Heinz Ullstein, der ihn als Krassmöllers Assistenten kennenlernte, »aber er war einer der preußischsten Preußen, die mir je begegnet sind. Er war die verkörperte Disziplin, und er war für Drill. Seine Schüler, denen er Nachhilfeunterricht erteilte und die er mit dem Rohrstock behandelte, mussten mit gefalteten Händen dasitzen, durften sich nicht mucksen und ungefragt nicht reden.«[60] Es ist ein Studentenjob, lange Zeit. »Aber nö«, schreibt Tucholsky an den befreundeten *Simplicissimus*-Autor Hans Erich Blaich, »ick muss ja hier hocken, – und erschrecken Sie nicht: Knaben in den Wissenschaften unterweisen.«[61] Er tat das keineswegs beiläufig, wie die intensive pädagogische und psychologische Beschäftigung mit der zwanghaften Kleptomanie eines seiner Schüler zeigt.[62]

Das Sommersemester 1910 verbringt er in Genf, genießt das Flair der alten Stadt und wohnt die meiste Zeit in der Rue de Florissant, einem Zentrum osteuropäischer Emigranten und Studenten. In der Erinnerung liest sich das so: »Der rothaarige Puck, der in seinem zerkauten Deutsch sagte: ›Isch werden nie Schunge bekommen‹; die vermaledeite Russin; die Polin, die mich vor dem Seziersaal, wo sie ein Kolleg hören sollte, fragte: ›Est-ce qu'il y a des morts dedans?‹ (und sie war ganz grün vor Angst); die Treppen, die wir an warmen Sommernachmittagen heruntergeschlendert, die großen Freitreppen an der Universität; der See; das wunderschön teure Essen im Hotel; die alte Stadt, hügelig, mit kleinen Gassen; und immer wieder die Rhonebrücke!«[63] Genf war auch ein Ort kleiner amouröser Eskapaden. Ende Oktober ist Tucholsky wieder Student in Berlin. In diesem Herbst 1910 wird er auch

Else Weil kennengelernt haben, die damals ihr Philosophiestudium begann.

Unter »weißbärtigen Professoren«, die einer dem anderen nicht grün sind, setzt er sein Jurastudium fort, nicht ohne frühe Kritik an undurchsichtigen Entscheidungen des Reichsgerichts, Gesetzen, Vorschriften und Paragraphen.[64] Er nimmt seine künftige juristische Profession durchaus ernst, was sich besonders in seinen schneidenden und erstaunlich fachkundigen Rechtskommentaren der Nachkriegszeit zeigen wird. Später besucht er auch literaturwissenschaftliche Vorlesungen. »Es lohnt nicht, die alten Eichen einzeln zu benennen«, so sein Kommentar über die Berliner Mandarine, während er »bei dem säuselnden Getön der professoralen Stimme Arabesken in die Bänke schnitt«. Ihr Ersaufen in Tatsachen, ihr dünkelhaftes Urteil über Künstler, die sie nie begriffen. »Tintenfinger«, mit denen die Struktur zarter Gedichte abgetastet wird: »Nichts, was uns angeht, kein Zusammenhang mit dem lebenden Großen.«[65] In erster Linie aber ist das Jahr nach Genf die Zeit von *Rheinsberg*.

Nach seinem Aufenthalt mit der Pimbusch an der Ostsee reist Tucholsky im Frühherbst 1911 mit seinem Freund Kurt Szafranski nach Prag. Man will den bewunderten Max Brod aufsuchen, von dem man weiß, dass er ein selten ausgeprägtes Gespür für junge Talente besitzt und auch willens ist, sie zu fördern, wenn er an sie glaubt. Man will ihn, kurz gesagt, mit Blick auf das *Rheinsberg*-Projekt von sich selbst überzeugen. Beide haben ein von Szafranski entworfenes, selbstgebasteltes Geschenk dabei – einen Karton, in den Hütten, Alleen, Kühe, Schweine, Gänse, Bauern, Bäuerinnen und Kinder aus Papier hineinmodelliert sind. Die Szene soll das Dorf aus Brods bei Axel Juncker 1909 erschienenem *Dienstmädchen*-Roman darstellen. Brod, zugleich Theater- und Musikkritiker des *Prager Tageblatts* – die Stadt war damals Treffpunkt aller großen Theaterleute des deutschsprachigen Raums[66] –, zeigt sich tief gerührt, als er die Miniatur in den Händen hält.

Max Brod, damals 27 Jahre alt, ist die Leitfigur eines Kreises junger Prager Schriftsteller und Künstler. Der ein Jahr ältere und im Vergleich zu Brod damals noch wenig bekannte Franz Kafka gehört dazu, der jüngere Franz Werfel, Willy Haas, der spätere Begründer der *Literarischen Welt,* Jaroslav Hašek und andere wie der Komponist Leos Janácek, den Brod regelrecht entdeckte. Man trifft sich in den Cafés der Altstadt, im Corso, im Edison, im Continental oder im Arco, wo die einschlägigen Literaturzeitschriften sich auf den Auslagen türmen. Die Welt vor dem Ersten Weltkrieg war kosmopolitisch, man konnte ohne Pass fast quer durch Europa reisen, und Prag, jenes bilinguale geistige Zentrum der böhmisch-mährischen Lande des Habsburgerreichs, war von Berlin aus leichter zu erreichen als beispielsweise Nürnberg oder München.

Brod bringt Tucholsky mit Franz Kafka zusammen, der ihn in seinem Tagebuch als einen elegant gekleideten Einundzwanzigjährigen mit schwingendem Spazierstock beschreibt, dem man ansah, dass die Lektüre von Oscar Wildes *Bildnis des Dorian Gray* offenbar Spuren in ihm hinterlassen hatte. Auch der europaweit bekannte Dandy Beau Brummell war, wie Tucholsky Anfang 1913 schrieb, ein gewisses Vorbild für ihn. Jene spritzige, gallische Heiterkeit, die »den Cancanrhythmus bis in das wippende Spazierstöckchen überträgt«. Weniger, um aufzufallen, als wie ein harmonischer Akkord in der Weltmelodie zu verschwinden.[67]

Dem jungen Kafka erschien Tucholsky als ein »ganz einheitlicher Mensch«, von dem er zu berichten weiß, dass er einmal Rechtsanwalt werden will, doch an seiner hellen, fast mädchenhaften Stimme zweifelt und vor allem an der eigenen Fähigkeit zur Pose, die der Advokatenberuf zwingend erfordert. Zudem habe er, stets auf Contenance bedacht, »Angst vor einer Verwandlung ins Weltschmerzliche«, die er bei älteren Berliner Juden seiner Zeit oft beobachtete. Und dann: »Das gehauchte Berlinerisch, in dem die Stimme Ruhepausen braucht, die von ›nich‹ gebildet werden.«[68] Tucholsky war kein Bohemien. Er würde noch in den Zeiten des Exils grundsätzlich mit zwei Schrankkoffern voller Anzüge und feinster Wäsche umherreisen.

Jedenfalls war er, wie Heinz Ullstein festhielt, von Familie. Er schildert ihn als einen vollendeten Gentleman mit dem keineswegs aufgesetzten Habitus eines Aristokraten und ungewöhnlich guten Manieren. Stets in solide englische Stoffe gekleidet, passten Hemd und Krawatte immer zusammen und die Strümpfe grundsätzlich zur Farbe der Hemden. Mit den Kleidungsäußerlichkeiten, meinte Tucholsky einmal, sei es in Deutschland zwar in letzter Zeit etwas besser geworden, aber manche Dinge ließen sich eben nicht erlernen. Er hatte sie. Es war seine Art, gegen die wilhelminische Mode der militärischen Ertüchtigung Zeichen zu setzen.[69]

»Eleganz«, pflegte er gern Walther Rathenau zu zitieren, »ist die unerhörte Aufwendung von Mitteln und Kräften, um einen verhältnismäßig einfachen, mit anderen Mitteln nicht erreichbaren ästhetischen Effekt zu schaffen.«[70] Tucholsky hatte, kurz gesagt, etwas von einer ästhetisierenden Herrennatur an sich, die keine wie auch immer geartete Autorität über sich ertragen konnte.

Eben deshalb war ihm jeder Kadavergehorsam, aber auch jedes Nichtskönnertum zuwider. Selbst wenn es um Belanglosigkeiten ging, wie den misslungenen Auftritt eines Komikers, dem er nach einer mitternächtlichen Vorführung im *Linden-Kabarett* in Begleitung der Pimbusch kurzerhand zwei Ohrfeigen wegen seines unerträglichen Dilettantismus verpasste. Wie er umgekehrt oft ein Gedicht drei- oder viermal in die Schreibmaschine spannte, bevor er mit dem Ergebnis zufrieden war.[71]

Tucholsky war einer der Ersten, die Kafkas Werk in seiner epochalen Bedeutung erkannten, ganz anders als Franz Werfel, der sich für die Prosa des Älteren nie begeistern konnte und abwertend meinte, sie gehe kaum über den Provinzhorizont von Tetschen-Bodenbach hinaus.[72] Das ist wenig verwunderlich, hatte sich Kafka doch nie von den expressionistischen Exaltationen, denen Werfel durchaus erlegen war, anstecken lassen. Seine Dichtung war eher vom Naturalismus als vom Expressionismus her zu begreifen. Es ging ihm, wie Tucholsky, um Beschreibung und genaue Wiedergabe dessen, was ist – auch wenn sich dabei die alltäglichsten Vorgänge manchmal als etwas Staunenswertes, Verwirrendes oder geradezu Unverständliches herausstellen sollten. Tucholsky erinnerte der »Dr. Kaffka«[73] an Heinrich von Kleist und seine in vernünftigster und vollendeter Form vorgetragene Welt der gegenseitigen Missverständnisse und inneren Grabenkämpfe. Er wird für ihn immer der »einzige Kafka« bleiben, »jedes Wort eine Kostbarkeit, schwer, ganz und gar erdenfern, ein Weiser«.[74]

Tucholsky und Szafranski, die beiden jungen Berliner Herren, auf der Suche nach Netzwerken für den Erfolg, sind bald aus Prag zurück, und im folgenden Jahr geht *Rheinsberg* in Druck, als eine neue Idee Gestalt annimmt. Vermutlich im Frühherbst 1912 – Anfang August hatte Tucholsky sein Jurastudium abgeschlossen und sich mit dem Gedanken einer Promotion zu beschäftigen begonnen – eröffnen Szafranski und er eine Bücherbar im vormaligen Lokal Mampes Gute Stube unweit der Gedächtniskirche am Kurfürstendamm. Jeder Kunde bekam beim Betreten des Lokals von einer adretten jungen Dame ein Glas Mampe-Likör gereicht, mitunter auch stärkere Wässerchen. Es war, wie Tucholsky später schrieb, ein »richtiger Studikerunfug«.[75]

Der Spleen schlägt Wellen. Die *Breslauer Zeitung* berichtet darüber, die *Vossische* und das *Prager Tageblatt*. »Der Buchladen Kurfürstendamm geht, geht erfreulich«,[76] schreibt Tucholsky Ende September 1912 an Max Brod. Der liberale *Sankt-Petersburger Herold* meldet gar, wer dort einen Oscar Wilde erstehe, der bekäme Whisky Soda, und wer Ibsen kaufe, einen nordischen Korn. »Das stimmte aber nicht«, so ein späterer ironischer Kommentar, »wir tranken ihn selber.«[77] Hier lernt Tucholsky Anfang 1913 auch Ernst Rowohlt kennen, damals Lektor bei

Samuel Fischer, der zu dieser Zeit Weltliteratur in einer einfachen Parterrewohnung in der Bülowstraße verlegt. Für ihn, Rowohlt, war die *Bücherbar* an der Gedächtniskirche eine wunderbare Kombination von Schnaps und Literatur, und er dachte noch später gern an die ausgelassenen Gespräche, »die wir, befeuert vom Geist der Bücher und vom Geist des Alkohols, in den dazu aufgebauten Klubsesseln führten«.[78]

Der Laden schließt bald wieder, doch schon entsteht mit dem Projekt *Orion* eine neue Geschäftsidee. Deren erste Ankündigung stammt von Anfang September 1913. »Wir beabsichtigen, unseren – cirka 200 – Abonnenten alle vierzehn Tage oder öfter eine Sendung zugehen zu lassen«, so Tucholsky, »die facsimiliert das Schreiben eines guten Schriftstellers, Soziologen, Juristen oder dergleichen enthält.«[79] Erlesene Autoren sind vorgesehen – darunter Rainer Maria Rilke, Hermann Hesse, Thomas Mann und Alexander Roda Roda, die im September bereits zugesagt haben –, und nicht weniger erlesene Abonnenten, die für die wie persönliche Briefe anmutenden exquisiten Faksimiles 180 Goldmark pro Jahreslieferung auf den Tisch legen sollen.

Diese periodische Lieferung faksimilierter Briefe jeweils eines »guten Europäers«[80] mit Grafiken wäre in gewisser Weise auch eine Hommage an das verflossene Zeitalter der romantischen Innerlichkeit geworden. Kurt Wolff in Leipzig erklärt sich tatsächlich bereit, den *Orion* zu verlegen, doch am Ende kommen nicht einmal hundert Subskribenten zustande. So bleibt der *Orion* »ein Sternbild, fern und unerreichbar«.[81] Aus dem Projekt wird nichts.

Auch nicht aus einer ständigen festen Mitarbeit am sozialdemokratischen *Vorwärts*. Über neunzig Glossen, Artikel und Gedichte veröffentlicht Tucholsky dort vor dem Ersten Weltkrieg. Gern hätte er damals beim *Vorwärts* angefangen, aber letztlich war er ihm bei aller politischen Sympathie doch zu bieder.[82] Und außerdem hat sich zwischenzeitlich eine andere Gelegenheit aufgetan.

»Die Schaubühne«

Kurt Tucholsky hatte Ende 1912 in der Kommandantenstraße das jüdische *Herrnfeld-Theater* besucht. Es gab die Komödien *Wüstenmoral* und *Die Alpenbrüder,* laut Anzeige im *Berliner Tageblatt* ein »Lach-Programm, wie es keine zweite Bühne auf der Welt aufzuweisen hat«.[83] Das Theater von Anton und Donat Herrnfeld war keine große Bühne, und der Humor, der von ihr ausging, hatte zudem einen zweifelhaften Ruf. Regelmäßig thematisierten die Herrnfelds darin Assimilationskonflikte von Ostjuden, die bei entsprechend voreingenommenem Publikum nicht selten auch antisemitische Ressentiments wachriefen. Im Grunde aber übertrugen sie die grobgeschnitzten Grundkonstellationen damals beliebter französischer Schwänke nur auf das jüdische Milieu.[84] Anton verkörperte dabei den ungeschlachten, aber schlauen Ostjuden, sein Bruder Donat den eher empfindsam-cholerischen Gegenpart. Tucholsky schrieb darüber eine Impression und sandte sie an Siegfried Jacobsohn, den Herausgeber der *Schaubühne.*

Jacobsohn hielt – was Tucholsky nicht wissen konnte – Donat Herrnfeld für einen Schauspieler ersten Ranges, der bedauerlicherweise sein Talent vollkommen unterschätzte, weil er glaubte, es sei an dieses Genre des populären jüdischen Klamauks gebunden. Nicht anders Tucholsky in dem Artikel, der Jacobsohn nun vorlag. Der mittlerweile nicht mehr unbekannte Autor von *Rheinsberg* war sensibel genug, um zu bemerken, dass die Herrnfelds keineswegs irgendwelche schablonenhaften Typen darstellten, sondern in Wirklichkeit etwas spielten, das es »überhaupt nicht gibt«. So bewegt sich niemand, meinte er, so spricht kein Mensch, so etwas existiert eigentlich gar nicht. Im Grunde, so Tucholsky, waren die beiden Brüder »vom Mars« heruntergefallene Exzentriks.[85] Jacobsohn gefiel diese souveräne Sicht, die sich vollkommen frei machte von der aktuellen – auch in jüdischen Blättern geführten – politischen Debatte über das *Herrnfeld-Theater.* Er bestellte Tucholsky ein.

Siegfried Jacobsohns Schaubühne, *die spätere* Weltbühne, *war eine Legende, die ihre Zeit weit überstrahlte. Tucholsky, mit dem ihn eine literarische und politische Wahlverwandtschaft verband, hielt ihn für den besten Redakteur seiner Generation, der seinen Lesern zugleich das sauberste Deutsch vorexerzierte, das man sich vorstellen konnte. Jacobsohn starb 1926 im Alter von 45 Jahren.*

»Ich werde nie den Schreck vergessen, den ich bekam, als ich zu ihm ins Arbeitszimmer kam«, schreibt Tucholsky Anfang Oktober 1913 über diese erste Begegnung mit Siegfried Jacobsohn: »Ein kleiner schwarzer Mann, der freundlich lächelte, über alles ruhig und klug redete, immer mit dem wundervollen Motto: Medias in res. Ein Revolver war in dem ganzen Zimmer nicht zu sehen.« Tucholskys erster Artikel in der *Schaubühne* erscheint am 9. Januar 1913.

Jacobsohn war, wie Tucholsky ihn schildert, ein Arbeitstier, ein Fanatiker des Theaters. Ein Ausnahmefall. Alles in der *Schaubühne,* so Tucholsky, war »in dem saubersten Deutsch geschrieben, das heute in der Publizistik geboten wird: in einer ausgeglichenen Mischung von Lessing und einem Schuss Judentum, das einen Schatz glücklicher Formulierungen der Klassiker sowie aller guten Musikanten beherrscht, um auf diesem Untergrund seine Sätze zu bauen.« Und seine Unabhängigkeit war nicht wie bei Karl Kraus ein affektierter Protest gegen die herrschende Unsauberkeit der Habsburger Welt, sondern das gradlinige Produkt einer »anständigen Gesinnung« und des tiefen Bedürfnisses, ästhetische Eindrücke in passende Worte zu fassen.[86]

Tucholsky sieht darin schnell eine Wahlverwandtschaft. Jacobsohn war in seinen Augen ein Solitär in der deutschen Publizistik, »der idealste Redakteur« überhaupt, »den unsere Generation gesehen hat«. Wie keinem Zweiten gelang es ihm, Talente um sich zu sammeln, sie von seiner Person und seinem Projekt zu begeistern und zu fördern. Er war »aus Egoismus altruistisch, und es machte ihm wirklich Vergnügen, wenn er etwas Gutes bekam«, das seinem Projekt nützte. Salons mied er, und auch auf Premieren sah man ihn kaum. Er hasste das Chi-Chi der blasierten Berliner Gesellschaft. Er war ein Besessener, und wenn die Leute aus den Salons etwas wollten, kamen sie zu ihm.[87] Auch Tucholsky kam, wurde erkannt und einbehalten. Seit dem Frühjahr 1913 ist er Jacobsohns wichtigster Mitarbeiter.

Die *Schaubühne* verdankte ihre Existenz letztlich einem öffentlichen Skandal. Er ist als »Fall Jacobsohn« in die Geschichte eingegangen und bewirkte, dass der junge Jacobsohn, mit Plagiatsvorwürfen konfrontiert, im Spätherbst 1904 eine Auszeit bei der *Welt am Montag* nehmen musste, die ihn als Leiter der Feuilletonredaktion beschäftigte. Er war dreiundzwanzig Jahre alt, ein frühreifer Mensch, der bereits mit sechzehn die Schule mit der Universität vertauscht hatte. Nun war er wegen eines Buchs über das Theater der Reichshauptstadt mit dem Vorwurf des Plagiats zum Fall geworden. Tatsächlich hatte er in einem Abschnitt über Eleonora Duse den Text einer Kritik von Alfred Gold aus dem *Berliner Tageblatt* fast wörtlich übernommen. Er selbst entschuldigte den Faux-pas mit einem Ausnahmezustand, in dem er sich wegen überanstrengter Nerven beim Verfassen des Manuskripts befunden hatte.

Jacobsohn litt schon als Jugendlicher unter einem Augenleiden, hatte deshalb ein ganzes Jahr ohne Lesen verbringen müssen, in dieser Zeit durch regelmäßige Theaterbesuche sein Gedächtnis trainiert und sich dabei eine spezielle Mnemotechnik angeeignet. Als der Skandal Wellen schlug, attestierte ihm der Psychoanalytiker C. G. Jung einen Zustand von Kryptomnesie, also verdrängter Erinnerung mit fotografischer Präsenz des Erinnerten; der Publizist Maximilian Harden versuchte, die Sache herunterzuspielen; und Arthur Schnitzler meinte, ein so glänzender Stilist und selbständiger Kritiker müsse der Theaterwelt um jeden Preis erhalten bleiben. Es half nichts. Eine Auszeit war unvermeidbar, doch sie wurde Jacobsohn dadurch erleichtert, dass ihm der Verleger sein Gehalt weiter zahlte.[88]

Für Jacobsohn bedeutete sie letztlich eine unfreiwillige Chance. Er verließ Mitte Dezember 1904 Berlin für eine längere Bildungsreise quer durch Europa. Es war, wie er seinen Eltern schrieb, auch ein unsanfter, aber lehrreicher und heilsamer Abschied von der Kindheit. Von Wien, wo er Arthur Schnitzler trifft und im Café Central Alfred Polgar kennenlernt, reist er über Triest und Catania nach Rom. In Florenz begegnet er Max Reinhardt, der zu ihm meint: »Passen Sie auf, wie der Heiligenschein wieder wächst, sobald Sie wieder ein Stück Druckpapier zur Verfügung haben.«[89] In Paris streift er mit Theodor Wolff, dem Korrespondenten des *Berliner Tageblatts*, durch die Künstlerquartiere des Montmartre. Während eines anderthalbstündigen Spaziergangs mit Hugo von Hofmannsthal durch die Tuilerien Anfang Mai 1905 nimmt dann das Projekt der *Schaubühne* konkrete Gestalt an. »Ein Blatt: jung, tapfer, farbig, ohne Profitsucht, ohne alle Konzessionen«, schreibt er seinen Eltern in Berlin, »ganz durchglüht von einem Willen, meinem Willen; wo jeder sagen kann, was ihm die anderen Blätter aus Dummheit oder Feigheit verwehren«.

Hugo von Hofmannsthal hatte ihm geraten, Aphorismen als Gestaltungselement in die Dramaturgie des Blattes aufzunehmen, was Jacobsohn als ein bedenkenswert »guter Gedanke« erschien. Gestaltungselemente waren für ihn auch später immer wichtig. Das Blatt soll eine Inszenierung werden, eine Art Bühne, wie er wenig später an Gustav Landauer schreibt, eher ein Ensemblespiel. Denn er selbst habe kaum genug Talent zum bengalisch beleuchteten Solospieler. Jacobsohn versteht sich mehr als Dirigent, eine Figur, von der Max Brod einmal sagte, sie sei ein sehr bedeutsames Wesen, gewissermaßen der Atemgeber, ohne den die Musik tot bleibt. Die *Schaubühne* ist eine Komposition. Die erste Nummer erscheint am 7. September 1905.

Vor allem möchte Jacobsohn in einer Zeit der um sich greifenden Industrialisierung des Theaters die Schaubühne wieder im Sinne Schillers als eine kulturelle und moralische Anstalt begründen. Er will ästhetisch erziehen und erhofft sich davon eine pazifizierende Fernwirkung auf die politische und materielle Kultur seiner Zeit – darin dem damaligen Anliegen Hofmannsthals nicht weit entfernt. So wenig wie dem perfekt stilisierten Illusionstheater des mit Hofmannsthal befreundeten Max Reinhardt, das Jacobsohn anfangs energisch unterstützt.[90]

Wir Berliner, schreibt Tucholsky 1913 über Reinhardt und dessen Inszenierung von Büchners *Leonce und Lena* ganz in Jacobsohns Sinn, »beten ja immer, so oft wir nicht ein noch aus wissen, zu diesem lieben Gott«.[91] Überhaupt: »Lieber S. J., sagen Sie doch den Theaterdirektoren, sie möchten Georg Büchner aufführen.«[92] Aber Reinhardt, das war seit seinem Durchbruch mit Shakespeares *Sommernachtstraum* am *Deutschen Theater* 1905 vor allem Gesamtkunstwerk, bis ins kleinste Detail durchchoreografiertes Regietheater, bei dem der Schauspieler und seine körperliche Präsenz ganz im Mittelpunkt standen. Für seine Bühnenbilder beschäftigte er die bekanntesten Künstler seiner Zeit, unter ihnen Emil Orlik, Edvard Munch, Max Slevogt und Lovis Corinth. Und zeigte dabei immer viel Shakespeare. Auch Jacobsohn liebte dessen schöne Worte.[93]

Dem Anliegen ästhetischer Erziehung diente ebenso der Feldzug, den Jacobsohn jahrelang für Mozarts »Springlust, Fröhlichkeit, Geklärtheit« gegen das arische Mysterium von Wagners verschwommenem Germanenkult führt. Sein publizistischer Einsatz bleibt nicht ohne Wirkung. 1914 endlich, so Jacobsohn, sah das Berliner Opernrepertoire tatsächlich so aus, »wie ichs mir geträumt habe, und wie sichs gehört«. Doch dann kam der Krieg, und der Walkürenritt war wieder gefragt.

In den ersten Jahren zählen zu den Autoren der *Schaubühne*: der mit ihm befreundete Julius Bab, Hugo von Hofmannsthal, Else Lasker-Schüler, Roda Roda, Hermann Bahr, Christian Morgenstern, Egon Friedell, George Bernard Shaw, Robert Walser, Lion Feuchtwanger, Erich Mühsam, Peter Altenberg, Herbert Ihering, Egon Erwin Kisch, Arnold Zweig und Alfred Polgar. Letzterer war, neben Tucholsky, Jacobsohns Liebling. Ein Epigrammatiker, wie er sagte; spritzig. Statt neun Spalten tat er es mit vieren. »Polgar brannte auf der Zunge wie Hennessy Dreistern«, meinte Jacobsohn, und »also trug er einen wünschenswert anderen Ton in mein Blatt.«[94] Er war der »Primus«,[95] vollkommen »plastisch«, wie Tucholsky wenig später schwärmte, und von einer »himmlischen Ironie«.[96]

Aber erst mit Kurt Tucholsky ist Jacobsohn jemand auf Augenhöhe begegnet. Das auch, weil er sich nicht nur für seine eigenen Artikel, sondern für Jacobsohns Zeitschriftenprojekt interessiert. Mit einem Gedicht über das Kino und einem Artikel über Max Pallenberg, dem »Einzigen«, dem es auf der Bühne gelingt, die Grenze zu überschreiten, »an der Komik in Grauen umkippt«,[97] beginnt Anfang Februar 1913 Tucholskys regelmäßige Mitarbeit, die bis zum November 1932 andauern wird. Es folgt im März ein Grundsatzartikel über Berliner Cabarets, über Rudolf Nelson und über Claire Waldoff, der die Refrains nur so über die »Flabberlippe« rutschen.[98] An die hundert Beiträge werden es allein im ersten Jahr. Tucholsky übernimmt bald nebenher redaktionelle Arbeiten, regt neue Themen und Gestaltungselemente an und bemüht sich um den Ausbau des Autorenkreises. Ohnehin befindet er sich in diesem Jahr wegen des *Orion* in reger Korrespondenz. Das Theaterblatt habe ihn seit einiger Zeit engagiert und verbinde damit die Ambition, über seinen alten Kreis hinauszugehen, lässt er Anfang Oktober 1913 Hans Erich Blaich wissen.[99]

Tucholsky und Jacobsohn sind von Anfang an ein Duett. »Er ermunterte mich zu kleinen Versen, von denen ich ihm eine Probe gezeigt hatte«, schreibt Tucholsky im Rückblick über den Herausgeber der *Schaubühne,* »er kommandierte die Poesie; ich durfte mit ihm manchen Artikel, der dann anonym erschienen ist, zusammenschreiben: welch ein Lehrmeister! Er war unerbittlich, er ließ nicht nach, mogeln galt nicht – es war ein ehrliches Spiel. Es gibt viele Dinge in der alten Schaubühne, von denen ich heute nicht mehr sagen kann, wer sie eigentlich gemacht hat: er oder ich oder wir beide. Er öffnete mir bei der Arbeit die Kammern seiner Seele. Nur an seine Aktenmappe hat er mich nie herangelassen.«[100]

Tucholsky schreibt fortan für Jacobsohn Feuilletons, Schauspielerporträts, Streifzüge durch die Welt der Berliner Theater und Zeitgedichte – abwechselnd unter den Pseudonymen Ignaz Wrobel, Peter Panter und Theobald Tiger. Die Namen

Tucholsky hatte zeit seines Lebens eine gewisse Neigung zur Selbstinszenierung. Das Foto, aufgenommen in einem Schöneberger Atelier, zeigt ihn als Primaner, der bereits von literarischen Erfolgen träumt. Er war stets auf Eleganz bedacht. Diese Haltung prägte nicht nur seinen Stil, der makellos sein musste, sondern auch seine Kritiken, in denen er niemandem eine Unsauberkeit verzieh.

stammen aus Fallbeispielen seines juristischen Repetitors, aber er gab ihnen seine eigenen Farben. Er stellte sich vor: »Wrobel, einen essigsauren, bebrillten, blaurasierten Kerl, in der Nähe eines Buckels und roter Haare; Panter, einen beweglichen, kugelrunden, kleinen Mann; Tiger sang nur Verse, waren keine da, schlief er.« Die Pseudonyme publizieren Bücher, halten Reden, sind auch in anderen Blättern vertreten und werden sogar Mitglied von Organisationen. Im Dezember 1918 wird Kaspar Hauser dazukommen.

Kurt Tucholskys Werk ist im Grunde ein vielstimmiger Fortsetzungsroman seiner Homunculi und damit der verschiedenen Rollen seiner selbst. Er hätte mit Arthur Rimbaud immer sagen können: »Je suis un autre.« Ich ist ein anderer.[101] Aber nicht wie bei dem Franzosen: Es denkt mich. Sondern: Ich bin viele. »Pseudonyme sind wie kleine Menschen«, meint er 1927; »es ist gefährlich, Namen zu erfinden, sich für jemand anders auszugeben, Namen anzulegen – ein Name lebt. Und was als Spielerei begonnen hatte, endete als heitere Schizophrenie.« Das war nicht nur Koketterie, und Fehden untereinander waren da durchaus möglich. Zudem, pragmatisch: »Wer glaubt in Deutschland einem politischen Schriftsteller Humor? Dem Satiriker Ernst? Dem Verspielten Kenntnis des Strafgesetzbuches, dem Städteschilderer lustige Verse? Humor diskreditiert. Wir wollten uns nicht diskreditieren lassen und taten jeder seins. Ich sah mit ihren Augen und ich sah sie alle.«[102] Fehden im eigenen Ich würden ohnehin zu seinen beständigsten Lebenserfahrungen zählen.[103]

Seine bleibendsten Beiträge aus dieser Zeit sind Schauspielerporträts, genau beobachtend, wie er es Jacobsohn bereits mit seinem Herrnfeld-Debüt vorgezeichnet hatte. Zum Beispiel sein Text über Fritzi Massary, die als Sopranistin im *Metropol* zu einem Star der leichten Muse geworden war und seitdem grundsätzlich nur noch in Hauptrollen auftrat. Ausgerechnet diese jüdische Wienerin verkörpert für ihn auf der Bühne das »schnoddrige Berlinertum« schlechthin. Sie ist »Bachstelze,

Erotik hinter tausend Vorhängen, Seidenkissen mit einem hitzigen Parfüm, einen Eiskübel über den Kopf, ein helles Frauenlachen«. Sie kann's. Für Tucholsky ist sie die einzige »grande cocotte« unter Deutschlands Schauspielerinnen, die sonst jedes Mal eine Art Krampf bekommen, wenn sie bürgerliche Unzuverlässigkeit zu spielen haben und wo die Frivolität meist im Ausschnitt, manchmal im Kopf, aber nie im Blut sitzt. Doch die Massary hat den »goût américain«, das Blut singt mit, und ihr Auftritt strahlt jene unergründliche Obszönität aus, die wie mit angedeuteten impressionistischen Pinselstrichen nie alles zeigt, aber vieles erraten lässt. Denn sie weiß sehr gut, wie es Tucholsky unübertrefflich formuliert, »dass die Grenzen das Schönste der Heimat sind«.[104] Sie ist, kurz gesagt, ein »Urwald mit asphaltierten Hauptwegen«.[105] Das hätte er auch über sich selbst sagen können.

Auf männlicher Seite hatte sie nur einen Widerpart, der es mit ihr aufnehmen konnte: den stets Monokel tragende Joseph Giampietro, gleichfalls ein Wiener, der die Technische Hochschule besucht hatte, bevor er Schauspieler wurde. Die Legende war Ende 1913 plötzlich gestorben, und Tucholskys Impression ist ein Nachruf. Auftritt Giampietro: »Eine hagere Tatze trug Stock und Cylinder, auch die Handschuhe. Die wasserhellen Augen glänzten, der Unterkiefer wurde leicht vorgeschoben: ein lion, in dessen Höhle jemand gefallen war.« Er hatte es geschafft, so Tucholsky, den Berlinern ans Herz zu wachsen, weil der hochgewachsene Mann aussah wie ein preußischer Gardeleutnant. Doch in Wirklichkeit war er ein »ausgekochter Hund«, der noch von den Chevaliers abstammte, die alles korrigieren – Fortuna, fremde Ehen und den Lauf der Welt. »Ein Mann, kein Commis; ein eleganter Abenteurer, kein Sumpfhuhn.«[106] Tucholsky mochte solche wahlverwandten Figuren.

Ein großartiger Verriss und eine wunderbare literarische Miniatur ist das Porträt der im sozialdemokratischen Milieu geliebten Tilla Durieux, die er mit einem Motto von Oscar Wilde als Frau ohne Geheimnis, als Sphinx ohne Rätsel vorstellt. »Nimm ihr das Prisma der ›interessanten Frau‹, und du hast eine belanglose Person, der ihre Zweckpolitik so über den Kopf gewachsen ist, dass sie selbst nicht mehr zwischen Wahrheit und Lüge unterscheidet!«[107] Das saß.

Seine hymnischsten Elogen gelten jedoch Gussy Holl. »Frankfurt hat zwei große Männer hervorgebracht: Goethe und Gussy Holl«, witzelte er im Rückblick.[108] Sie hatte leicht androgyne, fast maskuline Züge, dabei ein hübsches Gesicht, und Tucholsky war stets etwas in »madame la princesse Gussy Holl«[109] verliebt. Und als pseudonymer Peter Panter, scherzt er, dürfe man das ja wohl, ohne sich bei Erfolglosigkeit zu kompromittieren.[110] Bei ihr jedenfalls blieb er immer restlos parteiisch. Der »bezahlteste Reporter einer berliner Modezeitschrift«, wird er später sagen, hätte sich nicht ausgiebiger austoben können: »Sie war aber auch zu entzückend.«[111]

Es war eine freundliche Zeit, schreibt er Ende März 1919 in einem für die *Weltbühne* verfassten Brief an Siegfried Jacobsohn über diese Jahre: »Was hatten wir für Sorgen!« Marionetten und kleine Bücher, die Five Sisters Brodersen aus dem *Wintergarten* und die Sunshine-Girls und manchmal auch gar nichts. »Welche Fluten von Ironie verschwendeten wir an Bagatellen und hatten unsere Freude daran!«[112]

Ganz so war es nicht. Unversehens gehören auch in der Vorkriegszeit plötzlich Politik und Wirtschaft zu den Dramen, die in der *Schaubühne* rezensiert werden. Im Januar 1913 verschwindet, ohne Begründung, auf dem Titelblatt die Unterzeile »Wochenschrift für die gesamten Interessen des Theaters«, und im März erscheint von Vindex – dahinter verbirgt sich der Wirtschaftsjurist Martin M. Friedländer – eine erste Kritik des realen Theaters, das sich in den Hallen der Börse abspielt. »Und letzten Endes«, klärt Siegfried Jacobsohn schließlich im September seine Leser auf, »hängen wir alle an den Fäden, die in der Burgstraße« – wo die Berliner Börse residiert – »zusammenlaufen. An feinen Fäden, die wir nicht immer sehen. Aber gerade deswegen sollten wir sie sorgfältig ansehen, sollten wir

Kaum eine Chansonnière und Schauspielerin verehrte Kurt Tucholsky so sehr wie Gussy Holl, obwohl er insgesamt nur sechs Lieder für sie schrieb. 1926 ging sie, nun mit Emil Jannings verheiratet, nach Hollywood. 1929 kehrte sie mit Jannings, der gerade als erster deutscher Schauspieler einen Oscar erhalten hatte, nach Europa zurück, wo die Beziehung zu Tucholsky wieder auflebte.

lernen, wie es auf der Welt zugeht.«[113] Die spätere Namensänderung der Zeitschrift in *Weltbühne* ist kaum noch zu vermeiden. Anfang November schreibt Tucholsky in *Zeit im Bild* über Jacobsohn: »Er überschätzt das Theater und unterschätzt sich. Denn wenn der einmal (wie Harden) vom Theater los und zur Politik und Kultur kommt, – dann gnade euch Gott!«[114] Mit Tucholskys Eintritt wird die *Schaubühne* zunehmend politischer.

Im September 1913 erscheint *Der Zeitsparer,* ein schmales Bändchen mit Grotesken von Ignaz Wrobel. Da schreibt im Vorwort jemand »mein lieber« und endet mit »stets der Deine«; und die angeredete Person ist die gleiche wie die unterzeichnende.[115] Kausalität und vernünftige Gründe spielen in diesen Grotesken ohnehin keine Rolle. Es sind Phantasien. Die Idee des Zeitsparers ist von H. G. Wells' 1895 erschienenem Roman *The Time Machine* inspiriert. Wells' Maschine kann eine Zeitreise in die Zukunft ermöglichen, Tucholskys Zeitsparmaschine dagegen hebt die Zeit auf. In einer Welt, wo niemand mehr Zeit zu verlieren hat, kann man so Zeit sparen, indem man sich in diese Maschine begibt, Zeit kaufen und sogar damit handeln und Geld verdienen.

Im Grunde aber hat Tucholskys phantastische Titelgeschichte etwas von einem Wunschbild Goethe'scher Gelassenheit angesichts der Gefährdungen der Moderne an sich. Der zyklische Rhythmus behaglicher Alltagszeit eines süddeutschen Städtchens wird beispielsweise in Goethes Idylle *Hermann und Dorothea* durch die Hektik von Revolutionsflüchtlingen aus Frankreich mit Unruhe überzogen, aber eigentlich nur, um sich darin zu bewähren. Und so auch die Welt des lange Pfeifen mit Porzellankopf rauchenden bayerischen Sonderlings Dr. Bruck alias Hans Erich Blaich in Tucholskys *Zeitsparer.*[116] »Wie schön doch das bisschen Leben sei, und wie man nur einmal auf die Welt gesetzt werde«, so Brucks Antwort auf die unerträgliche Hektik der modernen Zeitsparer, die ihm zurufen: »Einsperren sollt man Eahna, Herr Nachbar, z'wegen

Verschwendung!«[117] Wie schön doch, wenn Goethes Idylle heute noch so ohne weiteres möglich wäre.

Die *Zeitsparer*-Geschichten sind Grotesken, in denen die Kausalität durch die Phantasie außer Kraft gesetzt wird, um die Dinge so zu belichten, wie sie unter der Oberfläche tatsächlich sind oder sein könnten. Dem juristischen Repetitor Walter Jarotschiner erscheint des Nachts »das Paradigma«, die Personifikation der Rechtsfälle, denen Tucholsky seine fünf Pseudonyme verdankt, und klagt: »es gibt nichts, aber auch nichts, was ich noch nicht begangen hätte.«[118] Andreas Grillruhm will dem Medienrummel entgehen, bestellt alle Zeitungen ab und weiß, als er stirbt, doch erst, dass er wirklich tot ist, als ihm das eine Annonce in der Zeitung beglaubigt.[119] Herr Peter Stör, ein früher Vorfahre von Samuel Becketts Watt, pflegt einen Dialog unter Tauben mit seinem Papagei Jonathan in einem Nervensanatorium. Der Vogel verfügt über ein »riesiges Repertoire« und entwickelt ausgesprochen »seltsame Ideenassoziationen«. Als Jonathan nach zwei Jahren stirbt, breitet sich um Stör plötzlich eine irritierende Ruhe aus, bis man eines Morgens seinen abgeschnittenen Kopf, die Zähne »in die Stange geklemmt, auf der Jonathan gesessen«, im Vogelkäfig findet. Er hatte sein Haupt in das Gehäuse gezwängt und sich dann den Hals selbst durchschnitten.[120] Der Papagei war sein Leben, und nun folgt er ihm in einer tödlichen Metamorphose.

Ein großes literarisches Talent und eine enorme phantastische Begabung werden in solchen scheinbar nebenbei dahingeworfenen Arbeiten des Dreiundzwanzigjährigen deutlich. Wer weiß, was sich ohne den Krieg daraus entwickelt hätte. »Und ein Licht leuchtete in der Finsternis«, schreibt Blaich an Tucholsky, als er den *Zeitsparer* gelesen hat.[121]

Tucholsky schreibt in dieser Zeit viele Feuilletons und Beobachtungen über Berlin, neben der *Schaubühne* hier und da in verschiedenen Blättern verstreut. Seit einiger Zeit lebt er in der Nachodstraße 12, Berlin-W, mit eigenem Telefonanschluss, zehn Fußminuten vom Kurfürstendamm, direkt neben seiner

Tante Berta, und bereitet sich nebenher auf seine juristische Promotion vor. Die Stadt erscheint ihm in den letzten Jahren vor dem Krieg als der pompöse Versuch, Geld und kulturelle Repräsentation um jeden Preis hervorzwingen zu wollen. Tucholsky vergleicht sie immer wieder mit der Gegenfolie Paris, mit der spritzigen Frivolität des Zweiten Empire oder der Kunst des Montmartre. Gegenüber Malern wie Théophile-Alexandre Steinlen und dem »einzigen Toulouse-Lautrec« fehlt der Berliner Kulturindustrie das »Gefühl für sauber gewaschene Hände«. Nichts als »Klamauk, Überzeugungslosigkeit und bedingungsloses Kriechen vor einer Hootfollé, die, aus Posen zugezogen, mit Geld alles kaufen zu können glaubt«.[122] Kurz: Berlin ist »nervös und injebildt«.[123] Alle sind skeptisch, und die unangenehme Kehrseite ist der Kitsch.[124]

»Fein und still« wie Fontane möchte er am liebsten sein, doch die Zeiten haben sich gewandelt.[125] Die Stadt ist laut und blasiert geworden. Das Eitelkeiten zelebrierende Cafélebem hat im Berliner Westen Konjunktur, und heute, meint Tucholsky im Frühjahr 1914, »sind wir so weit gekommen, dass der Berliner, der abends zuhause bleibt, nächstens noch polizeilich bestraft wird«.[126] Und weiter symptomhafte Beobachtungen, nebenbei. Die modernen Alten der Großstadt sehen stets ein wenig verbraucht aus.[127] Soldaten und Generäle in allen Farben des Regenbogens bevölkern wie Papageien die Straßen, was aber merkwürdigerweise niemand lächerlich findet.[128]

Denn hier lebt ein Bedientenvolk, das vor jeder Uniform stramm steht und einen roten Kopf bekommt.[129] Der Kantische Mut, sich des eigenen Verstandes zu bedienen, hat tiefe Kursstürze erlebt, und der Berliner Bürger lässt sich lieber treiben. Er steht nur unter einem Zwang: dem Zwang seiner Mitmenschen,[130] und lässt sich, gehorsam wie er ist, noch seine inneren Gefühle oder das, was er dafür hält, durch die Reklame oktroyieren.[131] »Berlin ist kein Maßstab, ich weiß«, schreibt Tucholsky 1913: »Denn was diese Stadt an Geistigkeit produziert, geht auf die Haut einer Kuh des Paläh de danx. Aber auch das Reich ist matt. Der Osten ist versulzt, und nur im Westen sind sie freier.«[132] Das rührend sterbende Kaiserpanorama, die untergehende Geschmacklosigkeit seiner Zeit empfindet er als geradezu »abwegig«.[133]

Im November 1913 erschüttert ein Ereignis im sogenannten Reichsland Elsass die deutsche Öffentlichkeit: die Zabern-Affäre. Es ging um Rangeleien zwischen dem Militär in dieser elsässischen Garnisonstadt und der Bevölkerung, die besonders von dem forschen Leutnant Günter von Forstner wie ein unterworfenes Kolonialvolk behandelt wurde. Seit Oktober kam es in Zabern immer wieder zu Protestkundgebungen.

Dabei versetzte Forstner, für seine Vorurteile gegenüber den Elsässer ›Wackes‹ bekannt, einem Schuhmachergesellen, der ihm beleidigende Worte entgegenrief, einen Hieb mit dem flachen Säbel auf den Kopf. Eigentlich hatte das Vorkommnis etwas von einer Provinzposse an sich, doch das Echo in der deutschen und internationalen Presse ist enorm. Kanzler Bethmann-Hollweg bedauert den Vorfall vor dem Reichstag, der mit großer Mehrheit einen Missbilligungsantrag annimmt und Aufklärung fordert. Auch in der *Schaubühne* ist Zabern ein Thema.

Tucholsky selbst äußert sich im *Vorwärts* mit einem Spottgedicht über den Held von Zabern: »Kurz: er hat Mut, Kuhrasche oder besser: / ein ganzer Mann! – / Denn wehrt sich jemand, sticht er gleich mit's Messer, / schon, weil der andere sich nicht wehren kann.«[134] Der Zwischenfall, darin ist er sich mit vielen seiner Zeitgenossen einig, hatte einmal wieder das wahre Zerrgesicht des deutschen Militarismus zum Ausdruck gebracht. Forster wird erwartungsgemäß vom Oberkriegsgericht wegen »Putativnotwehr« freigesprochen. Noch Ende Januar 1914 beschäftigt sich Tucholsky in der *Frankfurter Zeitung* kurz mit Zabern.[135]

Doch in Wirklichkeit war das Erstaunliche an der Affäre etwas ganz anderes. Ein amerikanischer Historiker, David Schoenbaum, hat sich Jahrzehnte später die Frage gestellt, wieso die Öffentlichkeit auf diese unschöne, aber keineswegs hochdramatische Angelegenheit so empfindlich reagierte. Eine Generation danach, so Schoenbaum, war man dagegen ohne Weiteres in der Lage, einen staatlich verordneten Massenmord einfach hinzunehmen.[136] Es war der kommende Weltkrieg, der alles verändern würde.

August 1914

»Das Auge hinterwärts gedreht: so sitzt der Weise / und überdenkt sich still die Jahreskreise«, schreibt Tucholsky zum 1. Januar 1914 in der *Schaubühne*: »und wie sie so, und dass sie ohne Schluss … / wo unsereins bestimmt mal abgehn muss. // Hier überkommen ihn die trüben Sentimenter: / er greift zum grünen Curacao (denn den kennt er) / und schlürft das Gift und sieht das alte Jahr, / und wie es gar nicht allzu fröhlich war«.[137] Es war, darauf kommt das Gedicht in der nächsten Zeile zu sprechen, das Jahr der zwei verheerenden und mörderischen Balkankriege. Doch die gebildete Öffentlichkeit beschäftigt sich hauptsächlich mit Zabern und Theaterpleiten und anderen mehr oder weniger wichtigen Belanglosigkeiten. »Und wenn man Deutschland sieht und diese«, dichtet Tucholsky Anfang Februar, »mit Parsifalleri – und – fallerein / von Hammeln abgegraste Geisteswiese – / geh, Frühling! Hier soll immer Winter sein!« Man redet, protestiert und feiert ansonsten Fasching, wie jedes Jahr.[138]

Dinge von Bedeutung? Kaum. Im Frühjahr starten die Behörden eine öffentliche Kampagne gegen Gummiwaren, also Präservative, weil die Statistiken einen bedenklichen Geburtenrückgang trotz steigender Ehefrequenz nachgewiesen haben: »Wohlauf! Wohlan! Zu Deutschlands Ruhm und Ehren! / Vorbei ist nun der Liebe grüner Mai.«[139] Die Angst um die Wehrfähigkeit dringt ins Intime. Aber an Krieg denkt niemand. Steht Frank Wedekind, fragt Tucholsky sich Mitte März, kurz davor, katholisch zu werden?[140] Auf dem Theater des Kronprinzen schwingt der Hofdichter zur gleichen Zeit »im Gmüatl / 's Hüatl«. Nur: »leider fehlt der Kunstgeschmack – / Nun, man behilft sich ohne / beim Sohne«.[141] Überhaupt in diesen verwirrenden Zeiten: »Halten Sie Ideenassoziationen für sinnlos? Ich nicht.«[142] Umwerfend, Ende Juni, eine virtuose Miniatur über Paganini, als wollte Tucholsky weniger im Mitgeteilten als im Stil die Faszination des dämonischen Geigers und seine narkotisierende Wirkung auferstehen lassen[143] – eine synästhetische Komposition, wie sie sonst nur Tschechow beherrschte.

In Berlin findet das Sechstagerennen statt. Die Sittenschutzpolizei konfisziert abwechselnd Büstenhalter, Boccaccio, Präservative und gelegentlich einen Tizian. Aber Eroticis, meint ein Handwerker: »Sowat braucht man eben manchmal.«[144] In Ordnung ist vieles nicht. »Bekanntlich werden die Juden nur als Steuerzahler unter die Rubrik Deutsche gebucht.«[145] Herr Meyer vom *Vorwärts*, Herr Leuß, Rosa Luxemburg im Gefängnis. »Es geht uns nicht gut«, konstatiert Tucholsky im April: »Wo sind wir? Was ist das alles? Wo gleiten wir hin?«[146] Einzig Maximilian Harden ahnt bereits Mitte Mai in der *Zukunft*: In diesem Sommer wird Schicksal.[147]

Wenig später, am 28. Juni 1914, löst der Anschlag des serbischen Terroristen Gavrilo Princip auf Erzherzog Franz Ferdinand in Sarajevo eine Kettenreaktion aus, die zum Ersten Weltkrieg führt. Doch trotz der dramatischen Ereignisse auf dem Balkan wiegt sich Europa im Juli 1914 erstaunlicherweise in einer trügerischen Ruhe. Wolkenloser Sommerhimmel von der Ostsee bis zum Mittelmeer. Zu Beginn der Julikrise beschäftigt sich Tucholsky mit der Broschüre eines Stabsarztes der Landwehr, kaum mit Blick auf die aktuellen politischen Ereignisse, aber voller Polemik gegen die »Verherrlichung der Nationalbesoffenheit, der niedrigsten Stufe aller Leidenschaften«.[148]

In Wiener Kaffeehäusern brütet man unterdes an der Formulierung eines Ultimatums an Belgrad. Es wird so abgefasst sein, dass ein souveräner Staat, will er als solcher ernst genommen werden, es unter keinen Umständen annehmen kann. Nicht nur die Bestrafung der Attentäter von Sarajevo wird da den Serben abverlangt, sondern eine strenge Untersuchung aller in Serbien gegen Österreich gerichteten Bestrebungen, und zwar unter Beteiligung österreichischer Beamter. Das war unannehmbar. Es ist der 23. Juli, als das Ultimatum in Belgrad endlich übergeben wird.

Als Reichskanzler Bethmann-Hollweg das Ultimatum zu Gesicht bekommt, hat er verstanden. Eine Aktion gegen Serbien, geht es ihm sofort durch den Kopf, kann zum Weltkrieg werden. Dabei hatten er und der Kaiser selbst bereits Anfang Juli Wien einen sogenannten Blankoscheck für jede denkbare Aktion gegen Serbien ausgestellt. Was das bedeuten würde, ahnt der Reichskanzler schon Mitte Juli: ein unkontrollierbarer Sprung ins Dunkle.

Dann der 1. August. In Berlin versammeln sich bald nach Bekanntgabe der Mobilmachung Hunderttausende Unter den Linden und vor dem Stadtschloss. Der Verkehr kommt zum Erliegen. Lustgarten und Schlossplatz sind voll mit eng zusammengedrängten Menschenmassen, die patriotische Lieder singen und immer wieder gleichmäßig im Chor rufen: »Wir wollen unseren Kaiser sehen!«

»Unglaubliches hat Europa in seinem Wahn begonnen«, schreibt Albert Einstein wenige Tage später an einen Freund in Holland.[149] Es war letztlich die unumstößliche Entscheidung Deutschlands, das von Auflösung bedrohte multinationale Österreich-Ungarn – den einzig verbliebenen Verbündeten in Europa – selbst um den Preis eines europäischen Konflikts wieder flott zu machen, so der französische Historiker Pierre Renouvin, die den Ausbruch des Krieges von 1914 bis 1918 herbeiführte.[150] Dabei war die Vorstellung, ein Krieg könne den Verfall der Doppelmonarchie aufhalten, völlig irreal; und außerdem gab es nie eine ernsthafte Gefahr für den Bestand des Reichs, solange der Frieden erhalten blieb. In ihrem »bierseligen Glauben an das Prestige, an Nibelungentreue und an ähnliche Kinovorstellungen«[151] aber, so Tucholsky später, wollte das in deutschen Führungskreisen niemand zur Kenntnis nehmen. Man war von einem geradezu magischen Glauben an schnelle Siege besessen.

Wer Anfang August 1914 an der Kölner Hohenzollernbrücke stand, konnte Augenzeuge eines Schauspiels werden, das die Welt bis dahin noch nicht gesehen hatte. Durchschnittlich alle zehn Minuten passierte dort ein langer Eisenbahnzug mit Truppentransporten den Rhein, insgesamt 2150 Züge allein zwischen dem 2. und 18. August. Dies sollte eigentlich ein Krieg der Geschwindigkeiten werden. Doch er kommt unerwartet schnell ins Stocken. Das letzte Fort von Lüttich kann erst am 16. August eingenommen werden, nachdem man es sturmreif geschossen hat. Die neuen 42-cm-Mörser von Krupp und die 30,5-cm-Mörser von Skoda erleben bei dieser Gelegenheit ihre Gefechtstaufe. Wie Spaziergänger in der Luft sehen die belgischen Verteidiger die tödlichen Geschosse mit ihrer verheerenden Wirkung auf sich zufliegen, ohne dass sie etwas dagegen unternehmen können; manche verlieren dabei vor Angst und Panik den Verstand.

Auch das deutsche Heer ist den Nervenbelastungen des Krieges anfangs überhaupt nicht gewachsen. Vereinzelt kommt es in Belgien zu Sabotageakten, und unter den Militärs bricht bald eine regelrechte Panik aus. Überall fühlt man sich von nicht identifizierbaren Partisanen eines unerklärten belgischen Volkskriegs umzingelt.

Schon beim Vormarsch auf Lüttich war es am 4. August zu ersten brutalen Vergeltungsmaßnahmen gekommen. Am 5. und 8. August finden die ersten Massenexekutionen statt. 850 partisanenverdächtige Zivilisten werden erschossen, 1300 Häuser niedergebrannt. Insgesamt fallen dieser mörderischen Panikwelle in den ersten Tagen des Kriegs rund 6500 Zivilisten und über 20 000 Häuser zum Opfer.

In gewisser Weise war dies nur eine Steigerung der Tollhausatmosphäre, die bereits Anfang August 1914 das ganze

Reich heimgesucht hatte. Ein Gefahrenpunkt erster Ordnung befand sich am Potsdamer Platz in Berlin, berichtet Hellmut von Gerlach, damals Chefredakteur der *Welt am Montag*. Hier trafen sich nationalistische Banden, um Ausländer zu verprügeln, angebliche Spione abzufangen und sich anschließend in dem zum Café Vaterland umgetauften Piccadilly unter Bier zu setzen. An einem einzigen Tage wurden an diesem Ort vierundsechzig vorgebliche Spione eingeliefert, darunter eine ganze Zahl Reserveoffiziere.[152] Eine forsche Paranoia hatte Land und Heer überzogen.

Insonderheit die englische Kriegserklärung vom 4. August wurde zum Auslöser eines unsäglichen Kulturkampfs. Das »urplötzlich politisierte, bis dahin literarische Deutschland«, bemerkt Tucholsky später, warf mit einem Mal »sämtliche Vokabeln, deren es habhaft werden konnte, über den Kanal«. Kein Wort machte so sehr die Runde wie das vom »perfiden Albion«, das nichts von der Tiefe des deutschen Gemüts erahnte.[153]

Selbst ein ansonsten so nüchterner Mensch wie Ernst Troeltsch vertrat die Auffassung, Demokratien könnten keine Angriffskriege führen, ohne sie als Verteidigung gegen tiefe moralische Bedrohungen darzustellen, und sah darin den Hauptgrund für die alliierte Kriegspropaganda, die den deutschen Militarismus als alleinigen Verursacher der europäischen Katastrophe betrachtete. Man war von eigensüchtigen britischen ›Händlern‹ umzingelt, klagte der Soziologe Werner Sombart Anfang 1915, und musste sich ihrer mit dem Idealismus deutscher ›Helden‹ erwehren. Dem Weg in die Schützengräben ging nach den Worten des Münsteraner Nationalökonomen Johann Plenge eine sittliche Erhebung des Volkes zur Volksgemeinschaft voran. Die ›Ideen von 1914‹ signalisierten die Geburtsstunde eines neuen deutschen Staats, und der erste Sieg, noch vor der Bewährung im Felde, war ›der Sieg über uns selbst‹.[154] Nur in Deutschland – und die Kriegsbegeisterung selbst war keineswegs eine privilegierte deutsche Sache – wurde der Krieg als ein geradezu apokalyptisch aufgeladenes Ereignis gefeiert, als bevorstehendes Weltgericht, als deutscher Kreuzzug im Dienste des Weltgeists.[155] Eine Verblendung, beobachtet Tucholsky, griff um sich, die man nur noch mit dem »Seelenzustand durchgehender Pferde« vergleichen konnte.[156] Haben Sie's nicht 'ne Nummer kleiner? Wenige unter den Gebildeten wurden von diesem Rausch verschont. Unter ihnen der sozialdemokratische Mediziner Alfred Grotjahn, der plante, ein Verzeichnis bisher geschätzter Personen aufzustellen, die durch den Krieg eine akute Geistesverwirrung erlitten hatten.[157] Und die Politik? »Der Kaiser spielte: historisches Ausstattungsstück«, so Tucholsky: »Die Wirklichkeit spielte: Tobsuchtsanfall Europas bis zum Weißbluten«.[158]

Das Schlimmste in Deutschland aber, meint er, war »das Fehlen jeder Ethik«.[159] Was blieb, war am Ende »Nützlichkeitsprinzip, Macchiavelli, eine Verschmutzung unserer Sitten«, mit ethischen Phrasen versalzen.[160] Utilitaristisch angewandte Metaphysik, die selbst vor der »Gründung eines Schützengrabenliebengottes«[161] – einer Art von protestantischem Wotanskult – nicht zurückschreckte. So etwas, die Ethik »vorschieben, wenn es mit der Gewalt nicht geht, und die Wolfsklaue aus dem Schafspelz stecken«, das darf man einfach nicht. Nein, die Sittenlehre ist kein Irrlicht.[162] So kategorisch sieht Tucholsky das. Und dabei wird er bleiben.

Der Absturz vom August 1914 war traumatisch. »Wir glaubten schon, zu halten und zu wissen – / und da versank die ganze Welt«, schreibt er voller Wehmut zwei Jahre später, »und warf uns alle Tempel / und was wir lieb gehabt, um – wie ein Kartenblatt«.[163] Es war in der Tat ein Sprung ins Dunkle, mit dem sich die zivilisierte europäische Welt von gestern über Nacht verabschiedet hatte.

Vor allem war der Krieg, das zeigten bereits die ersten Tage im Feld, vollkommen anders, als die Planer und die Volksbegeisterung es sich vorgestellt hatten. Je mehr Planung und Wirklichkeit auseinanderfielen, das würden die kommenden Jahre zeigen, desto brutaler wurde er. Bereits Mitte November

1914 kam Generalstabschef Falkenhayn zu der Überzeugung, dass militärisch auf lange Sicht nichts mehr zu gewinnen war. Das Gemetzel aber würde vier Jahre weitergehen und zu wahren Blutorgien anschwellen. »Meine Zeitrechnung beginnt am 4. August 1914«, schrieb der Regisseur Erwin Piscator nach dem Krieg: »Von da ab stieg das Barometer: 13 Millionen Tote, 11 Millionen Krüppel, 50 Millionen Soldaten, die marschierten, 6 Milliarden Geschosse, 50 Milliarden Kubikmeter Gas.«[164] Die Menschheit hackte sich, so Tucholsky 1917 etwas sarkastisch, »durch Fleisch und Blut einen Weg der ›Idee‹ durch lebendige Menschen«.[165]

Der große Krieg war, wie er zwölf Jahre später unter Berufung auf Sigmund Freud schrieb, von Anfang an ein vollkommener Zivilisationsbruch, eine mit emphatischer Erleichterung aufgenommene Befreiung von den kaum bewältigten Sublimationszwängen der Kultur. Eine blanke Machtergreifung von Urtrieben griff um sich, »die neben den zivilisierten immer weiter bestehen bleiben, einen derartigen Kraftaufwand von Verzicht erfordern, dass die dünne Kruste, durch Zwang und Überredung gebildet, leicht durchbricht – und so ein Durchbruch ist der Krieg«.[166] Nie zuvor in der Geschichte kam dieser Atavismus so unverhohlen plötzlich zum Ausbruch wie im August 1914.

The wind cries Mary

Mit Beginn des Krieges verstummt Tucholsky für einige Zeit als Schriftsteller.[167] Zwei Artikel liegen noch in der Ablage der *Schaubühne*. Sie erscheinen Anfang und Ende August. Über sein Schweigen kann man nur Vermutungen anstellen. Auch briefliche Äußerungen werden rar. Er promoviert, aber das wird nicht der einzige Grund gewesen sein. Von einem Herzleiden ist beiläufig die Rede,[168] doch eher war es so, dass ihm der plötzliche Kriegszustand in Europa die Sprache verschlagen hat. Zudem zieht sich die Promotion einige Zeit hin. Anfang August 1913 hatte er sein erstes Gesuch um Zulassung bei der juristischen Fakultät in Jena eingereicht, weil hier die formalen Bestimmungen einfacher gehandhabt wurden als in Berlin. Auf das Staatsexamen verzichtet er, und damit faktisch auch auf die Option, jemals Anwalt zu werden.

Die Erstfassung seiner Arbeit wurde Ende Januar 1914 zunächst zurückgewiesen. Erst die Zweitfassung – am 9. Juni eingereicht – führt dann zur Einleitung des Promotionsverfahrens. Ende Oktober liegt das Gutachten vor. Am 19. November 1914 wird Kurt Tucholsky mit cum laude zum Dr. jur. promoviert, allerdings mit der Auflage, für die Druckfassung seiner Arbeit noch einige kleine Änderungen vorzunehmen. *Die Vormerkung aus § 1179 BGB und ihre Wirkungen,* eine Untersuchung über einen Sonderfall des Hypothekenrechts, ist das einzige bekannte Manuskript, an dem er in diesem Jahr seit Ausbruch des Krieges gearbeitet hat. Die Dissertation erscheint Anfang Februar 1915 im Druck. Wenig später erhält Schwester Ellen ein Exemplar mit Widmung und dem Zusatz: »Aaaber sie braucht es nicht zu lesen!«[169]

Ihn selbst treiben zu dieser Zeit andere Dinge um. Er werde »in kurzer Zeit zum Militärdienst einberufen«, teilt er dem Dekan der juristischen Fakultät der Universität Jena am 6. Januar 1915 mit, als er dort um baldige Erteilung der Druckgenehmigung bittet.[170] Im März wird er in einem Wilmersdorfer Bierlokal der Musterung unterzogen. Obwohl er kurz zuvor kettenweise Zigaretten geraucht hatte, um schlechte Konstitution zu simulieren, erklärt man Tucholsky für tauglich. Er wird als Armierungssoldat dem Landsturm zugeteilt. Eine militärische Ausbildung hat er nicht. Deshalb verweist man ihn zur Etappe.

Dienstantritt ist der 10. April 1915. Am Schlesischen Bahnhof wird Kurt Tucholsky mit einer zusammengewürfelten Truppe Richtung Osten verladen. Der Krieg dauert nun schon ein Dreivierteljahr, und die anfängliche Begeisterung ist sicht-

Über das ostpolnische Provinznest Suwalki erreicht Tucholsky im April 1915 mit einem Truppentransport seinen Einsatzort im Baltikum. Er ist zunächst als Schipper für Hilfsarbeiten in der Etappe eingesetzt und trägt einfachen Drillich nebst randloser Feldmütze mit schwarz-weißer Kokarde. Obwohl er nicht zur kämpfenden Truppe gehört, gerät er manchmal mit Kampfhandlungen in Berührung.

lich verflogen. Zudem funktioniert die Logistik nicht. Die erste Wassersuppe für die frisch eingezogenen Rekruten gibt es nicht vor Mittag des nächsten Tages bei Thorn. Am 12. April, an den masurischen Seen, regnet es in Strömen. Einen Tag später erhält jeder eine Konservenbüchse, die ohne brachiale Gewalt kaum zu öffnen ist. Zielort ist Suwalki in Nordostpolen, der rote Ziegelbau eines Provinzbahnhofs, der heute noch genauso aussieht wie damals. Schließlich landet der Truppentransport in einer alten russischen Kaserne. Stroh als Unterlage zum Schlafen gibt es nicht.[171] »Die durch sechstägige Bahnfahrt total erschöpften Menschen lagen auf den kalten Fliesen umher«, erinnert sich Tucholsky 1922, »gröhlten, spektakelten und liefen in der Finsternis herum; die Luft war dick und stickig, die Türen, hinter denen die freien deutschen Männer hockten, waren verschlossen. Die Stimmung in diesen Nächten war entsetzlich.«[172] Auch angemessene Militärkleidung gibt es keine, doch Tucholsky hat sich, wie sein Kamerad Frank Thiess erzählt, bereits in Berlin eine anständige Uniform und Reitstiefel verschafft.[173]

Im Frühjahr 1915 beginnt die zweite Phase der großen Ostoffensive der Mittelmächte, in deren Verlauf neben Galizien und Polen auch Kurland in ihre Hände fällt. »Wir haben im Osten zwar nie in solchen Lagen gesteckt, wie sie der Westen jeden Tag bot«, so Tucholsky später, wo die »Fabrik des Todes geradezu großindustriell betrieben wurde«.[174] Aber auch hier ist Krieg. Warschau befindet sich, als Tucholsky in Ostpolen damit beschäftigt ist, als Schipper Gräben auszuheben und Bauarbeiten vorzunehmen, noch in russischer Hand und wird erst am 5. August eingenommen. Zwischen Augustow in Masuren und Marijampole im heutigen Litauen finden Stellungskämpfe statt. Bei Suwalki beobachtet er, wie russische Kriegsgefangene gezwungen werden, im feindlichen Feuer ihrer eigenen Landsleute Stellungsarbeiten zu verrichten.[175]

Von dort geht es Ende Mai 1915 auf einem offenen Eisenbahnwaggon nach Tilsit und an Bord eines Kahns auf der Memel im Schlepptau eines kleinen Dampfers in das besetzte

Russland. Drei Tage marschiert die Kolonne stundenlang die Chaussee entlang nach Wewirzany (Veivirzenai), dreißig Kilometer südöstlich von Memel. Etwa 250 Juden lebten bis zum Krieg in dem kleinen Ort. Tucholsky wird bei jüdischen Bäckersleuten einquartiert, die noch nicht vertrieben worden sind, wie er mit Erstaunen feststellt.[176] Denn die Russen organisierten in großem Umfang die Deportation sogenannter unzuverlässiger Bevölkerungsteile, denen sie Sympathie oder gar Kollaboration mit den Deutschen unterstellten. Das betraf laut Befehl vom Januar 1915 in erster Linie »alle Juden und verdächtigen Individuen« im Kampfgebiet.[177] Einige aber waren dennoch geblieben, und Tucholsky berichtet von kleinen Flirts mit jungen Jüdinnen, bevor er Ende Juli den Marschbefehl nach Birshi (Birzai) an der heutigen Grenze nach Lettland erhält.

Die Verlegung führt zu einem »fast monatlichen Herumirren« mit Zehnstundenmärschen.[178] Die Ruinen einer Radziwill-Burg und ein Schloss der Tyskiewiczs aus dem neunzehnten Jahrhundert sind neben einer calvinistischen Backsteinkirche das Bemerkenswerteste dieses Marktfleckens. Nun aber ist hier »zu jedermanns Verdruss Krieg«.[179] Kurland, eigentlich ein »wundervolles Land«, liegt nahezu verlassen da. Viele Bewohner sind deportiert, und jetzt haben die Deutschen die Anweisung ausgegeben und sogar ordentliche Schilder aufgestellt: »Civilpersonen ist das Betreten des Kriegsschauplatzes streng untersagt.«

Im Spätsommer 1915, während der Stellungskämpfe um Jakobstadt (Jekabpils), an denen auch Tucholsky teilnimmt, gibt es Streit »mit die Russen«. Man kann die Dörfer brennen sehen, »und man spricht die Verwundeten, und in der Nähe ist alles viel weniger sympathisch als in der Illustrierten«, schreibt er der Schwester Ellen: »Aberst ich schieß lieber nicht. Nachher erschrickt so ein Russe und wird krank.«[180] Überhaupt, meint er im Rückblick: »Ich wandte viele Mittel an, um nicht erschossen zu werden und um nicht zu schießen.«[181] Er ist jetzt auch dem Schmutz der Schipperarbeit entronnen und als Kompanieschreiber beschäftigt. Insgesamt aber war diese Zeit, »von nahe und unter Schmerzen«, für ihn eine einzige Erfahrung von Rohheit und Betrug.[182]

Ende August 1916 meldet er an Hans Erich Blaich in Fürstenfeldbruck: »Ich bin ein bischen umgezogen.« Er ist versetzt nach Autz (Vecauce) im heute zu Lettland gehörenden Kreis Mitau (Jelgava). Es herrscht ein vorläufiger Friede in der Region, aber Tucholsky ist sich nicht sicher, ob er lange Bestand haben wird. Jedenfalls sind die Offiziere der Fliegertruppe, denen er nun unterstellt ist, weit »angenehmer« als seine bisherigen Vorgesetzten, und »die Bureaux«, in denen er arbeitet, »liegen in einem Schloss«,[183] englische Neogotik des neunzehnten Jahrhunderts und ursprünglich für die Grafen von Medem erbaut. Am Ort entsteht eine Artillerie-Fliegerschule für viertausend Mann. Tucholsky wird zunächst Schreiber beim Stab und wechselt dann in die Presseabteilung. Sein Vorgesetzter ist seit Januar 1917 Oberleutnant Erhard Milch, der Adjutant des Schulkommandeurs. Milch wird in den dreißiger Jahren als Görings Staatssekretär für den Aufbau der Luftwaffe zuständig sein, später Generalluftzeugmeister und einer der Stellvertreter Albert Speers.

Tucholsky hat sich damit abgefunden, den Krieg irgendwie durchhalten zu müssen. Er war, meint Frank Thiess, im Herzen vermutlich mehr Patriot als er selbst, doch den Krieg hielt Tucholsky für den Einbruch einer endlosen Dummheit und menschlichen Niedertracht, über die er sich immer wieder mit Witzen hinwegzusetzen versuchte.[184] Und mit Kompromissen. Anfang September 1919 interviewt Peter Panter sich selbst im *Berliner Tageblatt*.

»Erfolg? Sie wollen wissen, wie ich Erfolg gehabt habe, junger Mann? Junger, junger Brausekopf! Nun, ich habe mich gebeugt.«

»Nie täte ich das. Nie!« sagte ich emphatisch.

»Sie müssen es tun«, sagte er. »Sie werden es tun. Was taten Sie im Krieg?«

»Ich war«, sagte ich und sah auf meine Stiefelspitzen, »Schipper«.

»Falsch!« sagte er. »Wären Sie ein tüchtiger Kerl und lebensklug, so hätten Sie anderswo sitzen müssen: in einer Presseabteilung, bei der politischen Polizei, was weiß ich. Wissen Sie, was ein Kompromiss ist? Können Sie Konzessionen machen?«[185]

Konzessionen. In Autz sitzt Tucholsky seit Herbst 1916 in einer Presseabteilung und entwickelt das Konzept für eine Soldatenzeitschrift mit dem Namen *Der Flieger*. Kaum ist die erste Nummer erschienen, als Mitte Dezember 1916 lettische Einheiten im Verband der russischen Armee auf Mitau vorrücken, um die Stadt zurückzuerobern. Hunderte von ihnen werden durch Maschinengewehrsalven niedergemäht, Tausende fallen auf der danach so genannten Todesinsel nahe dem rechten Dünaufer einem deutschen Gasangriff zum Opfer.[186]

Es ist nach wie vor Krieg hier, und auch Tucholskys Fliegerzeitschrift wird Teil der deutschen Propagandamaschine. Konzessionen? Kompromisse? »Da seht: es brennt an allen Ecken! / der eine löscht, der andre schürt«, heißt es beispielsweise im *Flieger* vom 15. April 1917, »John Bull auf seinen Pfeffersäcken / bekommt, was ihm schon lang gebührt«.[187] Gab es während des Krieges zwei verschiedene Kurt Tucholskys?[188] Einige seiner Beiträge im *Flieger* legen das jedenfalls nahe. Er ruft in Gedichten und Artikeln zur Kriegsanleihe auf und bekommt im April 1918 sogar das Verdienstkreuz für Kriegshilfe verliehen. Gleichzeitig schreibt er an Blaich: »Um mich herum braust ein Ocean von Karikatur, die von niemand nichts weiß.« Und wenig später: »Wann läuten daheim die p. Friedensglocken? Ick nach Hause, den Rock bezw. das Ehrenkleid des Kaisers ausgezogen, den Pfeffer- und Salzanzug an, Cylinder auf, Koffer gepackt und raus – das ist alles. Wärs erst so weit!« Das spätere *Interview mit sich selbst* ist ein Eingeständnis jener Schizophrenie, die in diesen Jahren für ihn zur Überlebensstrategie geworden ist. Krieg ist einfach »nicht bekömmlich«. Am

In Alt-Autz, hier ein Foto aus dem Casino der dortigen Artillerie-Fliegerschule, ist Tucholsky seit dem Herbst 1916 in der Presseabteilung beschäftigt und hat den Auftrag, das Konzept für eine Soldatenzeitschrift mit dem Titel Der Flieger zu entwickeln. Auch Tucholsky kann sich zu dieser Zeit dem Zwang, nationale Propaganda zu betreiben, nicht entziehen. Er schreibt Kriegsgedichte.

Flieger arbeite er nur noch mit dem größten Widerwillen, lässt er Blaich im August 1917 wissen, aber: »ich verspüre keine Lust, mich etwa zum Märtyrer einer Sache aufzuwerfen, die mich nichts angeht.«[189] Wenig später wird er zum Unteroffizier befördert.

Ende Februar 1917 bricht in Petrograd ein Generalstreik aus, und am 15. März muss Zar Nikolai II. seine Abdankung unterzeichnen. Zwar sind die Russen entschlossen, den Krieg weiterzuführen, doch von März an herrscht an der deutschen Ostfront weitgehend Waffenruhe. Auch in Kurland, das jetzt für Tucholsky immer weniger als Kriegsschauplatz ins Blickfeld gerät. Er verliebt sich regelrecht in dieses nordische Land mit seinen Weiten und dem dramatischen Licht und ist überwältigt von der landschaftlichen Schönheit, die ihn hier umgibt. Hätte doch Deutschland etwas von dieser fast archaischen Vornehmheit! Alles hier sei »so klar und sauber und so unsagbar deutsch«, schwärmt er in der Erinnerung, fast so, als wäre »Deutschland eine Skizze, und Kurland, das sei erst das fertiggestellte Werk«. Blauer Himmel, riesige grüne Wälder und so klar die Luft – »weit wellt sich das Land, Städte siehst du auf Meilen und Meilen nicht, nur hier und da Gehöfte, kaum Dörfer, und dann und wann eines dieser herrlich einfachen, vornehmen, versonnenen kleinen Schlösser«.[190]

Immer wieder überkommt ihn im Feld die Sehnsucht nach der jetzt in Trümmern liegenden Welt von gestern. 1892, geht ihm in Autz bei der Lektüre eines Romans von Gaston Leroux durch den Kopf: »Meine geliebte Zeit! Zeit, die ich so geliebt habe, obgleich ich sie doch als denkender Mann gar nicht erlebte! Zeit der Pufferärmel, der flotten Kohlezeichnungen, der Skandale, der kosmopolitischen Atmosphäre in Literatur, Kunst und kleiner Krämerpolitik.«[191] Kurland wirkt auf ihn wie eine Zeitmaschine. Es ist eine Welt, in der das neunzehnte Jahrhundert stehen geblieben scheint, und die deutschen Balten – »Deutsche der edelsten Art« – erscheinen ihm wie Figuren aus den Romanen von Theodor Fontane oder Wilhelm Raabe (auch Johann Peter Hebel und sein »bestes Deutschtum« ist ein solcher Bezugspunkt[192]), mit »Zügen feinster Menschlichkeit«. Konservativ und auch nicht engelsrein, aber keineswegs »erzreaktionäre Ketzer«. Feine, stille, sorgfältige Menschen, »fromm, dabei frisch und stark«, und »in allen Dingen des äußeren Lebens von einer erstaunlichen Kultur, wie sie auf dem Land sonst nur in England zu finden ist«. Nichts von preußischen Zöpfen, hypokritischem Staatsprotestantismus, Untertanengeist und wilhelminischem Protz. »Richtige lebendige Menschen.«[193]

Ein bisschen romantisch ist das schon, wenn man den Klassendünkel und die Standesinteressen der baltischen Ritterschaft – auch darin sehr englisch – in Rechnung stellt. Aber nicht ganz falsch. Im Baltikum hatte sich tatsächlich, im Unterschied zu Preußen, ein Menschentypus herausgebildet, der weit weniger staats- als vielmehr ausgesprochen gesellschaftsbezogen war.[194] Contenance, Verhaltenheit, Etikette, ein gewisser intelligenter Eigenwille und Distanz ohne jede Spur von Prüderie gelten dort als Maßstab guten Benehmens.

Mary Gerold ist eine solche deutsche Baltin. Anfang November 1916 – die Deutschen hatten Riga am 5. September eingenommen – hat sie sich als Hilfsdienstwillige vom deutschen Heer anwerben lassen und ist nach Autz abkommandiert worden. Am 11. November lernt Tucholsky sie in der Autzer Kassenverwaltung kennen. Wenige Tage zuvor hatte er noch an Blaich geschrieben: »Schade, dass ich fern der Claire bin.« Sie hat gerade ihre Zulassung als Ärztin erhalten, »ist maßlos stolz, approbiert und steht kurz vor der eigenen Wohnung und dem Doktor. Ob sie mir denn noch anguckt?«[195] Tucholsky korrespondiert regelmäßig mit ihr während der Kriegsjahre, doch von ihren Briefen ist leider nichts erhalten geblieben.[196]

Am 12. November beginnt mit einem kurzen Brief und der Einladung zu einem Glas Sekt in der Autzer Leihbibliothek seine lebenslange Beziehung mit Mary Gerold. »Ganze Literaturen wären nicht, riegelten die Mädchen ihre Türen auf«,[197] schrieb er einmal in *Rheinsberg*. So ist Mary – das genaue

Gegenteil der etwas erotomanisch-verspielten Claire. Das gefällt ihm, und es reizt ihn, nicht nur aus einer Augenblicksstimmung heraus. »Blond und kühl«, baltisch verhalten, ignoriert sie die unerwartete Aufforderung. Erst nach einer zweiten Einladung, in der er sich lang und formvollendet dafür entschuldigt, dass der erste »kleine Zettel für geordnete Verhältnisse eine Unmöglichkeit« war, lässt sie sich zu einem »kleinen Gang auf dem östlichen Kriegsschauplatz« überreden. Es wird ein kurzer Nebelspaziergang im November, schüchterne Worte, und noch am späten Abend des gleichen Tages ein weiterer Brief. Er will kein Liebchen, kein »Kleinchen«,[198] wie das an der Front so üblich ist, wo die »puellae triumphierend über den östlichen Kriegsschauplatz in die höchsten Betten hüpfen«.[199] Nein: »Ich möchte lernen, Sie zu lieben.«[200]

Sie ist, als er sie kennenlernt, kurz vor ihrem neunzehnten Geburtstag und zweifellos eine hübschere Erscheinung als die Pimbusch. Ihr Vater ist Buchhalter, die Mutter Erzieherin. Sie selbst hat die Städtische Töchterschule in Riga besucht und ein Examen als Elementarlehrerin abgelegt. Zu Hause spricht man Deutsch, aber Mary beherrscht auch perfekt Russisch. Riga war zwar nach wie vor eine weitgehend deutsch geprägte Stadt, aber Kurland seit dem Ende des achtzehnten Jahrhunderts russische Provinz. Mit der Zeit hatte die baltische Mentalität, meint Frank Thiess, der aus Livland stammt, sich einen gewissen slawischen Unterton angeeignet, eine unscheinbare Note weicher Vertrauensseligkeit, und Mary bezeichnete sich in koketten Minuten auch manchmal gern als Russin. Dennoch hat sie sich die Eigenart baltischer Frauen bewahrt, einen Mann in Lagen bringen zu können, alles aus sich herauszuholen, wenn er sein Ziel erreichen wollte.[201] Für Tucholsky ist das offenbar eine neue Erfahrung.

Von Ende November an herrscht für einige Wochen weitgehend Funkstille zwischen den beiden. Tucholsky hat ihr etwas überforsch zu verstehen gegeben, dass er sie ganz haben wolle, auch körperlich. Sie bricht die Beziehung ab, bis er sich

Als Tucholsky in Alt-Autz Mary Gerold kennenlernt, steht sie kurz vor ihrem neunzehnten Geburtstag. Sie stammt aus Riga und hat sich als Hilfswillige vom deutschen Heer anwerben lassen. Mary Gerold, die er später nach dramatischen Eskapaden heiraten wird, war die einzige Frau in seinem Leben, die sein Herz wirklich erreichte. Gerade deshalb scheiterte aber auch diese Beziehung.

Mitte Januar in einem langen Brief wieder zu Wort meldet. Formen seien nötig, schreibt er ihr, um den Verkehr zwischen den Menschen überhaupt erträglich zu machen: »Aber sie sind nicht das Ursprüngliche, nicht das, für das es sich zu leben lohnt.« Zwei Tage später ein Gedicht: »Gibst du dich keinem hin?«[202] Es sind wahre Salonquadrillen, die er vollzieht, aber sie verfehlen ihre Wirkung nicht. Am 19. Januar denkt sie zum ersten Mal, wie es wohl wäre, diesen Mund zu küssen. Einen Tag später, laut Marys Tagebuch: »unsere Lippen fanden sich, und unsere Herzen schlugen im gleichen Rhythmus«.[203] Und irgendwann ist es so weit. Es fließt »im Schlaf das Dunkle zusammen«.[204]

Nahezu alle Briefe, die Tucholsky von nun an bis Kriegsende und darüber hinaus schreibt, sind an Mary Gerold adressiert. Schnell ist sie ein Pseudonym. Meist nennt er sie Meli, Malzen oder einfach maskulin ›Er‹ und sie ihn Nungo. Er lebt gern hinter einer Maske, und auch für sie, die verhaltene Baltin, ist Nähe grundsätzlich nur aus der Distanz denkbar. Tucholsky wird ebenfalls ›Er‹. »Es gibt Worte, die nie gesagt werden dürfen«, heißt es bereits in *Rheinsberg,* »sonst sterben sie.«[205] Die Sehnsucht nach Vollendung bleibt etwas, das ohnehin – so stark es auch sein mag – nie erreicht werden kann.

Die Welt als Wille und Vorstellung

Ende April 1918 ist Kurt Tucholsky zum ersten Mal seit langer Zeit wieder in Berlin, auf Fronturlaub. Die Stadt hat sich sehr zu ihren Ungunsten verändert, schreibt er an Mary. »Es ist ja niemals eine mondaine Großstadt gewesen, aber jetzt ist es durch Materialknappheit aller Art, Aufeinanderprallen der Gegensätze zwischen Knallprotzen und Hungerleidern widerlich.« Eine Atmosphäre von Unwirklichkeit umgibt Berlin, es weht ein »scharfer Wind«, aber niemand kann sagen, »was es alles wird«. Der *Wintergarten* ist durch das Ausbleiben ausländischer Stars »dumm und platt« geworden, und nur eine Lesung von Karl Kraus, der gegen die Lyriker wettert, die den Krieg verherrlichen, ist »fabelhaft« und zudem »herrliches Deutsch«.[206] Am wichtigsten aber wird die Begegnung mit Theodor Wolff, seit 1906 Chefredakteur des *Berliner Tageblatts* und eine der einflussreichsten Personen im Verlagshaus Mosse.

Im Juli 1916 war das *Tageblatt* vorübergehend verboten gewesen, und Wolff vertrat offen die Ansicht, dass nur eine Verständigung mit Frankreich einen dauerhaften Frieden bringen könne. Jetzt, im Frühjahr 1918, war der unscheinbare Zentrumsmann Georg von Hertling Reichskanzler, von dem Wolff meinte, er habe wie die Entourage Marie Antoinettes am Ufer gesessen und den »unaufhaltsam anschwellenden Gebirgsstrom, der schon Felsblöcke mit sich trug und Brücken einriss«, gedankenlos an sich vorüberziehen lassen.[207] Seit 1917 war es immer wieder zu Streiks gekommen, im Reich brodelt es, die Parlamentarisierung ist ein beständiges Thema, und außenpolitisch verhärten sich die Fronten weit über die Grenzen des Irrealen hinaus. Worüber Tucholsky mit Wolff im Einzelnen gesprochen hat, wissen wir nicht. Aber ein Ergebnis dieser Gespräche sollte im Herbst 1918 sein Eintritt in den Mosse-Verlag sein. Eine eher unangenehme Randerscheinung des Aufenthalts in Berlin: Die Verlobung mit Kitty Frankfurther wird offiziell gelöst.

Und natürlich besucht Tucholsky Siegfried Jacobsohn. Der Politisierung des Lebens in Deutschland Rechnung tragend, hatte dieser seit dem 4. April 1918 seine Zeitschrift in *Weltbühne. Wochenschrift für Politik, Kunst, Wirtschaft* umbenannt. Die Idee dazu hatte er zum ersten Mal im Oktober 1916 in Erwägung gezogen – im Gespräch mit Lion Feuchtwanger während eines Abendessens in einem Charlottenburger Restaurant.[208] Die Zeitschrift hat den Krieg überlebt, nachdem sie Weihnachten 1915 kurzfristig verboten worden war wegen eines Artikels von Robert Breuer, dem späteren stellvertretenden Pressechef Friedrich Eberts, der zu dem Ergebnis kam, nur die Internationale des Proletariats könne die Krise des national kostümierten Kapitalismus überwinden. Anschließend machte auch Jacobsohn Konzessionen, zumal das Blatt nun der Vorzensur unterworfen war.

Breuer änderte sein Pseudonym von Cunctator in Germanicus und warnte seit 1917 immer wieder vor der Vernichtungsgefahr, die Deutschland drohe, wenn dort Zustände wie in Russland nach dem Sturz des Zaren eintreten würden. Jacobsohn öffnete sein Blatt auch umfangreichen Anzeigen für Kriegsanleihen. Doch privatim war er bereits im Sommer 1917 der Ansicht, der Krieg müsse selbst bei schlechtestem Frieden »so oder so, in diesem Jahre zu Ende gehen«, weil die Kräfte des Reichs erschöpft seien.[209] Die künftige *Weltbühne* sollte nun vorsichtig dabei mitmischen.

In der Eröffnungsnummer vom April 1918 wirbt Germanicus für einen Ausgleich mit England; es geht um Verständigungsfrieden, gegen die Allmachtsphantasien des alldeutschen Admirals Tirpitz; und der »unendlich vornehme Sinn« des Franzosen Claude Debussy wird nicht ohne politischen Unterton der Musik Richard Wagners gegenübergestellt.[210] »Mein gutes Blatt! Wie hast du dich verändert«, schreibt Tucholsky alias Theobald Tiger wenige Seiten später: »Es war einmal … da glaubten wir noch Beide / an Kunst und an Kultur, an Menschentum.« Jetzt aber hat der »Musentempel«, wenn nicht ausgedient, so doch seine zentrale Bedeutung verloren, und »Politik, Kunst, Wirtschaft« werden die neue *Weltbühne* zunehmend gleichrangig bestimmen.[211]

Am 8. Mai 1918, einen Tag nach Unterzeichnung des Friedensvertrags von Bukarest, mit dem das besiegte Rumänien faktisch zu einer Kolonie der Mittelmächte wird, erhält Tucholsky einen Versetzungsbefehl zur Zentralpolizeistelle in der rumänischen Hauptstadt. Der ehemalige Gerichtsassessor und Friedensrichter Erich Danehl, mit dem er in Autz eine lebenslang andauernde Freundschaft geschlossen hat, ist für ihn tätig geworden und fungiert dort nun als sein Vorgesetzter. Von

Berlin aus fährt Tucholsky direkt auf den Balkan. Die anstrengende Reise dauert vier Tage, wie er Mary schreibt, und sie war »nicht schön«.[212] Zudem empfindet er Rumänien gleich zu Beginn als ein »widerliches Land«; kein Mittelstand, »ausgesogene Bauern, fast Leibeigene«, und darüber eine Schicht von korrupten, arbeitsscheuen Politikern und Beamten. »Rumänien ist ein Käse, auf dem eine Madenschicht wimmelt.« Und Bukarest: bis auf drei, vier ganz nette Straßen »Provinzstadt und Panjebuden«. Das einzig Positive: der »rumänerische Wein« schmeckt.[213]

Tucholsky ist nun eine Art Kolonialbeamter in einem befriedeten, aber unterworfenen Staat. Sein Standort wird ab Ende Mai die Polizeistelle Turn-Severin, dort, wo die Donau in die walachische Tiefebene fließt – laut Brockhaus von 1911 eine Kreisstadt mit 20 300 Einwohnern. »Die Stadt ist sehr schön«, teilt er Mary mit, »an der Donau und der serbischen Grenze gelegen, mit wunderschönen Blicken in die Berge.« Fast wie eine Sommerfrische, und der Dienst bei der politischen Polizei findet erfreulicherweise in Zivil statt.[214] Wenig später lässt er sich hier protestantisch taufen, eher beiläufig. Er war bereits seit Jahren innerlich »aus dem Judentum ausgetreten«, ohne jemals im persönlichen Leben mit Antisemitismus konfrontiert gewesen zu sein, aber auch ohne jemals, trotz seiner »unauslöschlichen Abscheu vor dem gesalbten Rabbiner, zu den bekannten jüdischen Antisemiten« überzuwechseln.[215] Seit der formellen Taufe steht einer Beförderung zum Vizefeldwebel und Feldpolizeikommissar nun jedenfalls nichts mehr im Wege.

Als Tucholsky nach Rumänien versetzt wird, residiert dort der preußische Generalfeldmarschall August von Mackensen als Statthalter der Mittelmächte, teils in seinem Privatquartier unweit des königlichen Schlosses in Bukarest, teils auf Schloss Pelesch bei Sinaia, wo er wie ein Großfürst hohe Gäste empfängt und Bärenjagden arrangiert. Mackensen hätte Rumänien am liebsten zu einer deutschen Kronkolonie gemacht, und er war dort tatsächlich so etwas wie ein Vizekönig. Hier sollte ein

Außenposten des Reichs entstehen, der Südosteuropa absicherte und zugleich als Brückenkopf für die künftige Vormachtstellung im Nahen Osten diente. Das Land war zudem als Lieferant von Öl und landwirtschaftlichen Produkten wichtig für die Kriegsführung, und Mackensen hatte sich vorgenommen, durch eine gute und gerechte Regierung, eine unbestechliche Verwaltung und ordentliche Bezahlung der Bauern das Land und seine Bevölkerung auf seine Seite zu ziehen.[216] Tatsächlich herrscht in Rumänien jedoch, wie Tucholsky bald feststellt, eine heillose Korruption. Und kaum ein Offizier, der nicht nach Schürzen jagt oder sich allzu offen mit Prostituierten auf der Straße sehen lässt. Ganz Bukarest, kann er beobachten, ist voll von Pärchen und wilden Ehen.[217] Es geht drunter und drüber, und Mackensen hat gar nichts im Griff. Im Grunde ist er, ohne es zu wissen und zu merken, kaum mehr als eine Marionette rumänischer Schieber der besten Gesellschaft.[218]

Die Dinge gehen so ihren trüben Gang, aber Tucholsky hat zum ersten Mal seit seiner Mobilisierung Zeit. »Zu arbeiten gibt es nicht viel«, teilt er Mary mit. Endlich kann er wieder mehr schreiben und vor allem lesen. Die Monate in Rumänien bedeuten für Tucholsky in erster Linie eine erneute intensive Auseinandersetzung mit Arthur Schopenhauer, dem »weisesten aller Menschen, bei dem, nebenbei gesagt«, wie er Mary schreibt, »alles steht«.[219] Bereits als Student hatte er sich »bis an den Hals« in Schopenhauer vertieft und von ihm gelesen, was er nur auftreiben konnte.[220] Irgendwie war er für ihn ein Palliativ gegen den Krieg, schon während seiner Zeit in Kurland. Jetzt, gegen Ende des Krieges, gewinnt er eine besondere Aktualität. Er sehe »sehr schwarz«, teilt Tucholsky Mary Ende Juli 1918 mit, »und nicht nur für Deutschland«. Und wenig später: »Wird es ein zehnjähriger Krieg?«[221] Das alles kommt zu keinem Ende, geht es ihm durch den Kopf, bis endlich »der Wahnsinn der Staaten aufhört und ein Gerichtshof« auch die Konflikte unter den Völkern in eine gültige und allgemeinverbindliche Rechtsordnung eingefügt hat. Denn schließlich sind wir »keine

Bärenhorde«, aber »wenn man die Kriegsschreier liest, müsste man meinen, wir wärens doch«.222 Schopenhauer wird ihm in diesen Tagen zu einer Art Trost der Philosophie – eine Lektion der unverwechselbaren Einzigartigkeit der individuellen Existenz.

Dessen unnachgiebiger Nominalismus, meinte Max Horkheimer einmal, mache die eigentliche Wurzel seiner Größe aus. Nur die Individuen und ihr Leben sind für Schopenhauer real, die Völker und ihr Geschick dagegen reine Abstraktionen und Vorstellungen.223 Und deshalb weigerte er sich immer, die Erfahrung des Rasens der Völkerstämme, des Entsetzens, des Unrechts im Zeitalter des anbrechenden Nationalismus, philosophisch zu rationalisieren.224 »Gott – Staat – All – wie das hallt!«, schrieb Tucholsky schon Anfang 1917 in der *Schaubühne* unter dem Einfluss der Lektüre Schopenhauers: »Eben wie ein hohles Fass.«225 Überhaupt: Das ganze »neudeutsche Gefasel« in der Philosophie. Wie die Weltgeschichte jetzt erst richtig anfängt, »und die ›naiven Alten‹ und das ›tumbe Mittelalter‹ – und nu wir!«, so ein Brief aus Kurland an Blaich: »Nee – sowat Jemiitliches!«226 Nein, schreibt er in Rumänien, es ist grundscheußlich, in einer Zeit leben zu müssen, »die das zur Wichtigkeit erhebt, dass man einem Volk angehört«.227

Das einzig wirksame Mittel gegen solchen Wahn ist die spielerische Distanz des freien Geistes. »Das Pathos als Gewerbe«, und das meint er grundsätzlich, »verdeckt die Flecke auf dem Kleid.«228 Man könne, meinte der von Tucholsky bewunderte »bürgerlich pathosfreie«229 Theodor Fontane einmal, Schopenhauers Pessimismus auch auf Heiterkeit abrichten. Besonders der Humor beruhte für ihn auf einer subjektiven, aber ernsten und erhabenen Stimmung, die unwillkürlich in Konflikt gerät mit einer ihr sehr heterogenen, gemeinen Außenwelt, der sie weder ausweichen noch sich selbst aufgeben kann. »Jeder Humorist«, notiert Tucholsky in Rumänien, sich auf diese Passage aus Schopenhauer berufend, »ist ein Philosoph, und ein solcher arbeitet nicht schludrig«.230 Auch Wilhelm

Busch, nicht nur der Erfinder von Max und Moritz, hatte nach seiner Ansicht etwas davon. Tucholsky stellt ihn Schopenhauer sogar an die Seite. »Dieser kräftige Mann« habe »den brüchigen Untergrund fatal lächelnd« aufgezeigt und sei »dann immer wieder zu dem starken Lebensgefühl zurückkehrt, das es ihm ermöglicht, trotz alledem weiter zu atmen.« Es ist nichts, aber ich bin.[231]

Im Sommer 1918 erlebt Europa nach dem Diktatfrieden von Brest-Litowsk, der als Ausgangspunkt für weitgesteckte Eroberungspläne im Osten dient und die Chancen für einen Verständigungsfrieden ein für alle Mal zunichtemacht, einen Höhepunkt des deutschen Annexionsfiebers. »Wir haben in Deutschland gar mächtige Schreier«, dichtet Tucholsky in der *Weltbühne,* »die spitzen auf eine gewaltige Feier.«[232] Sie findet nie statt und kann es auch nicht, weil das Reich schon längst seine Kräfte überspannt hat. Der 8. August 1918 – die Alliierten haben im Westen mit Panzertruppen die für uneinnehmbar geltenden deutschen Stellungen überrannt – wird nach den Worten Erich Ludendorffs überraschend zum »schwarzen Tag des deutschen Heeres in der Geschichte dieses Krieges«.[233] Jetzt, so der General plötzlich, sei unvermeidlich die Stunde der Diplomatie gekommen. Auch das Habsburgerreich ist am Ende.

In Ungarn wird gestreikt, und Gussy Holl, die »Königin aller Blondheit«, ist in Budapest auf der Bühne zu sehen, wie Tucholsky dem *Pester Lloyd* entnehmen kann.[234] Es ist August. Im Oktober, während der letzten Wochen des Krieges, ist es in Rumänien immer noch schwül und heiß. Tucholsky erlebt diese Tage in fast arkadischer Einsamkeit. Nachts krähen die Hähne, die streunenden Hunde bellen, der Wind rauscht in den Akazien, die Fensterläden klappern und die Gedanken sind in der lieben Brotkartenheimat.[235] »Herr Krieg«, unsre »Zuflucht für und für«,[236] das spürt man, geht seinem Ende zu.

Angesichts der fortgesetzten alliierten Angriffe an der Westfront hatten Ludendorff und Hindenburg Ende September mit Macht auf ein deutsches Waffenstillstandsgesuch

In Rumänien, wohin Tucholsky im Mai 1918 versetzt wird, ist er als Feldpolizeikommissar in der Kreisstadt Turn-Severin an der Donau eingesetzt. Er ist nun bis zum Ende des Krieges eine Art Kolonialbeamter in einem befriedeten, aber unterworfenen Staat. Zum Dienst hat er nicht mehr in Uniform, sondern in Zivil zu erscheinen. Hier lässt er sich – eher beiläufig – protestantisch taufen.

gedrängt. Um Verhandlungen zu erleichtern, fordert Ludendorff sogar ultimativ eine Parlamentarisierung des Reichs und eine neue Reichsregierung. Max von Baden wird am 2. Oktober 1918 zum ersten parlamentarischen Reichskanzler der deutschen Geschichte gewählt, und der Sozialdemokrat Philipp Scheidemann ist nun einer seiner Staatssekretäre. Seit dem 28. Oktober ist Deutschland – auf Befehl von oben – auch offiziell und verfassungsgemäß eine parlamentarische Monarchie. Tucholsky hört in Rumänien von den unerwarteten Ereignissen. »So viel Jahre steck ich schon im Kriege«, dichtet er in diesen Tagen, »denke an die Panke meiner Wiege, / an mein Preußen, an Berlin / und die Junker von Malchin. / Nie vergess ich in dem fremden Lande / Mutter Reaktion und ihre Schande. / Voller Hoffnung sinn ich oft im Graben: / Ob sie ihr wohl uffjehangen haben?«[237] Doch ganz hinten am Horizont, meint er nur wenige Tag später deutlich melancholischer, verschwinde damit nun endgültig auch die gute alte Zeit. »Deutschland? Das war einmal.«[238]

Am 2. November schreibt er an Mary: »Ich bin der Meinung, dass in drei oder vier Wochen die Welt ganz anders aussehen wird.«[239] Schon wenige Tage später bricht die Monarchie in Deutschland zusammen. Seit Anfang November wird das Reich von einer revolutionären Situation erfasst. In Kiel rebellieren Matrosen gegen den sinnlosen und im Grunde hochverräterischen Befehl der Seekriegsleitung, ohne Absprache mit der Reichsregierung die Flotte zu einem letzten Gefecht mit absehbar tödlichem Ausgang auslaufen zu lassen. Am 7. November stürzt der Wittelsbacher Thron in München, in Braunschweig übernehmen Kieler Matrosen gemeinsam mit rebellierenden örtlichen Regimentern die Macht. In Köln regiert seit dem 8. November ein Arbeiter- und Soldatenrat. Am 9. November erreicht die revolutionäre Welle Berlin. Morgens um neun Uhr ruft Otto Wels namens der SPD zum Generalstreik auf. Um elf erfährt die Hauptstadt, dass der Kaiser im belgischen Spa zurückgetreten ist. Um zwei Uhr nachmittags ruft der Sozialdemokrat Philipp Scheidemann vom Reichstag aus die deutsche Republik aus. In der Nacht zum 10. November ist Wilhelm II. bereits auf dem Weg in sein holländisches Asyl. »Der trotz Behang und Geschirr, Tatü und Tata stets Zage floh ins Ausland«, kommentiert Maximilian Harden das Ereignis in seiner Zeitschrift *Die Zukunft:* »Fiel so würdelos, wie er gethront hatte.«[240] Er hatte die Monarchie verspielt.

Rumänien erlebt den Tag der Novemberrevolution in Berlin als ein regelrechtes Satyrspiel. Mackensen demonstriert, so sein Biograph Theo Schwarzmüller, wie sehr dieser Spitzenmilitär des modernen Kaiserreichs sich geistig noch auf der Höhe von Ritterturnieren bewegte. Er will um jeden Preis Satisfaktion für die »im ehrlichen Waffengang eroberten Gebiete«, den Krieg fortsetzen, die Donaulinie verteidigen, Brücken sprengen, Tunnel und Bahnhöfe zerstören, um der von Süden her vordringenden Entente Einhalt zu gebieten.[241] »Der alte Mackensen hatte in letzter Minute den Rumänen noch einmal den Krieg erklärt«, am 9. November, dem Tag der Revolution in Berlin, einen »ganzen Nachmittag« lang. »Ein forscher Reitergeneral« eben, kommentiert Tucholsky: »da kannst nix machen«.[242] Doch die Rumänienarmee muss sich letztlich unter Strapazen geschlagen geben und im Auflösungszustand durch Ungarn zurückziehen, und plötzlich tauchen auch in den Reihen des Haudegens mit dem Totenkopf auf der Pelzmütze Soldatenräte mit roten Armbinden auf. Am Ende wird Mackensen von marokkanischen Reitern der Franzosen festgesetzt und unter komfortablen Bedingungen auf Schloss Futak interniert.[243]

Mitte November bricht auch Tucholsky in Rumänien auf, und hätte er nicht selbst rechtzeitig die Initiative dazu ergriffen, wäre er vermutlich wie Mackensen in Gefangenschaft geraten. Auf der Rückreise bleibt er in dem damals noch hauptsächlich von Deutschen bewohnten Hermannstadt hängen; die Gleise sind verstopft. Erste verspätete Nachrichten der Revolution in Berlin erreichen ihn in einem Hotel dieser »entzückenden« und im besten Sinne deutschen Stadt.[244] Ungläubigkeit breitet sich unter einigen der Gestrandeten aus. Viele halten die Neuigkeiten zunächst für Zeitungsenten. Doch die Heeresformationen haben längst begonnen, sich aufzulösen.[245]

Über Budapest, Salzburg und München geht es zurück nach Berlin. Im Rückblick erinnert Tucholsky sich an Rotweinnächte in einem eiskalten Coupé, an einen jungen rumänischen Offizier, der aussah wie ein Berliner Barschieber, und an vorzügliche Schnäpse im weitläufigen neobarocken Széchenyi-Bad in Pest.[246] Zwischen Budapest und Wien sitzt ein alter österreichischer General ihm gegenüber und findet zum Abschied kaum Worte. Für ihn ist eine ganze Welt zusammengebrochen.[247] Am 19. November trifft Tucholsky in München Hans Erich Blaich, mit dem er seit *Rheinsberg* ausführlich korrespondiert hat. Es ist die erste persönliche Begegnung mit dem nicht ganz unkomplizierten, oft leicht depressiven Lungenarzt und *Simplicissimus*-Redakteur, dessen freisinnige Weltsicht er schon früh teilte. Tucholsky ist von ihm beeindruckt – »ein seltener Mensch, sauber und beinahe edel«, wie er Mary mitteilt.[248] Blaich dagegen reagiert, was Tucholsky betrifft, eher zurückhaltend.

Ende November ist Tucholsky wieder in Berlin. Dort hat sich die besiegte Armee verstreut, und unter den Heimgekehrten breitet sich bei aller Rebellionsstimmung – so der nun als ›Spektator‹ des Zeitgeschehens tätige Ernst Troeltsch – eine Art vergnügten Feriengefühls nach dem endlichen Schlussakt der blutigen Jahre aus.[249] Und »wozu war das alles?«, hatte sich Tucholsky schon vorher gefragt, »wer hat etwas davon gehabt?«[250] Hätte man sich gegen das Unheil nicht entschieden zur Wehr setzen sollen? »Wir hätten sollen«, schreibt er im Herbst 1919: »Und das faltige Gesicht Schopenhauers taucht auf, bärbeißig, mit den alles durchdringenden Augen und grimmig noch, wenn es lachte: ›Ihr hättet sollen! Narren! Hättet ihr denn können?‹«[251]

DIE HALBE REPUBLIK

Nachkrieg

Nach dem Krieg aber hätte man alles ändern können. Im Wintersemester 1918/19 hielt Albert Einstein an der Berliner Universität Unter den Linden ein Kolleg über Relativitätstheorie ab. Auch am 9. November ist es angesetzt, für den Vormittag. Doch an diesem Tag muss es ausfallen – »wegen Revolution«, wie Einstein in seinen Vorlesungsnotizen vermerkt hat. Es war ein Tag, an dem er sich fühlte wie Goethe bei der Kanonade von Valmy 1792; der Anbruch einer neuen Etappe der Weltgeschichte. »Das Große«, schreibt er am 11. November an seine Schwester in der Schweiz, war geschehen: »Bei uns ist der Militarismus und die Geheimratsduselei gründlich beseitigt.«[1] Berlin war seit den frühen Morgenstunden des 9. November in Aufruhr, und der Mann dieses Tages hieß Philipp Scheidemann. Das Morsche, hatte er am Mittag der Menge vor dem Reichstag zugerufen, war endgültig zusammengebrochen, der Militarismus erledigt. Deutschland sollte von nun an eine Republik sein. Keine Worte hätten die von Friedenssehnsucht geprägte Mehrheitsstimmung besser treffen können. Die deutsche Revolution, hat Sebastian Haffner einmal bemerkt, war nicht sozialistisch oder kommunistisch. Sie war republikanisch und pazifistisch.[2]

Wie ein bescheidenes Echo verhallt gegenüber Scheidemanns wirkungsvollem Auftritt Karl Liebknecht von der äußersten Linken, der zwei Stunden nach ihm, nachmittags um vier, vom Balkon des nunmehr vakanten und von Aufständischen besetzten Berliner Stadtschlosses aus – fahrig und aufgeregt, wie Theodor Wolff berichtet[3] – die freie sozialistische Republik Deutschland verkündet.

Tucholsky hat diese Augenblicksstimmung nicht erlebt – er befindet sich in diesen Tagen noch in Rumänien –, und er wird nach seiner Rückkehr nach Berlin am 20. November einige Zeit brauchen, um sich ein Urteil über die Ereignisse jener Tage zu bilden. Zunächst jedoch ist er vorrangig mit der Ordnung seiner persönlichen Verhältnisse beschäftigt. »Unserem Freunde Th. Tiger haben sie in Berlin eine nicht schlecht bezahlte Redakteursstellung angeboten«,[4] schreibt er Ende September 1918 noch aus Rumänien an Mary. Seit Ende August waren von ihm einige Beiträge in Mosses *Berliner Tageblatt* erschienen. Mosse hatte ihm bereits im Sommer die Position eines Chefredakteurs der Wochenbeilage *Ulk* zum *Tageblatt* und der *Berliner Volkszeitung* angeboten. Und deshalb versucht, seine Freistellung vom Militärdienst zu bewirken. Ohne Erfolg.

Doch seit seiner Rückkehr nach Berlin ist Tucholsky nun tatsächlich Chefredakteur. »Den ›Ulk‹ baue ich von seiner No 50 ab«,[5] teilt er Blaich Ende November mit; Auflage sechshunderttausend. Das Berlin, das er in den ersten Nachkriegswochen vorfindet, erscheint ihm wie ein »Wartesaal vierter Klasse«,[6] eine »gottverlassene Stadt«, kaum wiederzuerkennen. Am 13. Dezember 1918 bezieht er seinen Schreibtisch im Mossehaus Jerusalemer Straße / Ecke Schützenstraße, einem imposanten neobarocken Sandsteingebäude mit Jugendstilelementen. Schon einen Tag später aber hat er seine ersten Zweifel, ob der *Ulk* das Richtige für ihn ist. »Berlin ist übel wie je«, schreibt er an Blaich, »und das ist wirklich nicht die rechte Stimmung, um ›Ulk‹ zu machen.« Und halbe Satire? Na ja, wie ein »coitus interruptus«.[7]

Mit seinem Pseudonym Theobald Tiger ist er nun vollständig an Mosse gebunden. »Ich muss mir einen neuen Namen geben«, schreibt er deshalb am 5. Dezember in der *Weltbühne,* »man kann ja auch als Kaspar Hauser leben«.[8] Mosse bietet ihm eine gut dotierte Position, aber er ist dem Genre verpflichtet, muss auf das biedere Zielpublikum des *Ulk* und die Verlagspolitik Rücksicht nehmen und fühlt sich deshalb von Anfang an in einer etwas unkommoden Situation. Wirklich »zu Hause« ist er nach wie vor bei Siegfried Jacobsohn, den *Ulk* empfindet er mehr als zweckrationales Gastspiel.[9] Der ganze große Leserkreis des Magazins habe zudem nicht einmal das gleiche Echo wie die kleine, aber interessierte Gemeinde der *Weltbühne*.[10] Die Geschichte von Kurt Tucholsky als Mosse-Chefredakteur wird kaum länger als ein Jahr gutgehen.

Immer wieder ist der *Ulk* Angriffen ausgesetzt, so im September 1919 auch von Seiten Gustav Stresemanns, der ihm mit kaum verhaltenem antisemitischen Unterton vorwirft, wie ein Krebsschaden mit seinem kosmopolitischen Denken auf die infamste Weise alles zu beschmutzen, was den national gesinnten Deutschen heilig sei.[11] Theodor Wolff, dem die Leitung des *Berliner Tageblatts* obliegt, kommt schließlich zu der verlagspolitisch motivierten Ansicht, der vom Chefredakteur des *Ulk* gewählte polemische Grundton nütze letzten Endes nur den Gegnern der Demokratie.[12] Die Trennung ist bald nur noch eine Frage der Zeit. »In taktischer Beziehung über Satire und Angriff«, schreibt Tucholsky schließlich Ende Februar 1920 an Wolff, denke er nun einmal anders. Allerdings in rein »literarischer und satirisch-strategischer« und weniger in politischer Hinsicht. Und bittet deshalb, zum nächstmöglichen Termin ausscheiden zu dürfen.[13] In politischen Grundsatzfragen waren die Divergenzen zu Wolff, einem Gründungsmitglied der linksliberalen Deutschen Demokratischen Partei, in der ersten Zeit nach dem November 1918 tatsächlich nicht so groß.

Die Luft lag voller Prophetien, als Tucholsky aus dem Krieg nach Berlin zurückkehrte. Es war das von Ernst Troeltsch so genannte Traumland der Waffenstillstandsperiode, in dem die illusionärsten Vorstellungen über die Zukunft ins Kraut schießen konnten. Tucholsky hielt nichts von so viel Bürgerschreck. Auch nichts vom sogenannten Rat geistiger Arbeiter, der sich am 10. November, noch vor seiner Rückkehr, unter dem Vorsitz des Aktivisten Kurt Hiller zusammengefunden hatte und allen Ernstes eine dem Reichstag ebenbürtige

Zu Karl Liebknecht hatte Tucholsky stets ein gespaltenes Verhältnis. Er bewunderte dessen kompromisslose Antikriegshaltung. Von seinen Fähigkeiten als Politiker nach dem Krieg hielt er jedoch nicht viel. Liebknecht galt ihm nicht einmal als Märtyrer, nachdem er ermordet wurde. Der Liebknecht-Mord signalisierte ihm jedoch, dass die eigentliche Gefahr für die Republik von rechts ausging.

Stellung beanspruchte, aus dem ein sogenanntes Ministerium der Köpfe – gewissermaßen moderne Platon'sche Philosophenkönige – hervorgehen sollte. »Ihr Misstrauen gegen die Revolutionsschwätzer ist nur allzu berechtigt«,[14] schreibt er an Blaich Mitte Dezember, nachdem der sich über die Berliner »Literatenredensarten von der ›Revolutionierung des Geistes‹ u. ähnl. Schnickschnack« lustig gemacht hatte.[15] Ohnehin war für den solitären Freigeist Tucholsky ein palaverndes »Sitzungszimmer voller Schopenhauer« nie vorstellbar.[16] Von Nachdenklichkeit bestimmtes Handeln aber ist es, was seiner Ansicht nach die Zeitumstände erfordern, und nicht etwa, wie Max Weber ebenfalls Ende 1918 kritisierte, die Verabreichung geistiger Narkotika. Pathos, nun gut, aber man muss doch »immer und immer wissen«, wie stark »das Bürgerliche im Menschen lebt, und wie hohl alle großen Gesten und Worte sind«.[17]

Er schreibt das wenige Tage vor den Ereignissen, die zu Unrecht immer wieder als Spartakusaufstand bezeichnet worden sind, in Wirklichkeit aber nur eine konzept- und führerlose Massenbewegung darstellten, die sich an der unvermeidlichen Entlassung des linksradikalen Berliner Polizeipräsidenten Eichhorn Anfang Januar entzündeten. Wie eine Figur aus einer Offenbach'schen Operette, so Harry Graf Kessler, hatte Eichhorn, statt für Ordnung zu sorgen, zum Aufruhr gegen die Regierung angestachelt.[18] Es war ohnehin eine Zeit, in der viele, durch den Krieg an entschlossenes Eingreifen gewohnt, den Handstreich als probates Mittel politischen Handelns betrachteten.

Karl Liebknecht trug nicht unerheblich zu den Spannungen bei, als er am 5. Januar 1919 auf einer Massenversammlung den Sturz der Regierung Ebert-Scheidemann fordert. Seine Genossin Rosa Luxemburg macht ihm deshalb zwar eine heftige Szene,[19] und andere verlangen umgehend, man solle sich öffentlich von ihm distanzieren, doch die Ereignisse haben schon längst ihren Lauf genommen. »Liebknecht«, so Kessler, der ihn an diesem Tag auf dem Balkon des Polizeipräsidiums erkennt, »redete wie ein Pastor, mit salbungsvollem Pathos, langsam und gefühlvoll die Worte singend.«[20] Eigentlich gehörte Liebknecht statt in die Politik eher in die expressionistische Welt der Menschheitserlösung, mit der auch Tucholsky gar nichts anfangen konnte. Ein »Wirrkopf von mittleren Maßen«,[21] meinte er. Und Theodor Wolff nannte ihn den »zappligen Liebknecht«, einen schmächtigen Tribun, den diese merkwürdige Frau – Rosa Luxemburg – nur aus opferbereiter Treue nicht verließ.[22] Sie war der theoretische Kopf der am Jahresende gegründeten Kommunistischen Partei und für Tucholsky kaum mehr als eine »holde Träumerin«.[23]

Am späten Nachmittag des 5. Januar erreicht Wolff die Nachricht, dass tausend bewaffnete Spartakisten vor dem Mossehaus aufgezogen seien mit der Absicht, es zu übernehmen. Es ist eine friedliche Besetzung. Wolff wird von einer Eskorte Matrosen ins Haus begleitet, und man erklärt ihm, das *Tageblatt* könne am nächsten Tag wieder erscheinen, wenn Liebknecht die Regierung übernommen habe, nur eben mit geänderter politischer Richtung. Abgesehen von der Naivität solcher Anmutungen zeigt sich Wolff eher erfreut über »die tadellosen gesellschaftlichen Formen«, in denen sich das alles vollzieht. Auch noch, als die Aufständischen Maschinengewehre in die Fenster stellen. Gefährlich wird es erst, als militärische Heckenschützen der Gegenseite das Haus von umliegenden Dächern her unter Beschuss nehmen und schließlich die Brigade des Generals Lüttwitz in Berlin einzieht.[24]

Das Gebäude wird durch die nun folgenden Kämpfe stark beschädigt. Während der mehrtägigen Besetzung befindet sich auch Tucholsky im Hause, aber ihm ist »nichts passiert«.[25] Er sitzt an seinem Schreibtisch, ein Foto von Marys Händen auf der einen, eins von Thomas Mann auf der anderen Seite; »dann kamen die Spartacisten« und besetzten das Haus. »Mir ward nicht wohl«, meint er in einem Brief an Mary. Am Tag des Sturms durchkämmen Regierungssoldaten die Räume, alles ist

»verschmutzt und halb zerstört und verwüstet«; und am nächsten Tag sind Marys Hände verschwunden.[26]

Sie selbst hält sich zu dieser Zeit in Riga auf, nachdem sie am 2. Januar bei der Fahrt von Autz zu ihren Eltern in den Eroberungsfeldzug der Roten Armee geraten war. Bereits bei Mitau ist die Chaussee übersät von Flüchtlingen, zu Fuß, mit Handwagen, im Pferdeschlitten und den Schüssen der vordringenden Bolschewisten ausgesetzt. Am 3. Januar kommen sie schließlich zur stadtabgewandten Seite am linken Dünaufer in Riga an. »Kugeln sausten hin und her, vereinzelt sah man Militär«, schreibt sie Tucholsky im Juni, »dann ging die Bolschewistenherrschaft los, mit ihren Verhaftungen, ihren Hinrichtungen, ihren Übergaben an das Revolutions Tribunal. Die Parole war: schlage den ›Burschui‹ (bourgeois) tot – es lebe das freie Proletariat.« Und dann kommt der Hunger. Die Vorräte werden nach Petrograd und Moskau verschoben, und »Nacht für Nacht gab es Hausuntersuchungen, am Abend legte man sich hin, wusste aber nicht ob u. wie man den Morgen erlebt«.[27] In den Zeitungen werden regelmäßig Listen der zu erschießenden Personen veröffentlicht – insgesamt sind es bis Mai 1919 etwa fünftausend, die hingerichtet werden.[28] Obwohl Tucholsky im *Ulk* zu Weihnachten 1918 gewitzelt hatte, offenbar fehle es den Bolschewisten »bereits an Leuten, die man aufhängen kann«,[29] ahnt er zu diesem Zeitpunkt nicht, in welcher prekären Lage sich Mary kurz darauf befinden würde.

Er weiß es auch nicht, als er den Spartakusaufstand im Mossehaus und Riga zeitgleich die Wochen bolschewistischen Terrors erlebt. Doch eins weiß er. Berlin ist nicht Petrograd und Deutschland nicht Russland. Gegen russische Verhältnisse ist der »Schiebetrott des Spartakus«[30] bei allem Chaos und aller Gewalt eine vergleichsweise harmlose Angelegenheit und eine sich in Extremen austobende Nebenerscheinung der Psychologie des Nachkriegs. Die plötzliche Verwandlung von aus dem Heer entlassenen ehemaligen Fabrikarbeitern in Abenteurer, die außerhalb der militärischen Disziplin nun völlig frei sind, so der ›Spektator‹ Ernst Troeltsch, hat bei vielen eine teils phantastische Hoffnung auf beliebige Änderbarkeit der Verhältnisse geweckt und nicht selten äußerste Erschöpfung mit wiedererwachender Primitivität gemischt.[31]

Tucholsky sieht das nicht wesentlich anders. »Wir danken für des Aufruhrs Gaben!«, dichtet er Ende Januar 1919: »So muss es in die Binsen gehen.«[32] Den Räten wirft er vor, mit übermäßigen Streiks die Revolution zu versauen,[33] die längst »in eine erpresserische Lohnbewegung ausgeartet«[34] sei, wo doch nach wie vor im Osten und Westen der Feind vor den Toren stehe. Schon im Dezember 1918 befürchtet er täglich den Einmarsch der Entente, was bei dem »unvernünftigen Benehmen unserer Berliner« kaum verwunderlich gewesen wäre. Sie arbeiten nicht mehr, kritisiert er, sondern halten Versammlungen ab und toben herum.[35] »Wo ist die gesunde Mitte geblieben?«, fragt er Ende Februar 1919: »Zwischen dem Bolschewist und dem Sklavenhalter / fehlt uns der brave, saubere Verwalter«.[36] Und: »richtige Bürger«, wie beispielsweise Figuren aus den Werken eines Wilhelm Raabe oder Gottfried Keller, die »noch ein gutes Stück Tüchtigkeit« in sich hatten.[37] Kämpft, meint er mit distanziertem Gestus, »in politischen Kämpfen« und »berauscht euch nicht an russischen Dämpfen!«[38]

Am 11. Januar 1919, als Tucholsky noch im besetzten Mossehaus sitzt, beginnt der Angriff gegen die Aufständischen, und das mit der Gewalt einer Militärmaschine, die gerade erst einen totalen Krieg hinter sich gebracht hatte. Beim Sturm auf den von Spartakisten besetzten *Vorwärts* werden, anders als bei Mosse, stundenlang Mörser und Maschinengewehre eingesetzt, als wollten die Militärs damit gleich eine zweite Schlacht gegen die ungeliebten Sozialdemokraten führen. Am 15. Januar werden Rosa Luxemburg und Karl Liebknecht von gerade in die Stadt eingezogenen Freikorps festgenommen, verhöhnt und kaltblütig ermordet. Tucholsky ist entsetzt. Doch Märtyrer, meint er, waren die beiden trotzdem nicht, denn sie hatten den Kampf gewollt. Wohl aber »Pöbelsbeute«[39] einer politischen Halbwelt, die sich am rechten Rand der Gesellschaft bedrohlich herauszubilden begann.

Ihre Mörder konnte man kaum als disziplinierte Soldaten bezeichnen und schon gar nicht als Republikaner. Sie waren Strandgut des Krieges, das sich unter persönlichen Führern nach dem Waffenstillstand jeweils zu einer Art Kampfgruppe zusammengefunden hatte. Anfang Februar veranstalten die Freikorps ein Blutbad in Bremen, und in diesem Monat und im März gehen sie nicht weniger entschlossen gegen Aufständische in Cuxhaven und Wilhelmshaven, Mülheim, Düsseldorf und Halle an der Saale vor. Anfang März rufen Unabhängige und Kommunisten in Berlin zu einem Generalstreik auf. Nachdem seit dem 3. März der Belagerungszustand verhängt ist, kommt es zu Schießereien, bei der auch Artillerie und Minenwerfer eingesetzt werden. Wahllos geht am Ende das Standrecht um, vor allem im Arbeiterbezirk Lichtenberg. Fast anderthalbtausend Tote sind das Ergebnis.

»Der weiße Schrecken wütet ungehemmt«, notiert Harry Graf Kessler am 13. März ins Tagebuch: »Sehr widerwärtig!«[40] Nicht der Träumer Liebknecht oder sein bei den Märzunruhen im Moabiter Untersuchungsgefängnis ermordeter Nachfolger Leo Jogiches, sondern der von Spartakistenparanoia und unerbittlichem Ordnungsinstinkt besessene Sozialdemokrat Gustav Noske ist es, der in diesen Wochen als politischer Chef des Bendlerblocks den innenpolitischen Bluthund spielt. Besser, man wäre dem Rat des alten und erfahrenen sozialdemokratischen ›Revisionisten‹ Eduard Bernstein gefolgt und hätte den vielleicht etwas komplizierteren Weg der Verhandlung gesucht.[41]

Die große Revolution in Deutschland fand nicht statt und konnte es auch nicht. Karl Kraus brachte die Stimmung neben vielen anderen vielleicht am trefflichsten zum Ausdruck, als er 1920 schrieb, der Kommunismus sei kaum mehr als das Widerspiel der lebensschänderischen Ideologie des Völkerschlachtens im vergangenen Krieg. Der Teufel hole seine Praxis, meinte er, aber Gott erhalte ihn uns als konstante Drohung gegenüber den alten und neuen Mächten.[42]

Welche irrationalen Ängste aber die Bolschewistenfurcht damals auslösen konnte, dafür gibt ein Bericht Prinz Louis Ferdinands aus den Novembertagen in Potsdam ein beredtes Beispiel. Der Kaiser war nach Holland geflohen, und die Ex-Kaiserin samt kaiserlicher Familie lebte verängstigt im Potsdamer Schloss, als sie die Nachricht erreichte, ein Auto mit ›Roten‹ sei vorgefahren. Man versammelte sich, gefasst den sicheren Untergang vor Augen, zum letzten Gebet. Doch als der Anführer der ›Roten‹ die kaiserlichen Gemächer betrat, salutierte er zunächst einmal stramm und ehrfurchtsvoll, wie er es gelernt hatte. Ob er – und das war sein einziges Anliegen – zum Schutz der Familie zuverlässige Leute ins Schloss abkommandieren solle?[43] »Ick will Sie mal wat sagen. Jetzt is Revolution, da jibt et keene Klassenuntaschiede«, fasst Tucholsky die Stimmung dieser Implosion zusammen. Ein Arbeiter sagt dies zu einer Dame der höheren Schichten in einem Abteil der Berliner Stadtbahn und fährt fort: »Ick kennte zum Beispiel du zu dir sagen, ick will et aber nich!«[44] Die deutsche Revolution war im Kern eine gutmütige Angelegenheit. Gustav Noskes Ordnungspolitik dagegen nicht.

Eine wirkliche bolschewistische Gefahr hat es zu keinem Zeitpunkt gegeben, trotz der heftigen Auseinandersetzungen in Berlin und anderswo. Dagegen waren die Freikorps bald auf fast 400 000 Mann angewachsen, alle nach dem Führerprinzip organisiert, von denen man beim besten Willen kaum einen als Republikaner bezeichnen konnte. Die große Frage der deutschen Politik des Nachkriegs war nicht der drohende Bolschewismus, sondern, wie es der Historiker Eberhard Jäckel formuliert hat: »Würden die einstmals Herrschenden die Lösung, die Wende vom Oktober 1918 akzeptieren und sich damit abfinden, die Macht verloren zu haben?«[45] Es war die Überlebensfrage der Republik. Die Ereignisse des Bürgerkriegs, beginnend mit dem Mord an Rosa Luxemburg und Karl Liebknecht, bewirkten bei

Tucholsky, dass genau diese Frage zunehmend in den Mittelpunkt seiner politischen Überlegungen geriet.

»Sie sind noch lange nicht tot«, schrieb er nach einer Begegnung mit dem in Opposition gegen die abenteuerliche wilhelminische Flottenpolitik zum Pazifisten gewandelten ehemaligen Kapitän zur See Lothar Persius noch im alten Jahr an Blaich, »und sie warten nur, bis sie wieder ans Ruder kommen!«[46] Persius, der im Januar 1919 mit einem Artikel über den U-Boot-Krieg in der *Weltbühne* debütieren würde, kannte die an »Wahnsinn«[47] grenzende Mentalität vieler seiner ehemaligen Kameraden bestens. »Und dann«, so Tucholsky nach dem Besuch in Persius' Haus, »hat der Mann mich bekräftigt und gesagt: So sind sie und noch viel schlimmer!«[48] So konnten sie sein, und das zeigte sich besonders deutlich im Frühjahr 1919. Oberst Wilhelm Reinhard, einer der ersten Freikorpsführer und bekennender Monarchist, hielt die Regierung Ebert in bester Tradition der satisfaktionsfähigen Gesellschaft für unwürdiges Gesindel und die Fahne der Republik für einen verachtenswerten jüdischen Putzlappen. Er sagte das auch offen, als er von einem Journalisten darauf angesprochen wurde.[49] Von einem anderen Freikorpsführer sind die Worte überliefert: »Ich diene nicht dieser Schandregierung. Ich diene dem Vaterland.«[50] Nationalistische »Ordnungsbolschewisten«, so Tucholsky, mit monarchistischer Gesinnung und Zündstoff im Haus: »Wir kennen die Firma, wir kennen den Geist.«[51] Der schlimmste Zuhälter habe mehr Impuls und mehr menschliche Gefühle, »wenn er ein Ding ›mit's Messer‹ dreht«, als diese Offiziere.[52] Am 13. März, als der weiße Terror im Berliner Osten wütet, erscheint in der *Weltbühne* sein Grundsatzartikel *Wir Negativen*.

Er ist gewissermaßen mitten im Feuer geschrieben[53] und beginnt, nicht zufällig, mit einem Motto aus Schopenhauer. »Wohlseyn will er, und ruhigen Genuss und sanfte Freuden, für sich und andere«, heißt es da. Aber ist er erst einmal im Leben, »dann zieht die Qual das Verbrechen und das Verbrechen die

Qual herbei: Greuel und Verwüstung füllen den Schauplatz.«[54] Sehr widerwärtig, was man in diesen Tagen erleben musste. Durch Deutschland, so Tucholsky, geht seitdem ein »tiefer Riss«, und »dafür gibt es keinen Kompromiss«.[55] Was dem Land wirklich fehlt, meint er, sei vor allem eine »anständige Gesinnung«. Sämtliche positiven Vorschläge nützten nichts, wenn nicht bald die »rechte Redlichkeit« im Land Einzug halte. Wie, fragt er, soll man zu einem Volk Ja sagen, »das, noch heute, in einer Verfassung ist, die, wäre der Krieg zufälligerweise glücklich ausgegangen, das Schlimmste hätte befürchten lassen«? Wir wissen nur das eine, so seine Schlussfolgerung: »es soll mit eisernem Besen jetzt, grade jetzt und heute ausgekehrt werden, was in Deutschland faul und von Übel war und ist. Wir kommen damit nicht weiter, dass wir den Kopf in ein schwarzweiß-rotes Tuch stecken und ängstlich flüstern: Später, mein Bester, später! Nur jetzt kein Aufsehen!«[56]

Golo Mann sah darin eine Haltung, die zwar zur republikanischen Zeit, nicht aber zur Republik gehörte. Er fand sie destruktiv, weil sie den Realitäten und notwendigen Kompromissbildungen des demokratischen Alltags konsequent aus dem Wege ging.[57] Doch im Grunde war sie nur im kantischen Sinn kategorisch. Und, wie Hans Mayer mit einigem Recht bemerkt, im Kern wertkonservativ. Tucholsky war ein pessimistischer Aufklärer, der die Grenzen seiner Möglichkeiten sehr wohl kannte,[58] aber seine oft negativen Urteile über den Zustand der Republik, wie Heinrich August Winkler meint, in der Regel keineswegs übertrieb.[59] Im Übrigen seien Schriftsteller keine Politiker.[60] Als Ende der zwanziger Jahre unter Kommunisten das Schimpfwort vom lebensfernen Intellektuellen aufkam, meinte Tucholsky lakonisch: »Ich will keine Reiche gründen, ich halte mich von Dingen fern, denen ich nicht gewachsen bin.«[61] Er hätte das auch als Antwort auf die Intellektuellen-Schimpfe Max Webers (»eine ins Leere laufende Romantik des intellektuell Interessanten ohne alles sachliche Verantwortungsgefühl«[62]) so formulieren können. Tucholsky aber wollte sich nicht in die Politik, sondern in die öffentliche politische Debatte einmischen, und das ist ein fundamentaler Unterschied. Jürgen Habermas hat ihn deshalb einen Heinrich Heine verwandten Solitär unter den nicht selten von der Macht des Geistes träumenden Intellektuellen der Weimarer Republik genannt.[63] In dieser Bescheidenheit kann sich der Schriftsteller gleichwohl einer regulativen Idee verpflichtet fühlen. Wohl wissend, »dass man Ideale nicht verwirklichen kann«, aber auch, »dass nichts auf der Welt ohne die Flamme des Ideals geschehen ist, geändert ist, gewirkt wurde«. Und eben Nein zu sagen, »wenn es nottut«.[64]

Was allerdings, um auf Golo Mann zurückzukommen, einschließt, dass man im Neinsagen mitunter danebenliegen kann. Waren die Revolution vom November 1918 und die Weimarer Verfassung tatsächlich nicht mehr als eine »etwas erregt verlaufene Statutenänderung«?[65] Lebte man wirklich in einem »verhinderten Kaiserreich«?[66] Für die seismografischen Spannungen seiner Zeit, besonders für das vampirhafte Fortleben des Alten im Neuen verfügte Tucholsky über ein fast absolutes Gehör. Er war, wie Fritz J. Raddatz es einmal formulierte, »ein Wünschelrutengänger, der das Wasser schlagen spürt«.[67] Er konnte unscheinbare Töne wahrnehmen, und er sah im Regenbogen seiner Zeit nicht nur die dominanten Hauptfarben, sondern auch die Schattierungen und Übergänge. Aber manchmal eben auch Risse, die in Wirklichkeit nur überwindbare Gräben waren.

Siegfried Jacobsohn gibt ihm das gelegentlich zu verstehen, wenn Tucholsky beispielsweise eine in seinen Augen völlig unangemessene Front gegen Ernst Troeltsch aufbaut oder »abrupt und höhnisch«, mit einer gewissen geistesaristokratischen Arroganz und ohne die gebotene sachliche Nüchternheit über Angelegenheiten der gemäßigten Linken herzieht. Mitte 1919 ermahnt er ihn, in Zukunft mehr nach vorne zu blicken: »Losung: Wiederaufbau! Noch einmal und zum dritten Male Wiederaufbau! Ich betone: nach Möglichkeit.« Dass dabei die

Gefahr des Leisetretens, des Verschweigens oder gelassenen Hinnehmens nicht zu befürchten sei, müsse er ihm hoffentlich nicht eigens versichern.[68]

Jacobsohn befindet sich zu dieser Zeit, wie jedes Jahr mit Ausnahme der Kriegsjahre, in Kampen auf Sylt, in einem Häuschen zwischen Meer und Watt. Aus dem einen Fenster konnte man die See, aus dem anderen das Binnengewässer sehen.[69] Den Kriegsausbruch hatte er dort vollkommen unvorbereitet erlebt und war Anfang August 1914, wie alle Ortsfremden, der Insel verwiesen worden. Jetzt ist er zum ersten Mal wiedergekommen und kauft im Juli das bisher immer gemietete alte Reetdachhaus des Bauern Jürgen Kamp. Tucholsky, hauptberuflich noch Chefredakteur des *Ulk*, muss für die Sommermonate nun auch die Abwicklung der *Weltbühne* in Berlin in die Hand nehmen. Im Detail bedeutete das, montags um zwölf Uhr sieben von Charlottenburg nach Potsdam zu fahren, um rechtzeitig gegen ein Uhr in der Druckerei zu sein. Sie befindet sich in einem alten Holländerhaus aus dem achtzehnten Jahrhundert, roter Backstein mit weißer barocker Fassadenzierde, gegenüber dem Bassinplatz; heute Gutenbergstraße 71/72. Tucholsky mag die Stadt, schreibt er Mary, und Sanssouci erinnert ihn tief berührt an »kurländische Parks«.[70] Jacobsohn, der die Redaktion bei gutem Wetter grundsätzlich in seinem gelben Bademantel zwischen Sylter Dünen erledigt,[71] hält ihn dabei telegrafisch auf dem Laufenden.[72] Das große Thema der *Weltbühne* dieses Sommers ist der Versailler Friedensvertrag.

Am 22. Juni 1919, kurz vor Jacobsohns Abreise, hatte sich der Reichstag mit 237 gegen 138 Stimmen bei sechs Enthaltungen für die Unterzeichnung des Vertrags erklärt. Am 28. Juni wird er im Spiegelsaal von Versailles unterschrieben. Das Traumland der Waffenstillstandsperiode mit seinen unrealistischen Hoffnungen auf einen Gentleman-Frieden hat ein abruptes Ende gefunden. Als die deutsche Delegation im Bahnhof von Versailles dem Zug entsteigt, sind Monate nicht unrisikanter außenpolitischer Spannungen ins Land gegangen, und besonders der Kriegsschuldartikel 231 des Friedensvertrags sollte sich in Zukunft als eine große Belastung herausstellen.

Klare Worte der Einsicht in die Realitäten des verlorenen Krieges sind allerdings in diesen Tagen nicht sehr populär. Stattdessen taumelt das Land – dessen Siegfriedenspropagandisten kurz zuvor noch ganz Europa vergewaltigen wollten – nun territorial amputiert, seiner militärischen Großmacht beraubt und mit Reparationen belastet, in einen Rausch des Selbstmitleids. Der Friedensvertragsentwurf sei nichts als ein Mordplan, ruft Philipp Scheidemann der Nationalversammlung entgegen; unerträglich und unerfüllbar. Der politische Kommentator der *Weltbühne* verkündet dagegen optimistisch, ganz im Sinne von Jacobsohns Wiederaufbau-Losung: »Der Kreislauf der Weltwirtschaft beginnt auch in Deutschland wieder zu pulsieren.« Wenn nicht raserische Selbstzerstörung den Genesungsprozess verhindere.[73]

Tucholsky ist da etwas ambivalenter. »Wie aus Pandoras Buchsen mag entfliehn / der Hoffnungsstrahl!«, dichtet er Ende Mai 1919 im *Ulk,* als der »schwärzeste Tollkirschenstrauß« der Friedensbedingungen endlich auf dem Tisch liegt: »Ich danke ab / Und werde Blumenmädchen in Berlin«.[74] Der Friede von Versailles, meint er noch später, war eine »anachronistische Tat«, im Wesentlichen das Werk des »gallenbitteren, allem Pathos abholden, bösen Knaben« Georges Clemenceau.[75] Aber böse Knaben haben nur Macht, wenn man ihnen die Gelegenheit dazu gibt. »Die Gewalt hat gesprochen. Passt euch nicht? Dann müsst ihre keine Kriege anfangen«.[76] Oder sollte man vielleicht lieber »›in Ehren untergehen?‹ / Untergehn, wenn der Sturmwind braust?« Nein: »Ein Volk geht nicht unter – / ein Volk verlaust.« Also, meint er, in dieser Frage fast wie ein Vernunftrepublikaner: unterschreiben! »Wird uns was andres übrig bleiben?«[77] Das Drama bestand schließlich darin, dass die Deutschen sich erst weigerten und dann doch einen Vertrag unterschrieben, den sie innerlich nie akzeptieren wollten.

Hätten sie ihn akzeptiert, wäre es ihnen leichter gefallen, Reichswehr, Verwaltung und Justiz in demokratischer Absicht zu reformieren und damit vielleicht den Untergang der Republik zu verhindern. Die Auflagen des Versailler Vertrags hätten dazu eine einmalige Gelegenheit geboten. Schlimm genug, so der von den Kommunisten zur SPD zurückgekehrte Paul Levi, dass dieser Vertrag vieles von dem verlangte, was deutsche Demokraten von sich aus hätten tun sollen.[78] Tucholsky jedenfalls hofft zeitweise, dass er solche Wirkung haben würde. »Und nur der Friede kann uns retten, / ein Friede, der dies Heer zerbricht«, dichtet er in der *Weltbühne,* »der Feind befreit uns von den Kletten, / Die Deutschen selber tun es nicht«.[79] Sie brauchten eben immer einen »fremden Napoleon«.[80]

Zwischen zwei Frauen

Versailles ist für Tucholsky aber auch mit persönlichen Hoffnungen verbunden. »Deutschland steht in diesen Tagen vor seiner, vor der Entscheidung«, schreibt er Mitte Juni 1919 an Mary: »Niemand weiß, was wird, und ich möchte nicht prophezeien. Geht es so aus, dass der Friedensschluss uns wenigstens eine bescheidene Lebensmöglichkeit lässt, so stehe ich auch vor einer kleinen Privatentscheidung.« Glücklich sei er bei Mosse nicht, und das verwahrloste Berlin lähme einen geradezu. »Mein Plan ist nun, wenn ich kann, in eine kleine Stadt zu gehen – etwa an der Ostsee. Dazu brauche ich natürlich völlige ausreichende pekuniäre Sicherung. Ich stehe mit einem Verleger in Verhandlung, das kann sich in etwa vier Wochen entscheiden. Sollte das klappen, was ich nicht übersehen kann – dann wären wir Anfang 1920 so weit, wie ich will.« Dann könnte sie kommen. Er verspürt ein »unerhörtes Bedürfnis nach geradezu spießiger Ruhe«, wie in Kurland; und es wäre eine nette Vorstellung, »mit Dir in ein kleines Häuschen zu gehen, die Tür sei angelehnt«. Dann alle Jahre ein oder zwei Mal auf kurze Zeit nach

Berlin fahren, sich durchamüsieren und in die Stille zurückkehren. Fünfzehntausend Mark brauchte man an der Ostsee, in Berlin mindestens dreißigtausend.[81]

Das Projekt war eine Monatsschrift, die er gemeinsam mit Jacobsohn neben der *Weltbühne* bei Felix Lehmann herausbringen wollte. Die *Weltbühne* sollte zu diesem Zweck in eine GmbH umgewandelt werden, mit Lehmann und Jacobsohn als Gesellschafter. Was ihn selbst betrifft, so Tucholsky an Jacobsohn, habe Lehmann ihm jeweils ein Grundgehalt von fünftausend für die *Weltbühne*, fünftausend für die Monatsschrift und viertausend als Lektor des Verlages angeboten. Dafür wollte er alle Buchpublikationen haben mit einer Jahresgarantie von viertausend.[82] Außerdem bahnt sich ein Vertrag mit Max Reinhardt für Couplets und Chansons über 800 Mark im Monat an.[83]

So hätte sich der Plan mit Mary vielleicht realisieren lassen. Man hätte etwas in Fontane'sche Welten eintauchen und sich mit einiger Anstrengung noch einmal vorspielen können, »man sei selbst so ein Stück alter Fontane und gehe durch das kleine Hafenstädtchen und verachte durchaus nicht die neue Zeit – bewahre! – aber stehe ihr doch ein wenig zweifelnd gegenüber«.[84] Man hätte an der Ostsee auch etwas verflossenes Kurland spielen können. Allein, aus dem Projekt Monatsschrift wird nichts. Die Sache zieht sich hin, und schließlich macht Lehmann einen Rückzieher.

Und in Kurland selbst geht es zu dieser Zeit nicht gerade idyllisch zu. »Was wird aus Kurland werden?«, schreibt Tucholsky Ende Juni 1919 an Mary. »Dass das Land – ebenso wie Livland – ausgesprochen deutsch bleibt«, lässt er schon vor Kriegsende verlauten, »nehme ich nicht an«.[85] Ende Mai 1919 war Riga von den Deutschen zurückerobert worden, die mit Duldung der Entente und der lettischen Nationalregierung unter Karlis Ulmanis dort verblieben waren, um der Roten Armee Widerstand zu leisten. Mary arbeitet nun in der Kassenverwaltung beim Oberstab der Nachrichtenkommandantur.

Unter den einrückenden Soldaten der Eisernen Division findet sie viele alte Gesichter aus Autz wieder und freut sich riesig darüber, wie sie Tucholsky schreibt. Aber man sitzt nach wie vor auf einem Pulverfass. Mit dem Rückzug der Bolschewiki erlebt der Nationalismus im Baltikum einen neuen Aufschwung, und bald schon bedrohen estnische Truppen kurländische Gebiete. Es ist eine wahre Odyssee, die sie in den nächsten Monaten erleben muss. »Lieber Dicker«, schreibt sie an Tucholsky Mitte August, »lieber ziehe ich mein ganzes Leben mit dem Militär herum, als dass ich noch einmal eine Bolschewistenherrschaft mitmache.«[86] Sie gerät dadurch unfreiwillig in eines der gefährlichsten Abenteuer der Nachkriegszeit.

Einige Militärs, besonders im Osten, hatten damals, analog zur Insubordination eines Teils der türkischen Streitkräfte unter dem Weltkriegshelden Mustafa Kemal, die Gründung eines deutschen ›Oststaats‹ ins Auge gefasst, von dem aus der bewaffnete Kampf gegen Versailles ins Reich getragen werden sollte. Andere Pläne sahen bei einer Wiederaufnahme der Kampfhandlungen den Rückzug sämtlicher Truppen in die ostelbischen Gebiete und eine gleichzeitige Offensive gegen Polen vor, die innerhalb einer Woche zur Einnahme Warschaus führen würde. Auch die noch immer in den baltischen Staaten stationierten Truppen waren in solche Planspiele einbezogen. »Die deutsche Führung im Baltikum hatte damit gerechnet«, so Wipert von Blücher, zu dieser Zeit Legationsrat in der Ostabteilung des Auswärtigen Amtes, »dass die Reichsregierung den Versailler Vertrag ablehnen, und dass damit der Kriegszustand wieder aufleben würde. Daraufhin waren alle Dispositionen getroffen.«[87] Der Reichswehrführung war dieses Planspiel jedoch zu riskant, und die Regierung beugte sich schließlich der kategorischen Forderung der Entente, alle deutschen Truppen aus dem Baltikum abzuziehen.

Mit der Eisernen Division zieht Mary Gerold im Winter, bei eisigem Wind und Schneegestöber, täglich dreißig Kilometer Fußmarsch, durch Litauen Richtung Ostpreußen. Am 15. Dezember 1919 kommt sie auf Gut Friedrichsgusden bei Memel an. Die Division hat unter schwarz-weiß-roten Fahnen und vaterländische Lieder singend geschlossen die deutsche Grenze überschritten.[88] Irgendwie sah das Ganze aus wie der Rückzug Napoleons aus Russland, meint Mary, doch was da ankam, war am Ende ein verkommener Haufen, »eine Schande, eine richtige Räuberbande«, wie sie Tucholsky berichtet.[89] Unterwegs hatten die geschlagenen Kämpfer aus Wut Feuer in Häuser geworfen, Brücken gesprengt, Telegrafenstangen gefällt, Leichen in Brunnen geschmissen und Handgranaten hinterhergeworfen.

»Wir sahen rot«, so Ernst von Salomon, der als Mitglied des Freikorps Liebermann dabei war und später in den Mord an Walther Rathenau verwickelt sein würde, »wir hatten nichts mehr von menschlichen Gefühlen im Herzen. Wo wir gehaust hatten, stöhnte der Boden unter der Vernichtung.«[90] Wie Räuber, so Mary, hatten sie sich verhalten, und die Deutschen durch solche Taten für alle Zeiten unmöglich gemacht in Kurland.[91] Was wollten sie eigentlich?, fragt sich Tucholsky. »Sie wollten ihr altes Leben weiterführen. Sie wollten fortsetzen, was sie 1914 begonnen.« Am Ende umfasste ihr Hass »in gleicher Weise Bolschewisten, Juden, Sozialisten und eigentlich alles, was ein Landsknechtstum stören könnte, das wie ein Anachronismus wirkt, aber leider keiner ist«.[92] Nicht wenige von ihnen würden in den nächsten Jahren die Republik mit dieser nihilistischen Mentalität bis aufs Messer und unter Einsatz aller – auch tödlicher – Mittel bekämpfen.

Was Tucholsky aus Marys Briefen auch erfährt, ist, welche Gewalt vom erwachenden Nationalismus der nun entstehenden europäischen Randstaaten ausgeht. Die Siegermächte hatten in Versailles das Selbstbestimmungsrecht der Völker verkündet, dabei aber übersehen, in welchem Ausmaß die Entstehung neuer Nationalstaaten in Osteuropa – einem ethnischen Flickenteppich – die Minderheitenfrage dadurch zu einem ernsthaften Problem machen würde. Ministerpräsident Ulmanis, der sich für ein Zwangsbündnis mit den Deutschen gegen die Bolschewisten entschieden hatte, mochte sie im Grunde nicht und wollte als Endziel ein rein lettisches Lettland. Er hat, so Tucholsky, »keine sehr saubere Rolle in diesem Treiben gespielt«.[93]

Während des Rückzugs der Deutschen kommt es zu ausgesprochen unschönen Ausschreitungen, »böse, böse, schlimmer beinah, als zur Bolschewistenzeit«, wie Mary berichtet. Mitte Oktober schreibt sie, es sei »lebensgefährlich, auf den Straßen zu gehen, die Letten schießen auch mit Artillerie«, und in Riga sei der Pöbel »uns durchaus feindlich gesinnt. An der Brücke haben die Letten 7 von den Unseren erhängt u. die Leichen nicht abgenommen.«[94] Solche Zustände, meint Tucholsky, seien »kein Friede«. Das war »Wahn. / Der alte Tanz auf dem alten Vulkan«. Die Entente schenkte, kaum war der Krieg zu Ende, der Welt als Zündstoff wieder neue Nationalisten.[95] Noch Jahre später spricht er vom »Randstaaten-Wahnsinn des Versailler Vertrags, der Volksangehörige großer Nationen nicht von ihnen befreite, sondern sie dem Knebel eines kleineren, aber umso staatswütigern Gebildes überantwortete«.[96] In Wirklichkeit aber war im gegenwärtigen Zustand eines halbinternationalen Kapitalismus »keine Gemeinde mehr Herr auf ihrer eigenen Wiese«, doch »Staaten, deren Grenzen keine Rassen umschließen und nicht einmal feste Wirtschaftsgebiete«, diese Staaten spielten nun: »mittelalterliche Burg, Vaterland, Heimat«. In solchen Zuständen würde es der Fremde, oder wen man neu zu einem nicht der Nation zugehörigen Fremden erklärte, schwer haben.[97] »Nicht, dass diese Gebilde selbständig sind«, meint er, sei der eigentliche staatsrechtliche Skandal, »sondern wie sie es sind«.[98] Tucholsky wünschte sich als Nachkriegsordnung ein transnationales Rechtssystem, und das, was der Völkerbund unter dem Stichwort des Selbstbestimmungsrechts der Völker in die Welt setzte, fand er mehr als enttäuschend.

Zu der Reihe politischer Formationen, die nach dem Weltkrieg neu entstanden, gehörte auch der polnische Staat. Sechs kriegerische Auseinandersetzungen legten schließlich seine endgültigen Grenzen fest. Es gab erhebliche Probleme mit Minderheiten; fast zehn Prozent der Bevölkerung waren Juden. Im Winter 1918 veranstaltete die neu gegründete polnische Armee antisemitische Pogrome, und jüdische Gruppen warnten eindringlich in London und Washington vor dem Treiben der »halbverrückten Nationalisten« in Warschau.[99] Die *Weltbühne* berichtet 1920, das emotionslose Abschlachten von Juden, wie bei Pogromen in der Ukraine, werde in der »Wiege der nationalen Gleichberechtigung« neuerdings offenbar üblich.[100] Welche Bedeutung diese Ereignisse bei dem Umstand spielten, dass sich Tucholsky in diesem Jahr als Redakteur der satirischen Kampfzeitschrift *Pieron* aktiv an der antipolnischen Propaganda in Oberschlesien beteiligt hat, darüber kann man nur Vermutungen anstellen. Er brauchte Geld, und die Offerte des preußischen Staatskommissars für Oberschlesien, im Juli 1920 die Redaktion dieses unappetitlichen Blatts zu übernehmen, war gewiss eine Verführung. Dass Tucholsky darüber hinaus dem polnischen Nationalismus wie jedem anderen mehr als kritisch gegenüberstand, steht allerdings fest.

Es war die Zeit der großen polnischen Eroberungsfeldzüge bis nach Kurland und Kiew, die selbst den britischen Premier Lloyd George vor einem imperialistischen Polen warnen ließen. In Oberschlesien hatte der Versailler Vertrag eine Abstimmung vorgesehen, bei der sich Ende März 1921 sechzig Prozent der Bevölkerung für einen Verbleib bei Deutschland aussprachen. Vor der Abstimmung lief die Propaganda mit wechselseitigen Diffamierungen und Hasstiraden auf Hochtouren. Drei polnische Aufstände versuchten, militärisch auf das Geschehen Einfluss zu nehmen. Nachdem im Mai 1921, während der dritten polnischen Rebellion, die Schlacht am Annaberg zugunsten deutscher Freikorps entschieden wurde, teilte man das Gebiet schließlich zwischen Deutschland und

Polen auf. Da hatte Tucholsky sich allerdings schon vom *Pieron* verabschiedet. Mitte Dezember 1920 bat er darum, seine Beziehungen zum Schlesischen Ausschuss auflösen zu dürfen. Er hatte sich, das war ihm mittlerweile klar geworden, mit der Angelegenheit »selbst unmöglich gemacht«.[101]

Das Eigentümliche an diesem Propagandawitzblatt war, dass es hauptsächlich sonst als ›Kulturbolschewisten‹ diffamierte Autoren beschäftigte. Tucholsky gab dabei den Ton an, wobei man berücksichtigen muss, dass selbst die linke USPD eindeutig für den Verbleib Oberschlesiens bei Deutschland eintrat. Fein war die Sache trotzdem nicht, auch wenn er sich dabei mit Zeichnern wie Heinrich Zille und Olaf Gulbransson in bester Gesellschaft befand. »In der oberschlesischen Sache habe ich damals nicht richtig gehandelt«, meint er Jahre später in einem Brief an den Publizisten Maximilian Harden, »ich hätte das nicht tun dürfen«.[102]

Mary ist zu dieser Zeit schon in Berlin. Am 6. Januar 1920 traf sie, der »kleine, liebe Soldat«, dort ein, nachdem sie »glücklich – oder unglücklich?« endlich aus Russland raus war, wie er ihr im Dezember schrieb. »Sie können auch ohne dich Krieg führen.« Zumal das militärische Milieu und die Männergesellschaft »unter allen Umständen« eine verderbliche und schlechte Sache für sie sein. »Das geht nun nicht mehr. Komm her.«[103] »Dass er das nicht lernen kann«, antwortet sie ihm, »dass ich eine Russin bin, dass man mich nicht herbekommen kann, sondern, dass ich komme oder nicht komme.« Überhaupt: »Wie haltet ihr denn eure Mädchen, eure Frauen? Im Glasschrank unter Verschluss, oder mit einer Batterie Bewachung? Na, ich danke dann Gott, dass ich keine Deutsche bin.«[104]

Sie ist nun einundzwanzig Jahre alt, aber durch die rauen Monate des Nachkriegs sichtlich gereift, und das irritiert ihn offenbar zutiefst. Sie kam, und er war nicht da. Er war nicht am Bahnhof, schreibt sie später, und sie griff zum Telefonhörer. Sie verordnete sich innere Ruhe, rief ihn an, hörte seine Stimme, setzte sich dann in eine Droschke und fuhr zu ihm in die Nachodstraße 12. Langsam und gefasst stieg sie die Treppen hoch und wartete einige Zeit vor der Tür, bevor sie klingelte, »denn ich fürchtete mich, ich fürchtete mich vor dem Satz: ihr liebt nur die Idee eurer selbst, die Körper kennen sich nicht«. Dann begrüßten sie sich kurz, Tucholsky ging unvermittelt in ein Nebenzimmer, und Mary schlug die Hände vors Gesicht und fragte sich: »Dieser fremde Mann ist es, den Du zwei Jahre so geliebt hast?«[105] Da verkroch er sich nun, wie immer »innen etwas unmoralisch«.[106]

Schon unmittelbar nach seiner Rückkehr im Dezember 1918 hatte er in Berlin nämlich die alte Beziehung mit der Pimbusch wieder aufgenommen. Und in einem Weihnachtsgedicht dieses Jahres gab es in heiterer Schizophrenie Geschenke unter dem Gabentisch für Peter Panter, Theobald Tiger, »für Mary – für Claire«,[107] für zwei Männer und zwei Frauen. Er war zwei, aber, wie er wusste: »es ist gefährlich, Namen zu erfinden, sich für jemand anders auszugeben, Namen anzulegen – ein Name lebt«.[108] Die Claire oder Pimbusch, also Else Weil, hatte inzwischen mit einem *Beitrag zur Kasuistik des induzierten Irreseins* bei dem bekannten Psychiater Karl Bonhoeffer promoviert und im letzten Kriegsjahr eine Stelle als Assistenzärztin in der Charité angenommen.[109] Viele Dokumente über das Verhältnis Tucholskys zu Else Weil gibt es nicht. Doch Siegfried Jacobsohn lässt in einem Brief an ihn aus Sylt im Sommer 1919 »Madame Pimbusch« in einem Ton herzlich grüßen, der auf eine sehr enge Beziehung der beiden in diesen Monaten schließen lässt.[110] Zur gleichen Zeit schreibt Tucholsky an Mary als »Dein Mann«, der in Berlin eine Art Eremitendasein führt, »liest und raucht« und still vor sich hin lebt.

Tatsächlich aber war Mary die erste Frau in seinem Leben, die ihn in verzweifelte Eifersuchtszustände trieb. Was machte sie da, weit weg in Kurland? »Es kann sein«, schrieb er ihr kurz nach ihrer Ankunft in Berlin an die Adresse ihrer Schmargendorfer Pension, »dass Du vielleicht doch und allerletzten Endes keine Literaten, sondern Offiziersnaturen um Dich brauchst, keine schwarzen, sondern blonde Menschen«.[111] Monate hatte sie in einer Männergesellschaft gelebt, deren Usancen und Vorlieben er bestens kannte. Sie war Teil dieser Welt, und sie berichtete ihm davon ausführlich in ihren Briefen. Mit dem zweiunddreißigjährigen baltischen Baron Fred von Fircks von der Eisernen Division pflegte sie sogar eine engere Beziehung. Sie gab ihm die *Weltbühne* zu lesen, die er erwartungsgemäß etwas zu spartakistisch fand, ließ sich zu Bootspartien und Teeabenden einladen, und schließlich machte er ihr sogar einen Heiratsantrag. »Es war mir schrecklich, dass ich es ihm sagen musste«, schrieb sie Tucholsky Anfang August 1919, »dass, – ich seine Frau nicht werden kann.«[112] Und gleichzeitig fragte sie sich: »Ist Nungo wirklich der ›Richtige‹?«[113]

Dieselbe Unsicherheit beschlich sie wieder, als sie etwas verloren in seiner Wohnung in der Nachodstraße stand. Aber die Ambivalenz war durchaus gegenseitig. »Es ist irgendetwas zwischen uns, was vielleicht in der völligen Verschiedenheit zweier Naturen begründet liegt«, schreibt Tucholsky ihr Anfang Februar 1920, »es fängt bei äußeren Dingen an und hört bei den erotischen auf«.[114] Die Erotik, das war, spätestens seit *Rheinsberg*, eben Claire. Am 3. Mai 1920 heiratet er sie, etwas überplötzlich, wie in einem hektischen Akt der Flucht vor etwas, dem man nicht ausweichen kann. Mary hat ihn unvorbereitet eifersüchtig gemacht und damit eine verwundbare Seele tief getroffen. Claire dagegen verspricht eine deutlich weniger verletzliche Leichtigkeit im Leben, jedenfalls will es ihm so scheinen. Siegfried Jacobsohn ist einer der Trauzeugen. Dr. jur. Kurt Tucholsky und Dr. med. Else Weil-Tucholsky leben nun in der Kaiserallee 79, der heutigen Bundesallee in Wilmersdorf, wo sie am 1. Oktober 1920 ihre eigene Praxis eröffnet.[115] »Ich komm doch stets nach den Exzessen / zu dir und kann dich nicht vergessen«, dichtet Tucholsky kurz nach seiner Hochzeit in der *Weltbühne*: »So gib mir denn nach langem Wandern / die Summe aller jener Andern. / Sei du die Welt für einen Mann… / weil er nicht alle haben kann«.[116] Aber Claire ist nicht die Summe aller andern. Immer wieder trifft er auch Mary, die inzwischen eine Anstellung als Sekretärin bei der *Europäischen Staats- und Wirtschaftszeitung* gefunden hat und seine Unberechenbarkeiten mit kurländischer Contenance erträgt. Mal sieht er sie zufällig, mal verabredet er sich schüchtern verhalten; oft schickt er ihr Blumen oder ein Gedicht, und er schreibt ihr Briefe.

Im November 1920 erscheint bei Felix Lehmann ein neues Buch, *Träumereien an preußischen Kaminen* von Peter Panter. Es ist »Mary Gerold, einer kleinen Schrumpelhexe aus Kurland in altem Gedenken gewidmet«.[117] Wieder sind es, wie im *Zeitsparer* von 1914, Phantasien, Kunstmärchen; und der Titel ist eine Anspielung auf Richard Leanders während des Krieges 1870/71 verfasste *Träumereien an französischen Kaminen,* die dieser damals, voller Friedenssehnsucht, in Feldpostbriefen nach Hause sandte. Auch Tucholskys *Träumereien* sind bis auf die letzten beiden Geschichten während des Krieges entstanden.

Sie sind zum großen Teil schon vorher in der *Schaubühne,* der *Weltbühne* oder im *Simplicissimus* erschienen, aber das Genre scheint er von Anfang an im Kopf gehabt zu haben, so dass er sie nun mühelos in einem Buch zusammenfassen kann. Die erste Geschichte, in der Reihenfolge des Buchs, ist in Autz entstanden. Sie heißt *Walpurgisnacht,* und auf sie bezieht sich die Widmung an Mary. Man kann sie aber auch als ein Capriccio auf die Exzentrizitäten der wilhelminischen Welt lesen.

Auf dem Blocksberg findet eine Art infernalisches Kaisermanöver statt und endet mit einer Ordensverleihung an den Hexenweibel Sengespeck durch seine Exzellenz, den Fürst der Finsternis persönlich. Alles geht stramm, sauber und ordentlich zu, die Orgie nimmt ihren Lauf, und wer, fragt man sich, ist eigentlich dieser Fürst der Finsternis, der da seine ruhmreichen Hexenregimenter aus allen Gauen Deutschlands nebst Manöverbeobachtern wie dem kaiserlich türkischen Hofgespenst dirigiert? Es ist eine eigentümlich geerdete Zauberwelt.

Auch *Bei Stadtzauberers,* während der letzten Kriegswochen in Rumänien entstanden. Die eigenen Schöpfungen der Menschen verselbständigen sich hier; und ein unscheinbarer Taps wird unvermutet zum Helden. Im Haus des Stadtzauberers Gitschiner treibt der Homunculus Zebedäus, genannt Zippi, sein Unwesen und narrt die Leute mit Anzüglichkeiten, bis er von dem unbeholfenen jungen Unterzauberer Pfefferström hinweggezaubert wird, worauf ihm Käthe, die Tochter des Stadtzauberers, sofort um den Hals fällt und sich stehenden Fußes mit ihm verlobt. Dann wird es urgemütlich, wie grundsätzlich bei solchen Angelegenheiten in Deutschland, und nur die Hausmagd Minna trauert Zippi nach, denn schließlich war er bei allem Unwesen doch auch ein Mann.

Die Einsiedlerschule schrieb Tucholsky 1917 in Autz, und man erfährt hier, wie die verwegensten Seltsamkeiten zur Perfektion getrieben werden können, wenn man fixe Ideen für das Vernünftigste in der Welt hält. Der junge Herr von Kügelgen beispielsweise lernt auf einer Einsiedlerschule einsiedeln, weil die Weltflucht, schon länger in Mode gekommen, bisher nicht hinreichend professionell betrieben wurde. Ausgesuchte Menschenfeinde unterrichten ihn dort – mit Erfolg – in Misanthropie, einer sehr zeitgemäßen Geisteshaltung.

In *Die Träume,* ebenfalls in Autz entstanden, scheint schon das irgendwann bevorstehende Ende des Krieges auf. Herr Hoftraumhändler Symander, der auf die neue, tief dramatische Traumdeutung des Professors Freud in Wien nicht gut zu sprechen ist, versorgt als Monopolist seine Kunden im Bezirk Kösen-Naumburg-Halle grundsätzlich mit schönen Träumen. Zum Beispiel träumt der Feldwebel Hemdenschreier, so von Symander beliefert, er sei mit ausdrücklicher Genehmigung des Soldatenrats von Kaiser Wilhelm persönlich belobigt worden. Bis der versoffene Expedient Fritz Bumke schließlich alle Träume vertauscht und im Rausch an die falschen Adressen verschickt. Die Jungfrau träumt nun plötzlich von Politik und der Kompaniefeldwebel von Spitzenkleidern, und die ganze

Welt gerät aus den Fugen. »Blau wien Ritter« liegt Bumke da, nachdem er das Unheil angerichtet hat, und spricht: »Aber wat mir heute nacht jeträumt hat – vaflucht juche-!«[118]

In des Waldes tiefsten Gründen, zuerst gedruckt im April 1914, ist die Geschichte einer misslungenen Räuberei mit rührendem deutschen Finale. Geraubt wird da nur mit Räubererlaubnisschein, und an manchen Orten ist das Rauben behördlicherseits streng untersagt. So kommt es, dass eine lukrativ lockende Entführung schiefgeht, weil die Räuber die Regeln übertreten haben und das auch der Obrigkeit gegenüber grunddeutsch brav einsehen.

Am Ende des Bandes steht *Die verzauberte Prinzessin,* im Jahr 1920 eigens für die Buchfassung niedergeschrieben. Prinz Lu XXVIII. will eine verzauberte Prinzessin erlösen, und es gelingt ihm dank Protektion auch, was Hunderten vor ihm nicht gelungen war, nämlich im Zaubergarten zu ihr vorzudringen. Sie wird von einem Drachen bewacht; es ist ein gebildeter Drache, »er las H. St. Chamberlain« – den Autor von *Rasse und Nation* – »und war seitdem etwas wirr im Kopf«,[119] und außerdem ist er bestechlich. Nachdem bald das Geschäftliche geregelt ist und die nicht lebensunerfahrene Prinzessin, hauptsächlich verführt durch die Lockungen neuester Mode, Residenzhüte und Crêpe-de-Chine-Kleider in der modernen Welt außerhalb des Zaubergartens, dem Prinzen ihr Herz erklärt, findet die Geschichte ihr Happy End.

Sehr zeitbezogene Träumereien. Das *Prager Tageblatt* sprach von einem kess gewordenen E.T.A. Hoffmann, und daran ist so viel richtig, dass diese Phantasien ausgesprochen antiromantische Romanzen sind. Solche Verrücktheiten sind wahr wie das wirkliche Leben – und die Irrwege seiner Beziehung zu Mary. Die Dinge haben sich auch hier verselbständigt, fixe Ideen wie seine Eifersucht sind zur Perfektion getrieben worden, schöne Träume geplatzt, und irgendwie lebt sie nun wie eine verzauberte Prinzessin in einer für ihn fremden Welt. Doch das muss nicht so bleiben. »Ich weiß, wie viel Sinn Er für

Nuancen hat«, schreibt er ihr im Mai 1921; »nicht jede Trennung ist eine«. 1923 verlässt er schließlich die gemeinsame Wohnung mit der Pimbusch in der Kaiserallee; 1924 lässt er sich scheiden. »Meli, ich habe Dich so lieb«, ruft er Mary am 2. März 1923 zu: »Wir wollen dieses Leben zusammen zu Ende gehen.« Es ist ein fast kathartischer Krisentag für ihn. »Gib mir Deine Hand. Du bist mein Alles.«[120] Sie wird ihm folgen.

Cabaret

»Nie ist in Berlin so viel, so rasend getanzt worden«, berichtet das *Berliner Tageblatt* Anfang 1919 über den Ausbruch von Sinnlichkeit in der ersten Silvesternacht des Nachkriegs, als habe es gegolten, die Nacht zu feiern, die das gibt, was sie »morgen vielleicht nicht mehr gewähren kann«.[121] In Tucholskys Worten: Der Piefke protzt, die kleine Nutte prahlt. Die Weiblichkeit erglänzt in Nerz und Biber und ist im ganzen rosa angemalt.[122] Der tödlichen Katastrophe des Krieges folgte das moralische Vakuum der Nachkriegszeit. Man war plötzlich, so Ludwig Marcuse, auf Orgiasmus trainiert,[123] dabei aber, wie Tucholsky beobachten kann, überhaupt »nicht freudig«. Nichts in dieser aufgelösten Welt ist mehr original, alles nachgemacht.[124] Selbstsucht regiert, besonders in bürgerlichen Kreisen. Zu viel Börse im Leben, zu viel Snobismus, und kaum noch ein »Geheimnis um die Dinge«. Modebilder und Kintoppschönheiten prägen einen neuen Typus, »glatt, eiskalt, elegant – aber nicht soigniert«, immer ein wenig an Friseur erinnernd. »Die Unmittelbarkeit ist beim Teufel«, stellt er fest, »Kultur ist es noch nicht – das Ganze hängt zappelnd in der Mitte«. Kälte, die keine Blasiertheit zum Ausdruck bringt, sondern nichts als »Schwäche«.[125]

Doch die Vergnügungsindustrie boomt, selbst in Zeiten der Revolution. Während auf der Friedrichstraße in den Tagen des sogenannten Spartakusaufstands geschossen wird, geht im

Apollo-Theater die Vorstellung weiter. Draußen explodieren Handgranaten, im Saal trillert ein weiblicher Sopran, entfesseln Komiker Lachstürme, und das Ballett wird mit rauschendem Beifall bedacht. Berlin flüchtet vor den Realitäten. Die Vorzensur ist aufgehoben, aber die neue Libertinage entfaltet sich vornehmlich in erotischen Anzüglichkeiten. Nacktshows und Amüsierkabaretts haben Konjunktur.[126]

Vor allem fehlen »die großen Exzentrics von Rasse, die so sehr unter dem schweren Leben leiden und sich so sehr über ebendieses lustig machen«.[127] Man plätschert an der Oberfläche oder doziert und schwadroniert und indoktriniert, wenn es ernst werden soll. »Dieses Volk hat keine großen politischen Coupletdichter hervorgebracht«, meint Tucholsky Mitte 1919, »dieses Volk leitartikelt sich seinen Kummer von der Seele«.[128] Warum aber sollte man gerade in bewegten Zeiten nicht »unter uns alten Pastorentöchtern vergnügt« sein dürfen?[129] »Fern, fern von allen Ludendörfern« das »beste« am Deutschtum kultivieren, jene Clownerie und tiefe Weisheit, die sich ergeben, »wenn das, was man leichtsinnigerweise ›modernes Leben‹ zu nennen pflegt, und die Romantik zusammenstoßen«?[130] Woran es einer solchen Kultur mangelt, sind aber zum Beispiel die politischen Coupletdichter und natürlich auch die Coupletsänger. Otto Reutter hatte dafür den Charme, und Gussy Holl – die Tucholsky im Februar 1919 persönlich kennenlernt[131] – wäre berufen, eine große politische Sängerin zu werden.[132] Nicht zu vergessen Paul Graetz.

Er ist zu dieser Zeit einer der großen Stars bei Max Reinhardt, und Tucholsky sagte einmal von ihm, er sei für Berlin das gewesen, was Maurice Chevalier für Paris war.[133] Er machte später Karriere als Filmschauspieler und trat nach seiner Emigration 1934 in dem Streifen *Murder at Monte Carlo* an der Seite des damals noch völlig unbekannten Errol Flynn auf. Graetz galt als Meisterkomiker. »Das war also damals«, schrieb Walter Mehring 1937 in einem Nachruf auf Paul Graetz: »1920, in der wildesten Zeit, als an jeder Baustelle die Rummelplätze wuchsen, mit tätowierten Damen und Rutschbahnen und 'ner Molle mit Strippe; als man noch schwoofen ging nach Halensee; im letzten urwüchsigen Berlin, das mit Glasbrenner begonnen hatte; da machten wir unseren Laden auf, das zweite ›Schall und Rauch‹, unser Kabarett in den ehemaligen Stallungen des Zirkus Schumann. Tucholsky und ich, wir dichteten Dir einen hin, und Du kamst auf das Podium gefegt, mit Schmalztolle, als Schofför, als Pennbruder und Lumpensammler, als der Letzte aus dem Geschlecht des Eckenstehers Nante; das Ganze in Musik gesetzt von Hollaender. Weeste noch, Paule? Wenn Du loslegtest mit Deinem Speech, mit Deiner unüberbietbaren Quasselstrippe, die ganze Romane in zehn Minuten zusammendrängte, mit diesem ›avec‹, mit dieser Deftigkeit, dass man's mit Händen greifen konnte: ›Ick rin in die jute Stube: da liecht die Frau Kommerzienrätin auf die Lustwiese und woocht‹.«[134] Graetz tritt Anfang der zwanziger Jahre unter anderem im *Kadeko*, im Kabarett der Komiker auf, ebenso wie Claire Waldoff, die damals schon in die Jahre gekommene Legende Yvette Guilbert und andere.

Fast vierzig Kabaretts gibt es in Berlin, mit literarischem Anspruch neben dem *Kadeko* vor allem Rosa Valettis *Größenwahn* am Kurfürstendamm, das sich gern in der Tradition von Aristide Bruants legendärem *Mirliton* sah, Trude Hesterbergs *Wilde Bühne* im *Theater des Westens* und eben Max Reinhardts *Schall und Rauch*. Es ist von allen Berliner Etablissements das beste.

1901 hatte er im ehemaligen Hotel Arnim an der Ecke Unter den Linden / Friedrichstraße schon einmal ein Etablissement gleichen Namens gegründet, in dem man literarische Parodien auf die Bühne brachte, die selbst Thomas Mann Tränen lachen ließen. Es ging jedoch bald in Reinhardts *Kleinem Theater* auf, das seine steile Karriere als gefeierter Regisseur einleitete. Im Herbst 1919 gründet er das *Schall und Rauch* erneut, diesmal im Souterrain seines großen Schauspielhauses an der Friedrichstraße. George Grosz entwarf die Figurinen für die

Paul Graetz war einer der großen Stars bei Reinhardt und für Tucholsky der einzige legitime Kollege von Maurice Chevalier in Deutschland. Graetz konnte mit hinreißender Stimme Tucholsky-Couplets ins Publikum schmettern. So den Evergreen Wenn der alte Motor wieder tackt. Graetz machte später in den USA Karriere als Filmschauspieler an der Seite des damals noch unbekannten Errol Flynn.

Eröffnungspremiere, John Heartfield die Masken, und Walter Mehring schrieb den Text für eine Parodie auf Aischylos' *Orestie,* die auf der Bühne des Schauspielhauses oben im Original gegeben wurde.

Im Souterrain trat Orest als Offizier der Freikorps auf, Aegisth als Präsident einer Republik, dessen Hauptsorge es ist, die Revolution mit Hilfe eben jener Desperados zu bekämpfen. Die Uraufführung endete mit einem Klamauk aus den Zuschauerrängen, bei dem Mehrings dadaistische Freunde lauthals »Es lebe die Kunst! Nieder mit Reinhardt!« schrien. Dennoch bat dieser Mehring anschließend, weiter für ihn zu arbeiten und in Zukunft vor allem zwischen Vulgarität und Feinsinnigkeit changierende Chansontexte in der Tradition Bruants auf die Bühne zu bringen.[135] Mehring, meinte Tucholsky einmal, stand dieser Tradition tatsächlich am nächsten, und er war es fast ganz allein, der sie wirklich modernisiert hat.[136] Sie arbeiten oft zusammen, Nächte hindurch, wie Mehring berichtet, und trinken sich zur Dichtung viel Mut zusammen.[137] Und Tucholsky sitzt dabei gern am Klavier und komponiert.

Im September 1919 hatte Tucholsky aus dem Hause Reinhardt die Anfrage erhalten, ob er »ihnen nicht für das Cabaret die Texte schreiben« wolle. Er sagt zu, und am 8. Dezember eröffnet das *Schall und Rauch* – neben Mehrings *Orestie*-Travestie – mit einem Kabarett-Solo von Paul Graetz aus Tucholskys Feder, das mit dem Chanson *Wenn der alte Motor wieder tackt* abschließt. Bei Reinhardt ist alles groß. Oben, im ehemaligen Zirkus, »Schauspiele auf ungeheurer Bühne für fünftausend Menschen«, und im Souterrain »ein großes Cabaret« mit über tausend Plätzen.[138] Graetz vervollständigt Tucholskys Texte aus dem Stegreif mit aktuellen Tagesthemen, und dann singt er: »Schiebung«. Refrain: »Wenn der alte Motor wieder tackt«. Auftritt Graetz: »Wohin du siehst, wohin du kuckst, / wohin du hörst, mein Lieber! / Sehr wichtig! / Wohin du trittst, wohin du spuckst: / nur Schieber! Schieber! Schie-

Walter Mehring war für Kurt Tucholsky ein seltenes Genie, wenn es galt, zwischen Vulgarität und Feinsinnigkeit changierende Chansontexte in der Tradition des großen Franzosen Aristide Bruant auf die Bühne zu bringen. Oft arbeiteten sie zusammen, Nächte hindurch, in denen Tucholsky am Klavier saß und sich Kompositionen ausdachte. Nicht nur Alkohol bewirkte dabei, dass die Chemie stimmte.

ber!« Und endet: »Wenn der alte Motor wieder tackt, / Wenn die Räder roll'n die Weiche knackt, / Wenn die letzte Kriegsgesellschaft kracht, / Und der Kaufmann seins alleine macht, / Wenn erst toi-toi-toi mal klappt die Post, / Wenn Berlin nicht mehr 'n Dollar kost. / Wenn die olle gute Rolle wieder wie gewöhnlich schnurrt, / Sitzt die Neese wieder vorne – Marke: ›Neujeburt‹.«[139] Das Chanson wird ein großer Publikumserfolg. 1920 erscheint es auf Schellack unter dem Label *Odeon*, selbstverständlich gesungen von Paul Graetz. Es ist Tucholskys erste Schallplatte. Rosa Valetti singt bald seine Songs, ebenso Trude Hesterberg und Kate Kühl. Die Musik stammt anfangs meist von Friedrich Hollaender, später vieles auch von Rudolf Nelson. Er kann, meint Tucholsky, Klavier spielen, wie man es »wohl noch nie gehört« hat.[140]

Aber die leichte Muse ist jedes Mal harte Arbeit. Ein Couplet hat eben »seine eigenen Gesetze«. Erstens – und das ist das Schwierigste – muss es »mit der Musik völlig eins« sein. Zweitens muss es »so aus dem Geist der Sprache heraus geboren sein, dass die Worte nur so abrollen«.[141] Er saß dann beim Dichten, erzählt Mehring, eine Pfeife anrauchend, mit der Pfeife gestikulierend, und unterstrich damit eine Pointe, wenn er etwas besonders Boshaftes in petto hatte. Ein paar Sekunden Schweigen, und dann brach es aus ihm heraus.[142]

Eine geradezu demokratische Fröhlichkeit konnte von diesen Couplets ausgehen, wenn sie sich dem Stumpfsinn und der Zote verweigerten, wie das bei ihm und dem Ausnahmetalent Mehring der Fall war. Hier konnte sich, wenn wie bei Aristide Bruant das »feinste Handgelenk« ins Spiel kam, zeigen, dass Kunst nicht nur gut war für philharmonische Konzerte. Freilich, meinte Tucholsky, gehörten »einige Kleinigkeiten dazu: Gesinnung, Geschmack und großes Können« sowie der Takt, »gewisse Dinge nicht zu sagen«.[143] Oder sie nur anzudeuten wie in einem für Gussy Holl so dahingeworfenen »na und?«.[144] Et après? – na und? – schrieb er einmal, das sind »nur zwei Worte, und eine ganze Welt«.[145] Vor allem aber gehört zu einem guten

Couplet die Fähigkeit, jenen Schwankungen der Seele Ausdruck zu verleihen, die man Gefühle nennt. Dem Schmerz jener Amphibien namens Mensch Ausdruck zu verleihen, die keine Tiere mehr und noch keine Götter sind.[146]

Auch Charlie Chaplin ist so ein Fall. Er versöhnt Tucholsky mit dem Kino – dessen klamaukhafte Anfänge er entsetzlich fand – hauptsächlich deshalb, weil er ein hinreißender Exzentrik ist. Tucholsky bewundert die natürliche Komik dieses großen Künstlers, der mit der kleinsten Bewegung die größten Wirkungen erzielen kann und dem es sogar gelingt, gewissermaßen »mit den Schultern« zu weinen. Chaplin ist der absolute Antipode der von Tucholsky verhassten Welt. Sah man ihm zu, war der ganze Militarismus plötzlich und wie von leichter Hand »hinten heruntergefallen«. Chaplins nachdenkliche Komik und seine lustige Tragik machen aber vor allem deutlich, »wie lächerlich es ist, ein erwachsener Mensch zu sein, der sich ernst nimmt«,[147] und wie sehr »die vanimpftjen Knaben, / bloß, weil du da bist, Unrecht haben«.[148] Auch im Gestus steckt Kultur, und Chaplins Gestus ist die »reine Komik der absoluten Bewegung«.[149] Geist und Esprit, meint Tucholsky einmal, könnten selbst in der geringelten Bewegung eines Clowns oder in den Tellerkunststücken eines großen Jongleurs zum vollendeten Ausdruck kommen.[150] Chaplin aber ist vor allem »der ewige Zivilist«.[151]

Tucholsky ebenfalls. »Ist der gemeinsame Grundzug jüdisch?«[152] Mitte November 1919 erscheinen die *Frommen Gesänge* von Theobald Tiger mit einer Vorrede von Ignaz Wrobel bei Felix Lehmann. »Halb erotisch – Halb politisch!«, wie die Buchbinde der Verlagswerbung verspricht.[153] Es soll eine »Reisebeschreibung der Route 1913–1919« sein, wie Wrobel / Tucholsky schreibt. Im »Grünen fings an und endete blutig rot«, und »inmitten dem Kampfeslärm« grünte auch schon einmal »ein kleines Gras- und Rasenstück«.[154] Tatsächlich stammen die meisten der Gedichte aus diesen Jahren aus der *Schaubühne,* der *Weltbühne* und einige aus dem *Vorwärts,* dem *Berliner Tageblatt*, dem *Ulk* und anderen Organen. Nur sieben sind bisher unveröffentlicht. Die Route geht, so die Kapitelüberschriften, aus »kleiner« und aus »großer Zeit« – noch sind, zu Beginn des Krieges, »die Tage der Rosen«,[155] aber am Ende kommen »die andern«[156] – über den »Revolutionsersatz« in den Kreislauf der »Jahreszeiten«, in die aus der Fassung geratene Stadt Berlin; sie begutachtet die Abenteuer der »blauen Blume« in Zeiten der Unordnung und endet mit einer »Schlussvignette«. Finale: »Ach, wie gern, in filzenen Schuhen / wollten wir gemütlich ruhen, / sprechend: In exilio bene! / Macht euch euren Dreck alleene!«[157]

Das Überraschende an dieser Zusammenstellung ist, dass Tucholsky die Reihenfolge überhaupt nicht chronologisch nach dem Entstehungsdatum seiner Gedichte ordnet. Es geht auch gar nicht um Chronologie, sondern um eine sentimentale Zeitgeschichte, eine innere Reise durch die letzten Jahre, die weit mehr ist als ein Zeitzeugnis. Die *Frommen Gesänge* berichten von den Höhen und Tiefen der Stimmungslagen der Welt und des lyrischen Ich in dieser Zeit, und deshalb sind sie eher musikalisch angeordnet. Der Zeitpunkt ihrer Entstehung ist vollkommen unwesentlich. Es kommt auf die Tonalität an, und wo ein Akkord zu fehlen scheint, dichtet Tucholsky einfach ein Gedicht dazu. Es ist erstaunlich, wie wenig man dem Endprodukt die Montage aus vorgefundenem Material – gewissermaßen aus eigenen ›Readymades‹ – anmerkt. Alles passt, und schließlich entsteht, wie auf einer Bühne, eine regelrechte Revue mit durchchoreografierten Nummern sowie Ouvertüre und Finale. »Er kann's«, meint kurz nach Erscheinen das *Berliner Tageblatt*: »Er hat die Melodie. Was den alten Béranger und auch manchen jüngeren Franzosen so angenehm macht, die flüssige Leichtigkeit des Tons, die Pointen aus dem Handgelenk.« Und die Spitzbüberei hinter der Unschuldsmiene.[158]

Zeitgedichte? Nur im eingeschränkten Sinn. »Du lebst, Lucian!«, heißt es im Eingangsgedicht: »Was da: Kulissen! / Wir haben zwar die Eisenbahn – / doch auch dieselben Hurenkissen, / dieselbe Seele, jäh zerrissen.« Um Seelenzustände – hinter den Kulissen – geht es, wobei die politischen und gesellschaftlichen Kulissen gleichwohl real und deren wirkungsmächtige Erscheinung sind. »Zutiefst liegt die biologische Veranlagung des Menschen«, meinte Tucholsky später einmal, sich auf Freuds Trieblehre berufend.[159] Dass die treibende Kraft hinter den großen Ereignissen oft profane Triebe und banale Interessen sind, das wusste schon Lukian von Samosata, der große Exzentriker und ewige Zivilist der hellenistischen Zeit. Menschen, heißt es in einem seiner satirischen Dialoge, sind letztlich nichts als lächerliche Affen unter einer imponierenden Löwenhaut;[160] und es ist kaum fassbar, »mit was für albernen Dingen dieses unglückliche Erdenvolk sein bisschen Leben verschleudert«![161] Lukian, das war Philosophie im bunten Gewand der Hetäre, Blicke aus dem Hades in den Olymp, lächerliche Götter- und Heldendialoge; und immer verbunden mit der Idee des Abenteuers einer Prüfung der Wahrheit in den Niederungen der Welt.

Tucholsky hatte, als die Hommage an Lukian in Erstfassung in der *Weltbühne* erschien, den antiken Dichter gerade in der Übersetzung von Christoph Martin Wieland gelesen.[162] Lukiansche Tiefenpsychologie hat den Untertext der *Frommen Gesänge* gewissermaßen mitgeschrieben. »Ungezogen« nannte der *Mannheimer General-Anzeiger* das in einer Kritik. Tucholskys »Sucht, Hässliches aufzudecken«, stoße einen geradezu ab.[163] Des verflossenen Kaisers Feldzug gegen die Rinnsteinliteratur hatte offenbar bleibende mentale Nachwirkungen in der Republik. Die Chemnitzer *Allgemeine Zeitung* sandte das Rezensionsexemplar sogar an Felix Lehmann zurück, mit der Begründung, dieses Buch müsse »den Ekel und den Widerwillen jedes anständig fühlenden Lesers erwecken«, und Schmutz und Schund wolle man um keinen Preis fördern.[164]

Tucholskys Berufung auf Lukian ist für ihn so etwas wie *Wir Negativen* als poetisches Prinzip. Er will, wie vor ihm Heinrich Heine, »die Gefühle zerschneiden, der Wahrheit wegen«.[165] Jedenfalls will das Theobald Tiger. Ignaz Wrobel kommentiert es. Der Satiriker, meint er, ist grundsätzlich ungerecht. »Er kann nicht wägen – er muss schlagen. Und verallgemeinert und malt Fratzen an die Wand.«[166] Auf Theobald Tigers *Gesänge* trifft das allerdings nur im eingeschränkten Sinn zu. Es sind keine rein polemischen Lieder, sondern eher exzentrische und oft ambivalente Spiele mit den Abenteuern der Wahrheit in einer Welt voller Täuschungen und Lügen. Und das ist gut so, denn in dieser Ironie besteht ihr eigentlicher poetischer Reiz. Auch wenn Walter Benjamin später darin nichts als linke Melancholie, eine »Mimikry des zerfallenden Bürgertums« erblicken wollte.[167] Et après – siehe Chaplin –, na und?

Im Juli 1920 besucht Tucholsky die Erste Internationale Dada-Messe am Berliner Lützowufer. Peter Panter berichtet darüber im *Berliner Tageblatt*. »Wenn man abzieht, was an diesem Verein Bluff ist«, meint er, »so bleibt nicht furchtbar viel«. Es gefällt ihm nicht. Es ist Krampf. »Man ist von neun bis sieben ununterbrochen zersetzend lustig und satirisch aufgelegt.« Dabei versteht man schon, was die Leute wollen: »Die Welt ist bunt, sinnlos, prätentiös und intellektuell aufgeplustert.« Aber Dada? »Na ja.«[168] Die Ausstellung war im Nachhinein betrachtet ohnehin bereits eher eine Finissage auf Dada Berlin.[169] Hundertvierundsiebzig ›Erzeugnisse‹ werden zum Verkauf angeboten, darunter siebenundzwanzig Arbeiten von George Grosz. Die drei Veranstalter Grosz, Hausmann und Heartfield präsentieren sich wie auf Wahlkampffotos an einer Wand gegenüber von drei karikierten Stützen der Gesellschaft. An der Decke hängt die Plastik eines Offiziers mit der Maske eines Schweinskopfs.[170] Alles, so Panter / Tucholsky, »sieht eher aus wie ein ganz putziger Kramladen«, und »entrüsten tut sich eigentlich auch niemand mehr«.[171]

Nur einer, meint er, ist da, »der wirft den ganzen Laden um«: George Grosz. »Wenn Zeichnungen töten könnten«, so Panters Kommentar, »das preußische Militär wäre sicherlich tot«. Grosz ist unter anderem mit dem Bild *Deutschland, ein*

Wintermärchen vertreten. Es zeigt die Fratze eines Schiebers an voll gedecktem Tisch mit Bierglas, Schweinshaxen und *Berliner Lokal-Anzeiger,* unter ihm die Stützen der Gesellschaft – Klerus, General und Raffke, der typische Berliner Neureiche. Und auch die Halbwelt fehlt nicht. Das Bild sei hauptsächlich eine simultane Enzyklopädie Grosz'scher Themen, meinte der Kunstkenner Carl Einstein einmal mit kritischem Blick. Allerdings könne man dabei weniger von Komposition sprechen als von literarischer Kuppelung, also rein thematischer und weniger künstlerischer Zusammenstellung. Wie überhaupt Grosz in Einsteins Augen jemand ist, der Zeichnungen moralisch koloriert, seine Sujets aber nicht im eigentlichen Sinne aus Farben komponiert.[172]

Peter Panter gefällt das offenbar. Er hat die Botschaft verstanden. Hier ist die Dada-Spielerei wenigstens eine ernst zu nehmende Angelegenheit. Ignaz Wrobel gefällt das vermutlich erst recht, denn Grosz malt tatsächlich Fratzen an die Wand. Aber Theobald Tiger? Da kann man nicht immer so ganz sicher sein. Der »Tod der Nuance«[173] jedenfalls ist seine Sache nicht. Ohne sie nämlich keine Poesie.

Der Neue Mensch des Weltkriegs

Und die Nuancen im realen Leben? Ende November 1919 berichtet Tucholsky in der *Weltbühne* von einer Tagung des Untersuchungsausschusses der Nationalversammlung. Geladen waren ein paar Tage zuvor die Generäle Hindenburg und Ludendorff. Sie sollten als Zeugen über verpasste Friedensmöglichkeiten im Weltkrieg aussagen, doch stattdessen nahmen sie die Gelegenheit wahr, alle Schuld am verlorenen Krieg der Heimatfront und der Revolution zuzuschreiben. Es war das erste Mal, dass die seit langem kursierende Dolchstoßlegende öffentlich vorgetragen wurde. Im Saal befanden sich auch andere Verantwortliche aus Kriegszeiten, unter ihnen der ehemalige

Staatssekretär im Auswärtigen Amt, Arthur Zimmermann, und der frühere Reichskanzler Theobald von Bethmann-Hollweg. Tucholsky beobachtet sie alle genau. Bethmann, schwach, nachgiebig, unselbständig, aber »doch schließlich ein Mann unserer Welt. Aber diese Beiden da?« Ludendorff wie ein Wachtmeister in Zivil, »eiskalt«. Ein Mann wie der Einsiedler in den *Träumereien an preußischen Kaminen,* der fixe Ideen für das Vernünftigste in der Welt hält. Und Hindenburg: »rauh, ungefüge, unlogisch und von einem erstaunlich mäßigen Niveau«. Nichts von Erfahrung, nichts von Menschenkenntnis.

Und nun, wo sie Verantwortung zeigen könnten, kneifen sie, Fossilien einer Zeit des degenerierten Militarismus, der »nicht einmal fritzisch« war, sondern bestenfalls eine große Zeit der Feldwebel. »Sie waren die besten Vertreter des schlechtesten Systems«, schreibt Tucholsky, das sich nie die Frage »nach dem Grund« seiner Handlungen stellte. Militärische Fachidioten voller »Ressortpatriotismus und Instanzenzug«, geprägt durch »die vollkommene Unfähigkeit dieser Gehirne« zu jedem Ansatz von politischem Weitblick und politischem Denken überhaupt.[174] Von wegen: »Die Heimat – heißt es – erdolchte das Heer.« Besiegt wurde das Reich durch die Hybris seiner militärischen Führer[175] – auch wenn der nationalgesinnte Deutsche nicht davon abzubringen ist, an »Potemkinsche Ludendörfer« zu glauben.[176] Erich Ludendorff aber war es, der das Heer bis zum Äußersten trieb, innerhalb von vierundzwanzig Stunden plötzlich ultimativ den Waffenstillstand forderte, noch einmal zum letzten Gefecht blies und sich dann mit blauer Brille, künstlichem Bart und falschem Pass als Ernst Lindström nach Schweden absetzte. Dabei hätte der Krieg schon 1917 zu Ende sein können, »wenn dieser Mensch nicht gewesen wäre«, den ein politischer Freund dem Historiker Hans Delbrück gegenüber im gleichen Jahr einen wahnsinnig gewordenen Kadetten nannte.[177]

Nach dem Krieg war er wie unter der Tarnkappe Alberichs entschwunden und suchte sich nun als tragischer, ahnungsloser

Held in Pose zu setzen, der durch den hinterlistigen Speerwurf des grimmen Hagen seinen Untergang fand. Das Bild stammt aus Hindenburgs Kriegserinnerungen und fasst die Dolchstoßlegende treffend im Schwulst des Finales einer Wagneroper zusammen.[178] Eine wirkliche Kultur der Niederlage hat es in Deutschland erst lange nach dem Zweiten Weltkrieg gegeben. Weimar blieb Traumland und der beständige Versuch, die Ergebnisse des Krieges ungeschehen zu machen. »Was«, meinte Ernst Troeltsch damals besorgt, »soll aus einem Volk mit solcher Unfähigkeit, reale Situationen zu sehen und selbständig zu denken, werden!« Nichts sei offenbar schwieriger zu bewältigen als die Rückkehr eines Kulturvolks aus der Kriegsverwilderung zu sich selbst.[179]

Um diese Verwilderung geht es auch in Tucholskys Anfang 1919 einsetzender *Militaria*-Serie in der *Weltbühne*. »Wie kann ein Volk gedeutet werden«, fragt er sich dort, »das nach allem, was geschehen ist, nach allem, was es erfahren und erlitten hat, den verlorenen Krieg als einen kleinen Betriebsunfall ansieht«, und das »heute am liebsten das alte böse Spiel von damals wieder aufnehmen möchte«? Eben weil es aus der Kriegsverwilderung, mit der »die tiefsten und schlechtesten Instinkte eines Volkes« mobilisiert wurden, noch nicht zu sich selbst zurückgefunden hat. Was diesem »unglücklichen, verblendeten Land« fehlt, sei die gebotene »Sachlichkeit«, und die werde nur zu erreichen sein, wenn man ihm die Untertanen entziehe. Deutschland, meint er, brauche zwar ein Heer, aber nicht das alte, sondern eins, das zu einer »Schule des freien Mannes« wird. Auch dieses Heer benötige Offiziere; »gewiss – nur, wenn die Deutschen wollen, nie mehr solche«, wie Tucholsky in seinem sechsten *Militaria*-Artikel Ende Februar 1919 schreibt.[180] Was immer man von der Rätebewegung halten mag – er lehnt die »uneingeschränkte Räterepublik« ab[181] –, die Soldatenräte jedenfalls haben die »Vorrangstellung des Offiziers im deutschen Leben« beendet. Und dahinter kann man nicht zurückfallen, denn hier geht es »um die Wurst«.[182]

Es ging tatsächlich um die Wurst, als er Ende Februar 1919 diese Zeilen schrieb. Im Dezember 1918 hatte der Erste Allgemeine Kongress der Arbeiter- und Soldatenräte in Berlin sich mit einer deutlichen Mehrheit gegen das Rätesystem als Grundlage der republikanischen Verfassung ausgesprochen und mit 400 zu 50 Stimmen den 19. Januar 1919 als Termin für die Wahlen zur Nationalversammlung festgelegt. Er beschloss jedoch ebenso deutlich, dass die militärische Kommandogewalt in Zukunft bei den vom Volk gewählten politisch Verantwortlichen zu liegen habe. Der Kongress wollte, wie Tucholsky, eine republikanische Reichswehr. Doch bereits im Gesetz über die Bildung einer vorläufigen Reichswehr, das die Nationalversammlung zwei Wochen nach Tucholskys Artikel – während der Tage des weißen Schreckens und der »Vendetta«[183] in Berlin – beschließt, ist davon keine Rede mehr.

Eine vom Parlament kontrollierte republikanische Armee steht nun nie wieder zur Debatte. Der »Geist des alten preußischen Staates«, schreibt Harry Graf Kessler einen Tag nach der Verabschiedung dieses Gesetzes als Beobachter der Straßenkämpfe in Berlin, sei plötzlich wieder auferstanden, »zum ersten Male seit der Revolution«.[184] Wie auch hätte sich ein wilhelminisches Offizierscorps von republikanischen Parvenüs, deren mangelnde Satisfaktionsfähigkeit ganz außer Zweifel stand, jemals kontrollieren lassen dürfen? General Groener fand für diese Haltung schon früh das Unwort von den »Serumspritzern«. Er meinte damit tüchtige Offiziere, die das Militär vor den demokratischen Infektionen der Revolution bewahren sollten.[185]

Diesen Leuten die Verantwortung für die Ordnung im Reich zu übertragen, wie es Friedrich Ebert durch sein geheimes ›Bündnis‹ mit General Groener vom 10. November 1918 tat, war eine im Rückblick unverständliche und unverantwortliche Blauäugigkeit. Denn das deutsche Militär verkörperte – nach den Worten Ernst Troeltschs – kaum mehr als einen strengen Verband des Klassenkampfs, durch den Krieg daran gewöhnt, schneidig mit Gewalt jeden Knoten zu zerhauen und darauf zu hoffen, dass sich dann schon alles andere finden werde.[186] Und – ›Bündnis‹? Bündnisse werden grundsätzlich nur zwischen gleichberechtigten Mächten abgeschlossen. Das Militär konnte sich durch diese Abmachung der politischen Verantwortung für die Republik jederzeit entziehen. »Fritz Ebert durfte das nicht«, so Tucholskys klare Meinung über dieses ›Bündnis‹, »er hatte nicht das Recht, so zu handeln, denn er war ein Beauftragter, ein vom Volk Beauftragter«.[187] Hellmut von Gerlach nannte Tucholsky wegen solcher Aussagen gern einen ›Staatsanwalt‹ und hätte sich mehr Differenzierung in dessen apodiktischen Urteilen über Ebert gewünscht.[188] Doch es ging tatsächlich um die Wurst; darum, ob die Reichswehr in wilhelminischer Tradition ein Staat im Staat bleiben sollte oder nicht. Natürlich brauche der Staat, meinte Tucholsky, eine ausübende Gewalt, »wenn's unbedingt sein muss, auch mit Waffengewalt«. Aber »gut republikanisch, antiimperialistisch und demokratisch« müsse sie schon sein.[189]

Das betraf auch die Justiz und die Verwaltung. Eine Revolution, die das bisherige Beamtentum sorgfältig konserviert, so Troeltsch, sei ein Unikum auf der Welt.[190] Nicht anders sah es Tucholsky, der auch in dieser Unterlassung einen grundlegenden Fehler Friedrich Eberts erblickte. Der Beamtenkörper sei meist unproduktiv, fast immer reaktionär und auf evolutionärem Weg überhaupt nicht zu verändern. »Eine wirkliche Änderung? Dazu hat der liebe Gott die Revolution erfunden. Luftreinigungen, die von Zeit zu Zeit erfolgen müssen, wenn nicht alles ersticken will. Dann geht's wieder für eine Weile.«[191] Aber der November 1918? »Was habt ihr gespielt? Revolution? Kinder. Politische Kinder.«[192]

Die Niederlage hatte keinen Umschwung der Mentalität, keine Erneuerung der politischen Kultur bewirkt; und in der Regierung, so Tucholsky, sitze »zur Zeit kaum ein Mann, der weiß, was der Militarismus auf geistigem Gebiet bedeutet«.[193] Die Siegermächte blieben für das öffentliche Bewusstsein weiterhin Feindstaaten. Vor allem aber gab es – weit mehr als in wilhelminischer Zeit – innere Feinde. Liebknecht beispielsweise, kann Tucholsky beim Prozess gegen seine Mörder beobachten, wurde nie als politischer Gegner betrachtet. Man behandelt ihn – selbst als Opfer eines hinterhältigen Mordanschlags – noch vor Gericht wie einen Erzfeind.[194] Was das Militär, aber auch viele Beamte und Juristen auszeichnete, war ein die Niederlage und ihre Konsequenzen störrisch verdrängendes Denken im Ausnahmezustand. Die Dolchstoßlegende blieb für solche Frontbildungen das wirkungsvollste Propagandainstrument. Können wir eigentlich, fragt sich Tucholsky resigniert, »nicht zivil denken«?[195]

Offenbar konnten das nur wenige. Anfang Dezember 1919 nimmt Tucholsky als Beobachter am Prozess gegen Oberleutnant Otto Marloh teil. Auf seinen Befehl hin waren am 11. März neunundzwanzig Angehörige der Volksmarinedivision anlässlich eines Löhnungsappells in der Französischen Straße 32 vollkommen willkürlich misshandelt und erschossen worden, nachdem er sie durch Augenschein mit physiognomischem Kennerblick aus einer Menge von 300 Matrosen ausselektiert hatte. Sie wollten sich ihren letzten Lohn abholen und dann nach Hause gehen, aber in ›vaterländischer‹ Sicht blieben sie eben nach wie vor Feinde und Verräter. Wer intelligent aussah, galt als Rädelsführer, wer gut gekleidet war, als Plünderer. Marloh selbst trug Zivil, um unauffällig als Zahlmeister durchgehen zu können und keinen Verdacht zu erwecken.

Das Verfahren findet vor dem Kriegsgericht der Reichswehrbrigade III in Berlin statt.[196] »Immer dasselbe Bild«, so Tucholskys Kommentar, »und es kommt einem nun schon bekannt vor: auf der Anklagebank irgendein gleichgültiges Leutnantsgesicht, Offiziere in Breeches und Monokel und steil abfallenden Hinterköpfen«. Niemand im Gericht hat ein Interesse daran, die Hintergründe dieser mutwilligen Schlächterei wirklich aufzuklären. Man ist eben unter sich; Militärjustiz.

Marloh ist überraschenderweise wegen Totschlags angeklagt, nicht wegen Mordes, obwohl es auf der Hand lag, dass er die ahnungslosen Matrosen in einen Hof abführen ließ, wo man sie am Ende »abschoss wie die Hirschbullen«.[197] Was sich da abgespielt hatte, war eine für jeden moralisch sauber denkenden Menschen »unfassbare Rohheit«, so Tucholsky: Deutsche, nur weil sie »anderer politischer Meinung« waren, einfach »wie Tiere abzuschlachten«.[198] Doch Marloh selbst ist vor Gericht offenbar der Ansicht, lediglich eine Dienstanweisung in Zeiten des Ausnahmezustands befolgt zu haben.

Auf Harry Graf Kessler, der ebenfalls zu den Prozessbeobachtern gehörte, machte der Oberleutnant den Eindruck einer »mörderischen Gliederpuppe«, vollgestopft mit verantwortungslosem Exerzierreglement, eine Militärmaschine ohne Herz und Verstand. Der Neue Mensch des Weltkriegs eben; »ein Scheusal, das nicht einmal böse ist«.[199] Marloh wird am Ende vom Vorwurf des Totschlags freigesprochen. »Wohin soll es führen«, fragt sich Tucholsky nach diesem Skandalurteil, »wenn nun auch die Rechtsprechung anfängt, zu wanken: wenn politische Gesichtspunkte ganz offen Sondergerichte beeinflussen?«[200] Wann, fragt er sich später in einem seiner *Militaria*-Artikel, wird endlich »das Rechtsbewusstsein des Volkes« wiedererwachen?[201]

Einige Tage nach dem Ende des Marloh-Prozesses tritt Tucholsky zum ersten Mal in seinem Leben als öffentlicher Redner auf. Er spricht grundsätzlich frei, in klaren Hauptsätzen und voller Temperament. Er kann mitreißen. Der *Friedensbund der Kriegsteilnehmer*, dem Tucholsky seit Anfang Oktober 1919 angehört, hatte zu einer Kundgebung im Berliner Lehrervereinshaus geladen. Tosender Beifall als auch wütende Proteste werden im Saal laut, als Tucholsky dem alten Geist des Offizierscorps den Kampf ansagt.

Er wird seitdem zu einem gefragten Redner, nicht nur bei Veranstaltungen des Friedensbundes, dem neben ihm die Redakteure Karl Vetter und Carl von Ossietzky, der Mathe-

Kapitän Hermann Ehrhardt, hier in seinem offenen Wagen während des Kapp-Putschs 1920, leitete die klandestine rechtsterroristische »Organisation Consul«, die für viele politische Morde verantwortlich war. Tucholsky sah in Leuten wie ihm Prototypen des vollkommen amoralischen Neuen Menschen des Weltkriegs, den auch Franz Kafka in seiner Erzählung In der Strafkolonie *porträtiert hatte.*

matiker Emil Julius Gumbel, Hauptmann a.D. Willy Meyer, der Buchhändler und Pazifist Otto Lehmann-Rußbüldt und andere angehören und an dessen *Nie-wieder-Krieg*-Kundgebungen teilweise über 500000 Menschen teilnehmen. Die erste fand mit Tucholsky als Redner am 1. August 1920, dem Jahrestag des Kriegsbeginns, im Berliner Lustgarten statt. 1922 verfasst Tucholsky das lange Gedicht *Drei Minuten Gehör,* das mit den Versen endet: »Das sei unser Kampf. Das sei unser Sieg / Ich rufe für Euch: Nie wieder Krieg«.[202] Es wird reichsweit auf allen *Nie-wieder-Krieg*-Kundgebungen am 1. August von jeweils fünfzehn Schauspielern als Prolog vorgetragen.[203]

In deutschen Zeitungen ist in den Tagen am Ende des Jahres 1919 allenthalben von einer »Welle von rechts« die Rede. Die alten Beamten, schreibt Ernst Troeltsch in seinen *Spektator-Briefen,* benehmen sich ohnehin wie ein regelrechter Herd der Reaktion. Aus Ostpreußen hört man, dass sich dort faktisch ein Belagerungszustand gegen die Regierung und ihre Verfügungen breitgemacht hat, und in den kleinen Städten beobachtet er einen vollkommenen konservativen Terror, der jede Art von Sozialismus als Bolschewismus denunziert und glaubt, sich dagegen mit Waffengewalt schützen zu müssen.[204] »Jeder gelernte Bolschewist würde erröten«, meint Tucholsky, wenn er hörte, mit welcher Unbedenklichkeit die Stammtische in der Provinz »am liebsten Scheidemann und Crispien und Däumig und Ebert ›an die Wand stellen‹ lassen möchten«.[205]

Und die republikanische Regierung? »So gut wie machtlos«, schreibt er Ende Februar 1920, »ihr eigener Apparat höhnt sie aus«. Überall formieren sich Bürgerbünde und Einwohnerwehren; in Hannover und anderswo treibt der antisemitische Mob sein Unwesen, »Rassenverhetzung schlimmster Art, und keiner will sehen, wie wir offenen Auges ins Verderben laufen«.[206] Die Ereignisse der folgenden Wochen sollten ihm Recht geben.

Anfang Februar hatte jedoch zunächst unter Max Reinhardts Regie Johann Nepomuk Nestroys Hebbel-Parodie

Judith und Holofernes Premiere; zuspitzende Textbearbeitung mit Couplets von Theobald Tiger. Am 1. März 1920 tritt Tucholsky in die linkssozialistische USPD ein und schreibt in Zukunft regelmäßig für deren Organ *Die Freiheit*. Hauptsächlich ist er in diesen Tagen aber mit Couplets für Reinhardts *Schall und Rauch* beschäftigt, dessen künstlerischem Beirat er seit Januar gemeinsam mit Friedrich Hollaender und Klabund angehört. Doch eine innere Unruhe treibt ihn um. »Das bürgerliche Zeitalter ist dahin. Was jetzt kommt, weiß niemand«, schreibt er am 11. März in der *Weltbühne*: »Es dämmert, und wir wissen nicht, was das ist: eine Abenddämmerung oder eine Morgendämmerung.«[207] Zwei Tage später zieht das Freikorps Ehrhardt in voller Bewaffnung und mit Hakenkreuzen auf den Helmen in Berlin ein. Es ist der Beginn des sogenannten Kapp-Putschs.

Die Interalliierte Militär-Kontroll-Kommission hatte gefordert, den Bestimmungen des Versailler Vertrags gemäß die Freiwilligenverbände auf den Truppenübungsplätzen vor Berlin unverzüglich aufzulösen. Davon war die Marinebrigade des Korvettenkapitäns Hermann Ehrhardt besonders betroffen. Im Morgengrauen des 13. März marschiert sie im Paradeschritt durch das Brandenburger Tor. Der deutschnationale Königsberger Generallandschaftsdirektor Wolfgang Kapp nimmt Besitz von der Reichskanzlei und hält, gemeinsam mit General Lüttwitz und Ehrhardt und dem wie zufällig hinzugekommenen Erich Ludendorff, am Pariser Platz eine Parade ab.

Nur ein paar Tage dauert der Spuk des ›Reichskanzlers‹ Kapp, der am 17. März nach einem flächendeckenden Generalstreik seine Niederlage einsehen muss und an Bord eines Flugzeugs nach Schweden entschwindet. Am 18. März zieht sich die Brigade Ehrhardt unter den Klängen von Marschmusik durch das Brandenburger Tor zurück und eröffnet, mit Schmährufen aus der auf den Straßenseiten versammelten Menschenmenge konfrontiert, umstandslos und ohne Warnung das Feuer. Zwölf

Tote und dreißig Verletzte lässt sie zurück, ohne jemals dafür belangt zu werden.

Was hier durchbrach, so Ernst Troeltsch, war im Grunde überhaupt kein wirklich deutsch-nationaler Gedanke, sondern der »Klassengedanke« des Militärs und der mit ihm eng zusammenhängenden früher herrschenden Klassen.[208] »Um den im Kern unpolitischen Militärputsch richtig zu verstehen, muss man die Psyche des deutschen Militärs kennen«, meint Tucholsky: »Sie kämpften alle: den bitterharten Kampf um die Dienststelle«.[209] Leute, die sich so sehr an ihr Ethos als Krieger gewöhnt hatten, dass sie am Ende für jede geregelte zivile Tätigkeit unbrauchbar geworden waren und ihnen nur der ewige Kriegszustand übrigblieb. Es ging ausschließlich um sie selbst und ihre uneingestanden gescheiterte Existenz. Entwurzelte des Weltkriegs, wurden sie zu Rächern aus verlorener Bodenhaftung. Ihr Anliegen war vollkommen unpolitisch, doch die Auswirkung ihrer Mentalität auf die Politik konnte fatal sein. Denn sie glaubten an die Gewalt – und an die »Kasteneinteilung der Menschheit«.[210] Und sie waren – siehe die Erinnerungen des Freikorpskämpfers Ernst von Salomon – grundsätzlich amoralisch.

Wie auf eine andere Weise die Figuren in Franz Kafkas neuester Novelle. In der Person des leitenden Offiziers seiner gerade erschienenen Erzählung *In der Strafkolonie* erkennt Tucholsky das Modell eines denkbaren Menschtyps der Zukunft wieder. Dieser Offizier, der eine Foltermaschine verwaltet, ist »nicht roh oder grausam, er ist etwas viel Schlimmeres. Er ist amoralisch«. Er ist ein Monoman der instrumentellen Vernunft, aber keineswegs ein Sadist; vielmehr jemand, der »nur eine grenzenlose und sklavische Verneigung vor der Maschine dessen kennt, was er Gerechtigkeit nennt, in Wahrheit: vor der Macht«.[211] Er ist gewissermaßen die letzte Erfindung der Moderne, in der man auch Ibsen – wie Tucholsky vor dem Krieg schrieb – totgeschlagen hätte, wäre er wiedergekommen und hätte von den Zeitgenossen nichts als stilles Zuhören verlangt.[212]

Man kann diesem Typus im Nachkriegsberlin überall begegnen. Anfang 1921, im Weinhaus Huth am Potsdamer Platz, beobachtet er Gesichter wie aus dem alten *Simplicissimus*. Beamte beim Rotspon, die sich gegenseitig mit »Exzellenzen« anreden. »Also das regiert uns!«, geht es ihm durch den Kopf, wobei die preußische Borniertheit der Älteren ihm noch durch eine gewisse alkoholische Bonhomie gemäßigt erscheint, »sozusagen mit Rotwein angemacht«. Die wirklich Gefährlichen sind die Vertreter der jüngeren Generation: Nichts als kantige Menschenverachtung in den Gesichtern und hochnäsige Schnöselei.[213] »Erbarmungslos sehen diese kalten Fischaugen in eine nie als rätselhaft empfundene Welt.«[214] Diese Typen leben ausschließlich »in ihrer Welt des Apparats«, der für sie zum Selbstzweck geworden ist. »Willst Du diesen Köpfen von Ethik reden?«, denkt er sich: »Erzähls Deinem Wasserzug. Er ist gelehriger.«[215] Tucholsky empfindet angesichts solcher mörderischen Leere nichts als unermesslichen moralischen Ekel.

In den Tagen des Kapp-Putschs begegnet er zum ersten Mal Eduard Bernstein, während des Kriegs ein Unterstützer der Antikriegshaltung Karl Liebknechts und Mitbegründer der USPD. Ende 1918 hatte Bernstein seine Wiederaufnahme in die SPD beantragt. Tucholskys erste Worte nach der Begrüßung gelten einer Suada auf Gustav Noske, doch Bernstein sieht die Fronten offenbar anders und reagiert mit rot angelaufenem Kopf mehr als unwirsch, geradezu abweisend.[216] Bernstein war nach dem Krieg zu der Auffassung gelangt, eine rein negative Frontstellung gegen die Mehrheitssozialdemokratie – die sich ohne Zweifel schwere Fehler anzurechnen hatte – werde Deutschland in den Ruin treiben.[217] Und nun stand, nach dem Kapp-Putsch, die Möglichkeit einer Arbeiterregierung unter dem energischen Gewerkschaftsführer Carl Legien im Raum. Friedrich Ebert hatte diese Option ins Spiel gebracht, doch sie scheiterte unter anderem daran, dass der linke Flügel der USPD jede gemeinsame Regierungsbildung mit den ›Arbeiterverrätern‹ der ›Noskepartei‹ ablehnte.[218] Dass Bernsteins Gesicht zu Stein erstarrte, als Tucholsky ausgerechnet in dieser Situation die Noske-Keule aus der Tasche zog, ist mehr als nachvollziehbar.

Siegfried Jacobsohn schlägt Tucholsky im Sommer 1920 ein Gespräch über die politische Lage und ein Porträt dieses »entzückenden Kerls« vor, das jedoch trotz mehrmaliger Nachfrage nicht zustande kommt. Jacobsohn meldet Tucholsky bei Bernstein an; der alte Herr erklärt sich einverstanden. Bernstein war immer für klare Worte in der Kriegsschuldfrage und hielt die Versailler Verträge für weitgehend unvermeidlich. Tucholsky auch. Er sagt zu. Aber er geht nicht hin.[219] Weil er befürchten musste, mit ihm wieder in Streit zu geraten wie nach dem Kapp-Putsch? Vermutlich. Weil er annahm, Bernstein – den er sehr schätzte – werde ihm die Leviten lesen und ihm zu verstehen geben, dass moralischer Purismus und Gesinnungsethik gar nichts bewirkten, wenn sie nicht gleichzeitig den realen politischen Machtverhältnissen Rechnung trugen? Vermutlich auch das.

Als Moralist bleibt Tucholsky dennoch immer ein unerbittlicher Republikaner. In Frontstellung gegen all jene, die sich im Kampf gegen die Republik befinden, gründet sich im März 1921 der *Republikanische Reichsbund*, in gewisser Weise ein Vorläufer des *Reichsbanners Schwarz-Rot-Gold*, als eine geschlossene Front aller Republikaner. Tucholsky ist dabei und außer ihm so unterschiedliche Figuren wie Max Liebermann, Theodor Heuss, Paul Löbe, Carl von Ossietzky und der preußische SPD-Innenminister Carl Severing.

Nebenher arbeitet er für den »dicken Napoleon des Kabaretts«,[220] Rudolf Nelson. 1919 hatte der am Kurfürstendamm / Ecke Fasanenstraße die *Nelson-Künstlerspiele* gegründet, die er ein Jahr später in *Nelson-Theater* umbenannte. Nelson, ein kahlköpfiger Mann mit rundem Gesicht und beleibter Figur, saß für gewöhnlich mit seinen fleischigen Fingern selbst am Piano und dirigierte aus dieser Position seine prachtvollen, aber unpolitischen kleinen Revuen. Anfang Oktober 1920 schreibt

Im Sommer 1921 besuchte Kurt Tucholsky Rudolf Nelson in Heringsdorf auf Usedom. Nelson, der kahlköpfige Mann an Tucholskys Seite, unterhielt am Kurfürstendamm ein Etablissement. Tucholsky schrieb für seine Revuen eingängige Songs, die oft politischer waren, als es Nelsons eher konservativer Weltanschauung entsprach. Nelson komponierte und saß bei seinen Revuen oft selbst am Piano.

Theobald Tiger für die Nelson-Revue *Total Manoli* den dann doch nicht ganz unpolitischen Titelsong. Auftritt am Kurfürstendamm: »Weil diese Zeit / fiebert und schreit, / wackeln die Wände. / Ein Taler ist kein Taler mehr, / ein Konkubist kein Maler mehr.« Dem konfusen Welttheater von heute, so die Botschaft, fehlt im Grunde die gestaltende Hand einer Reinhardt-Regie. Alles in diesen Zeiten ist aus den Fugen geraten, alles »Total Manoli!«[221] Tucholsky sitzt bei den Aufführungen oft in einer kleinen Loge links neben der Bühne und beobachtet aufmerksam und neugierig die Reaktionen des Publikums.[222]

Im Sommer 1921 besucht er Nelson in Heringsdorf auf Usedom – während im benachbarten Zinnowitz »ein herzerfrischender antisemitischer Wind brausend über den judenreinen Strand des anmutigen Badeörtchens« pfeift[223] –, um mit ihm das Konzept einer neuen Revue zu besprechen. Im Oktober ist Premiere von *Bitte zahlen,* wieder mit Chansons von Theobald Tiger. Für Nelsons nächste Revue, *Wir steh'n verkehrt*, Premiere Oktober 1922, schreibt er sämtliche Texte, darunter *Mir ist heut so nach Tamerlan*. Käthe Erlholz feiert Triumphe mit diesem Foxtrott, wenn sie, voller Sehnsucht nach echter männlicher Brutalität, wie sie der Mongolenfürst noch verkörperte, ins Publikum haucht: »Hier ist doch gar kein Tamerlan, kein Tamerlan zu sehn, / ein kleines bisschen Tamerlan, ja Tamerlan wär schön.«[224] Und während die weibliche Seele – ähnlich wie einst die Pimbusch – vom wilden erotischen Chaos träumt, verhaspelt sich die Republik in Ersatzhandlungen.

Demokratie oder Gewaltherrschaft?

»Hilfe? Von dieser Regierung nicht«, schreibt Ignaz Wrobel nach dem Kapp-Putsch Ende April 1920 in der *Weltbühne:* »Sie beschwert sich über die Aktionen der Gewerkschaften – der betrunkene Kapitän lehnt in der Ecke, ein beherzter Matrose ergreift das Steuer, und sein Vorgesetzter lallt: ›Das ist eine

Nebenregierung!‹ Der neue Reichswehrminister will die Reichswehr unpolitisch haben. Das ist falsch. Sie muss durch und durch politisch sein, und die Frage lautet nicht: Republik oder Monarchie – sondern sie lautet: Demokratie oder Gewaltherrschaft.« Andernfalls, meint er, wird unvermeidlich der zweite Putsch kommen.[225] Deshalb wird nun ganze Arbeit geleistet werden müssen. Die Schuldigen muss man ihrer Ämter entheben, die Militärgerichtsbarkeit und die Einwohnerwehren auflösen, die Schulen und Universitäten zu demokratischer Gesinnung verpflichten. Und vor allem sollte unmissverständlich klargestellt werden, »dass der Offizier, genau wie jeder andere Staatsbürger, den Gesetzen unterworfen ist, und dass Hochverräter nicht immer Ballonmützen und rote Schlipse tragen«.[226]

Reichswehrchef Hans von Seeckt aber, der sich während des Putschs neutral, also illoyal der legitimen Regierung gegenüber verhalten hatte, schaltet im Gegenteil alle republikfreundlichen Offiziere aus und organisiert die Reichswehr zunehmend nach dem Muster einer im ›vaterländischen‹ Sinne totalitären Partei,[227] die »den Staat über die Gesetze«[228] stellt. Anfang August 1920 erklärt ein Amnestiegesetz die Teilnehmer des militärischen Hochverrats für straffrei, mit Ausnahme von zehn Rädelsführern. Doch nur drei Männer werden angeklagt, einer schließlich verurteilt. Ludendorff ist nach München entschwunden, lebt dort völlig unbehelligt in einer noblen Villa und wird schnell zu einer Leitfigur rechter Exilanten aus Preußen. »Gestern standen sie noch bei Kapp«, dichtet Tucholsky: »Mit wehenden Fahnen – aber nicht zu knapp! / Bolschewisten? Nein. Aber Hochverräter / Sah ich, und ihre geistigen Väter – / Laufen noch alle frei herum: / Ludendorff, Ehrhardt und Baltikum …«[229]

Den steckbrieflich gesuchten Kapitän Ehrhardt, dessen Brigade beim Verlassen Berlins wahllos in die Menschenmenge schoss, hat der Münchner Polizeipräsident Pöhner – »Preußenhass der dümmsten und politische Engstirnigkeit der schlimmsten Sorte«[230] – regelrecht als Gesinnungsgenossen nach Bayern eingeladen. Dort gründet Ehrhardt in der Franz-Joseph-Straße die rechtsradikale Geheimorganisation *Consul*, die in den kommenden Jahren durch politische Attentate und Fememorde von sich reden machen sollte. Bald wird sie rund 5000 Mitglieder zählen, und von den 350 Morden, die bis 1922 vom rechten Untergrund verübt werden, gehen die meisten auf ihr Konto.[231] Das erste prominente Opfer der kurz OC genannten *Organisation Consul* wird Ende August 1921 der Zentrumspolitiker Matthias Erzberger sein.

Im Januar des Vorjahrs war Erzberger – für ›vaterländische‹ Terroristen der Inbegriff eines Erfüllungspolitikers – bereits einem Attentatsversuch, wenn auch schwer verletzt, entkommen. Philipp Scheidemann, der schon nach dem Mord an Rosa Luxemburg und Karl Liebknecht privatim mit dem Gedanken spielte, sich aus der Regierung zurückzuziehen, hatte nach diesem Anschlag in der Nationalversammlung ausgerufen: »Der Feind steht rechts!« und damit die Forderung nach einer Säuberung der Reichswehr von antirepublikanischen Elementen verbunden.[232] Jetzt wollte Erzberger im Schwarzwald noch einen Urlaub verbringen, bevor er nach gelungener Genesung wieder in die Politik zurückgekehrt wäre, als während eines Waldspaziergangs plötzlich zwei Männer aus einem Hinterhalt das Feuer auf ihn und seinen Parteifreund Karl Diez eröffnen. Die beiden Attentäter können, obwohl bald von der badischen Polizei namentlich identifiziert, unerkannt in das schützende Szeged der ungarischen Gegenrevolution des frühen Nationalsozialisten Gyula Gömbös entkommen. »Es kondoliert, wer grad noch hetzte«, dichtet Tucholsky lakonisch nach Erzbergers Beisetzung: »Du warst der Erste nicht – bist nicht der Letzte«.[233]

Kurz nach dem Mord an Erzberger rezensiert Ignaz Wrobel Emil Julius Gumbels gerade erschienenes Buch *Zwei Jahre Mord* in der *Weltbühne*. Dreihundertvierzehn Morde von rechter Seite bis 1921, so die Bilanz, und vierzehn analoge Mordtaten der Kommunisten. Der couragierte sozialdemokratische

Reichsjustizminister Gustav Radbruch lässt Gumbels Angaben im Detail überprüfen und kommt zu dem Ergebnis, dass sie vollständig zutreffen. Gumbel aber wird mit seinem singulären Akt von Zivilcourage zur Zielscheibe einer hasserfüllten Kampagne, und es war fast ein Wunder, dass er sie überlebte. Und wie da, so Wrobel/Tucholsky, bei politischen Morden von deutschen Richtern geurteilt wurde, »das hat mit Justiz überhaupt nichts zu tun. Das ist gar keine.« Fünfhundertneunzehn Jahre und neun Monate Freiheitsstrafe für Kommunisten wegen Hochverrats; und die Kapp-Leute sind frei ausgegangen. Da kann man nur noch über die »Verkommenheit des deutschen Rechtsempfindens« den Kopf schütteln.[234]

Pfingsten 1922 trifft es Philipp Scheidemann. Im Kasseler Habichtswald versuchen ihn zwei Attentäter der OC mit einer Blausäurespritze zu vergiften. Er überlebt nur knapp. »Im Gebirge tobt Bayern – an der See feiert Ostpreußen – in der Mitte herrscht die Republik: Unter den Linden. Sie verkennt ihre Zeit«, schreibt Tucholsky kurz nach diesem Mordversuch: »Warum ruft sie uns nicht?«[235]

Am 24. Juni 1922 fällt Außenminister Walther Rathenau auf der Königsallee im Berliner Grunewald einem brutalen politischen Anschlag zum Opfer, bei dem wieder die OC ihre Fäden zog und das durch eine bis dahin nicht gekannte personenbezogene antisemitische Kampagne vorbereitet worden war. Rathenau galt in deutschnationalen und völkischen Kreisen als die jüdische Personifikation der Dolchstoßlegende schlechthin. Er hatte die Haudegen und Stammtischpolitiker im Land auch durch seine feinnervige Schöngeistigkeit aufgebracht. Im Februar 1922, in seiner ersten Rede vor dem Reichstag als Außenminister, begründete er die Annahme der alliierten Reparationsbedingungen mit dem Hinweis auf den letzten Satz von Beethovens Streichquartett op. 135, dem der Komponist den Titel gegeben hatte: *Der schwer gefasste Entschluss*. Das Quartett, so Rathenau, beginne mit langsamen Tönen (»muss es sein?«) und ende mit einem entscheidenden und kraftvollen

»es muss sein«. Anders ließen sich Deutschlands Probleme nun einmal nicht lösen.[236] Nationale Kernigkeit und Strammheit konnten solche Gedankenzüge nur als arrogante jüdische Blasiertheit auffassen.

Der mit ihm befreundete Albert Einstein warnte ihn, als er die exponierte Position des Außenministers übernahm, und auch an Hinweisen auf geplante Anschläge hat es nicht gefehlt. Rathenau legte sich eine Browning-Pistole zu, die er ständig bei sich trug, verbat sich aber jeden Polizeischutz. Jetzt hatte man ihn auf offener Straße in seinem Cabriolet mit Maschinenpistolen und einer Handgranate regelrecht hingerichtet.

»Eine kleine, sadistisch-masochistische, in ihren funktionellen Lebensbeziehungen schwer psychopathische Minderheit«, schreibt Tucholsky nach dem Mord, »terrorisiert das Land, das in weicher Wabbeligkeit diese Qualen fast wollüstig erduldet«.[237] Immerhin konnte diese bewaffnete Minderheit, einschließlich Freicorps und Einwohnerwehren, nach den Schätzungen Hans-Ulrich Wehlers, zeitweilig über anderthalb Millionen potentieller gegenrevolutionärer Partisanen verfügen.[238] Und die OC stellte dabei nur die entschlossene Spitze eines Eisbergs dar. »Die Republik wird entweder anders sein als heute, oder sie wird nicht sein«, mahnt Tucholsky angesichts solcher Verhältnisse: »Die Minimaltemperatur, bei der sie gerade noch leben kann, ist erreicht.«[239]

Tatsächlich hätte der Mord an Walther Rathenau für den demokratischen Überlebenswillen der Republik eine Zäsur sein können. Der Zentrumsmann und Reichskanzler Joseph Wirth wiederholte in seiner Trauerrede vor dem Reichstag Philipp Scheidemanns entschiedenen Satz »Der Feind steht rechts«, und in allen größeren Städten brachten Zehntausende ihre Empörung über den Mord zum Ausdruck. Allein in Berlin gingen weit über 400 000 Menschen gegen das Attentat und für die Republik auf die Straße, an vielen Orten weit mehr als am Tag der Revolution des 9. November 1918.[240]

Für kurze Zeit unterliegt Tucholsky der Illusion, diese

Massenstimmung könne doch noch die Veränderungen herbeiführen, die im November 1918 versäumt worden waren. Seine Hoffnung ist eine Einigung der sozialistischen Parteien und der Eintritt der USPD – der er angehört – in die Regierung.[241] Tatsächlich hatten Redner der SPD und der Unabhängigen im Reichstag einen Tag nach dem Mord an Rathenau fast gleichlautende Forderungen nach einem schärferen Vorgehen gegen die bewaffneten Untergrundorganisationen vorgetragen. Mitte Juli beschließen beide Parteien, im Reichstag eine Arbeitsgemeinschaft zu bilden.

Neun Tage nach dem Attentat auf Rathenau schreibt Maximilian Harden einem amerikanischen Freund, er vermute, die Mörderbande werde sich als Nächstes auf ihn stürzen. Er hat kaum den Brief zur Post gebracht und sich am Kiosk die neueste Ausgabe der *Temps* besorgt, als er auf dem Weg nach Hause von einem OC-Mann gestellt wird und nach acht Schlägen mit einer kantigen Eisenstange auf den Kopf schwerverletzt am Boden liegen bleibt. Tucholsky, der an diesem Tag gemeinsam mit Harry Graf Kessler, Max Hodann und Ernst Lemmer auf einer Rathenau-Versammlung des *Deutschen Friedenskartells* gesprochen hatte, ist entsetzt. »Ich kann nicht mehr – Sie werden das begreifen«, dichtet Theobald Tiger resigniert und empört zugleich in der *Weltbühne,* »bei jedem Attentat ein Trauerliedchen pfeifen – / es sind zu viel«. Und was macht die Republik? »Freundlich lauscht sie diesen blutigen Szenen verdösten Angesichts.«[242] Tucholsky beschließt, sich stärker in die aktive Politik einzumischen.

»Wenn uns die Republik nicht hilft«, schreibt er in diesen Tagen, »dann müssen wir uns selber helfen«.[243] Gemeinsam mit Karl Vetter entwirft er ein Programm aus 99 Punkten mit dem Titel *Verlebendigung der bis dahin trockenen Republik von Weimar;* in Übereinstimmung mit der damaligen Position der USPD übrigens, deren Politik sich nach dem Attentat im Unterschied zu den Kommunisten ganz auf die Erhaltung der Republik konzentrierte.

Massenpsychologie will eben erlernt sein, meint Tucholsky, der immer wusste, dass auch in einer säkularen Welt religiöse Bedürfnisse eine Tatsache bleiben, der man Rechnung tragen muss. Es war ein vielleicht etwas hilfloser Versuch, an die Tradition von Jacques-Louis Davids inszenierten Pariser Revolutionsfesten aus der Zeit nach 1790 anzuknüpfen. Jedenfalls tragen er, Vetter und der sozialdemokratische Theatermann Leopold Jessner ihr Programm einer Verfassungsfeier, die »wirklich mit der ganzen Bevölkerung« vor sich gehen sollte,[244] dem Reichsinnenminister Adolf Köster in aller Ausführlichkeit vor.

Der Geburtstag der Reichsverfassung am 11. August 1922 im Berliner Lustgarten wird tatsächlich ein großer Erfolg. Mehr als 500 000 Besucher sind gekommen. 25 000 Fackeln leuchten vor dem Stadtschloss, Schauspieler wie Wilhelm Dieterle, Heinrich George, Leo Menter und Martin Wolfgang rezitieren, Reden werden gehalten. Friedrich Ebert und Reichskanzler Joseph Wirth sind anwesend und werden mit minutenlangen Hochrufen empfangen. Am Ende der Veranstaltung singt die Menge, von einer Musikkapelle unterstützt, die dritte Strophe des Deutschlandliedes, deren Text zuvor auf Flugblättern verteilt wurde.

Die Feier hat einen denkbar guten Verlauf genommen, urteilt Tucholsky im Rückblick, doch die Regierung solle sich nicht einbilden, sie selbst hätte so viele Menschen auf die Beine und in den Lustgarten gebracht. Wäre da nicht der unermüdliche Karl Vetter gewesen, hätte die Veranstaltung vermutlich im stillen Kreis der betreffenden Beamten stattfinden müssen. »Was tatsächlich geschehen ist«, haben nach seinem Urteil – bei allem guten Willen in vielen Regierungsstellen – »die jungen Republikaner vor sich gebracht«.[245] Nie wieder hat er sich so umstands- und kritiklos einer republikanischen Regierung zur Verfügung gestellt. Doch »was nützen alle schönen Reden der republikanischen Minister«, meint er resigniert drei Jahre später im Rückblick auf dieses Ereignis, »wenn nicht im kleinen

Kreise die Achtung und die Autorität vor der Republik stabilisiert sind?«[246]

Bereits einen Tag nach dem Mord an Rathenau erlässt die Reichsregierung zwei Verordnungen zum Schutz der Republik. Im Juli werden sie durch das Gesetz zum Schutz der Republik abgelöst. Dieses Gesetz, so Tucholsky, sei im Grunde eine Selbstverständlichkeit. »Hätten wir wirklich eine Republik«, meint er allerdings einschränkend, »dann, aber nur dann langten die bestehenden Gesetze vollauf, um widerspenstige Beamte, um randalierende Staatsbürger im Zaum zu halten«.[247] In Wirklichkeit eröffnete das Republikschutzgesetz angesichts einer nach wie vor fast durchweg antirepublikanischen Justiz eine Büchse der Pandora, und die ursprünglich damit verbundene Absicht verkehrte sich schnell in ihr Gegenteil. Es bot zwar eine Handhabe zum Verbot extremistischer Organisationen, wurde von der Justiz aber vor allem einseitig gegen die äußerste Linke eingesetzt. »Eine der gefährlichsten Waffen gegen die deutsche Republik ist das sog. Republikschutzgesetz gewesen«, schreibt Tucholsky später, »und ich habe das damals nicht gleich verstanden«.[248]

Schon während er mit dem Reichsinnenminister über die Möglichkeiten einer Verlebendigung der Republik berät, stellt der Reichwehrminister aus Republikschutzgründen Strafantrag gegen ihn wegen Beleidigung des Offizierscorps in dem nach der Ermordung Erzbergers für die *Weltbühne* verfassten Artikel *Die Erdolchten*. »Warum«, fragt er sich angesichts dieses Strafantrags (es ist nicht der erste), »quälen wir uns eigentlich mit dieser Republik herum?«[249]

Dem kurzen Sommer der Euphorie folgt eine nun einsetzende Phase zunehmender Resignation. »Das Politische tritt immer mehr in den Hintergrund«, schreibt Tucholsky bereits Anfang September 1922 in gedrückter Stimmung an Siegfried Jacobsohn, »es fängt an, langweilig und gleichgültig zu werden«.[250] Ende dieses Monats kommt es in Nürnberg als Folge der Rathenau-Krise zur Vereinigung von SPD und USPD.

Tucholsky ist nun Mitglied der Vereinigten Sozialdemokratischen Partei, und im *Vorwärts* erscheint eine kurze Reminiszenz an das Kriegende in Rumänien.251 Der Wille zur Gemeinsamkeit der Republikaner nach dem Rathenau-Mord sollte sich jedoch nur für kurze Zeit als tragfähig erweisen. Im November tritt der demokratisch gesinnte Zentrumspolitiker Joseph Wirth zurück und wird durch den konservativen, außenpolitisch völlig unerfahrenen Katholiken Wilhelm Cuno ersetzt. Wirths Bemühungen um eine Große Koalition waren am Widerstand der durch die Vereinigung mit der USPD nach links gerückten Sozialdemokraten gescheitert. Auch Tucholsky lehnt sie strikt ab.252 In der realen Politik mit ihren mitunter komplizierten Kompromissnotwendigkeiten fühlt er sich zunehmend wieder unwohl.

Seine Aufmerksamkeit gilt in diesem November hauptsächlich Nelsons neuester Revue *Wir steh'n verkehrt* mit Käthe Erlholz' Tamerlan-Song und der Frage, ob Mary, mit der er die Beziehung wieder intensiviert hat, sich die Sache im *Theater am Kurfürstendamm* ansieht. »Ich habe Erfolg«, meint er zurückhaltend, »aber keine Wirkung«.253

Mitte Dezember 1922 stehen der Harden-Attentäter, sein Komplize und ihr Auftraggeber in Moabit vor Gericht. »Es waren die grauenvollsten drei Tage«, schreibt Tucholsky, »die ich in Moabit erlebt habe«. Mündliche und schriftliche, also zweifelsfreie Eingeständnisse der Angeklagten belegen, dass sie die Absicht hatten, Harden zu töten. Trotzdem liegt laut Urteil dieses Geschworenengerichts am Ende kein Mordversuch vor, sondern nur schwere Körperverletzung.254 Der Vorsitzende Richter stellt kaum die wichtigsten Fragen, ein anklagender Staatsanwalt ist so gut wie nicht vorhanden.

Harden jedoch erweist sich bei seinem Auftritt am dritten Verhandlungstag, so Tucholsky, als Deutschlands letzter Europäer von Ruf. Er habe immer den Kaiser bekämpft, sagt der Angegriffene vor Gericht, aber der habe »doch niemals versucht, mich ermorden zu lassen«.255 Was nicht verhindert, dass während der Verhandlung die Frage aufgeworfen wird, ob nicht Herr Harden in Wirklichkeit ein Schädling des deutschen Volkes sei, worauf schon der Historiker Friedrich Thimme[256] hingewiesen habe. Ist, fragt Harden das Gericht in seiner abschließenden Rede, Deutschland eigentlich ein »wildes Land«?[257] »Solch eine Verhandlung hat die Welt noch nicht gesehen«, resümiert Tucholsky die drei gespenstischen Moabiter Tage: »Balkan und Südamerika werden sich einen Vergleich mit Deutschland verbitten, wo selbst eine 180 Mann starke Fraktion der Sozialdemokraten nichts ausrichten kann.«[258]

Seit dem Sommer 1921 herrschte in Deutschland Inflation. Nach dem Mord an Rathenau fiel der Wert der Mark jedoch plötzlich ins Bodenlose. Die augenblickliche volkswirtschaftliche Lage?, fragt Tucholsky im Dezember 1922: Wir leben von der Substanz.[259] »Erscht amal geht es financiell so nicht weiter«, schreibt er an Siegfried Jacobsohn. Ja, die »Berliner Preise«. Als freier Autor erhielt er oft erst nach Wochen sein Honorar, dessen Wert jetzt einem galoppierenden Inflationsschwund unterworfen war. Wenn er dabei nicht untergehen wolle, teilt er Freund Jacobsohn mit, bleibe ihm nichts anderes übrig, als sich »ein wenig in der Welt nach Verdienstmöglichkeiten« umzusehen.[260]

Im Frühjahr 1923 bietet sich eine Möglichkeit im Bankhaus Bett, Simon & Co. Hugo Simon, ein ehemaliges USPD-Mitglied und im Auftrag des Rats der Volksbeauftragten kurzzeitig für die preußischen Finanzen verantwortlich, war damals Anfang vierzig und ein bekannter Kunstmäzen. Als Mitglied der Ankaufskommission nahm er Einfluss auf die Erwerbspolitik der Berliner Nationalgalerie. Er war Aufsichtsratsmitglied bei S. Fischer und Ullstein und Bankier des Verlegers Paul Cassirer. Zu seinem Hauskreis im Tiergartener Botschaftsviertel gehörten unter anderem Heinrich und Thomas Mann, Arnold Zweig, Alfred Döblin, George Grosz, Max Pechstein, Ernst Rowohlt, Karl Kautsky und Albert Einstein. Else Lasker-Schüler widmete »Hugo Simon dem Boas« (im biblischen

Kontext ein judäischer Grundbesitzer aus Bethlehem) das Eingangsgedicht ihres Zyklus *Der Wunderrabbiner von Barcelona*,[261] das in seiner feinen Melancholie auf eine Seelenverwandtschaft anspielen sollte. Ab dem 1. März 1923 ist Tucholsky Bankangestellter bei diesem außergewöhnlichen Mann und geht nun jeden Tag seiner regelmäßigen Tätigkeit in der Mauerstraße nach. Bald schon fungiert der mit einer Arbeit über das Hypothekenrecht promovierte Jurist als Simons Privatsekretär.

Anfang August kommt Heinrich Mann in die Bank, und Tucholsky kann ihm bei Geldgeschäften behilflich sein. Anschließend gehen sie gemeinsam essen, und es ist »sehr nett«,[262] auch wenn er sich in diesen Monaten wie ein »kleiner aufgehörter Dichter«[263] vorkommt. Die Wertschätzung für Mann war alt und datiert auf die Tage von *Rheinsberg* zurück. Doch sie waren sich vorher nie persönlich begegnet. Nun hat Tucholsky »seit langen Jahren« das erste Mal wieder das Gefühl, »mit einem richtigen Kerl zusammenzusitzen«, zumal ihre Ansichten über die Zeit »in den Grundzügen« übereinstimmten.[264] Mann hatte kurz zuvor in einem Aufsatz über die *Tragische Jugend* die Kriegsverwilderung für deren Anfälligkeit gegenüber rechtem und linkem Extremismus verantwortlich gemacht; und jetzt, während der Inflationszeit, dachte er über eine »Diktatur der Vernunft« nach, die den Kapitalismus unter Staatskontrolle bringen und in sozialer Hinsicht zähmen sollte. Er würde dieses Konzept im Oktober 1923 Reichskanzler Gustav Stresemann in einem offenen Brief unterbreiten. Tatsächlich sind ihre Ansichten nicht so weit voneinander entfernt. Hinzu kommt Manns europäisch bestimmte Frankreichorientierung.

Anderen Tages empfängt Tucholsky im Auftrag Simons Philipp Scheidemann. Die Stadt Kassel, die dieser seit seinem Rückzug aus der Reichspolitik als Oberbürgermeister regiert, ist von der Inflation schwer gebeutelt, und er sucht nun Rat bei Simon. Scheidemann tritt ausgesprochen vertraulich auf. Er fing an, so Tucholsky, »mir Konfidenzen zu machen«, auch, als der ihn über seine Person aufklärt und ihm zu verstehen gibt, er wolle unter keinen Umständen die Situation ausnutzen. Scheidemann wusste sehr wohl, mit wem er es zu tun hatte, aber er begann dennoch, nach beendetem Geschäftsgespräch, lauthals über Friedrich Ebert zu schimpfen. Aber »Sie haben jahrelang und jahrelang nachgegeben«, antwortet ihm Tucholsky, »und was haben Sie nun davon gehabt?« Da sagt Philipp Scheidemann lakonisch: »Nichts.«[265] Öffentlich hat er sich über seine Zerwürfnisse mit Ebert erst sehr spät geäußert. Im Exil nach 1933 bezeichnete er ihn als einen »militärfrommen«, von den Grundsätzen der SPD zunehmend isolierten Politiker, der immer mehr zu einem Gefangenen der Reichswehr geworden war.[266] Tucholsky wird diese vertrauliche Mitteilung in seinen Ansichten über vorsichtige Realpolitik eher bestärkt haben.

Wir sind müde, weil wir alle genau wissen, meint er auf dem Höhepunkt der Inflation, dass uns noch keiner geholfen hat und vielleicht auch keiner helfen kann, die Partei nicht und der Einzelne nicht. Auch nicht Modedenker wie der »Turbinenphilosoph Spengler« und seine neueste Erfindung, der »spießige Caesar«. Der Untergang des Abendlands – »das ist nun etwas feierlich. Aber so etwa die Stimmung einer Schulklasse in der heißen Mittagsstunde – das ist es schon«.[267] Zweifellos, die Zivilisation ist ordinär geworden. Doch was von anderer Seite droht, so Tucholskys Befürchtung Ende Juli 1923, ist weit schlimmer: »Dieses Reich, das über kurz oder lang zerfallen dürfte und sich in eine Reihe mühsälig konstruierter Kleinstaaten auflösen wird, die ihrerseits gemütvolles deutsches Mittelalter mit schlecht funktionierenden Wasserclosets spielen werden, dieser Haufe von Statisten aus einer Wagner-Oper, denen die gebügelten Hosen aus den Kostümen herausgucken – all Das steht ja weit, weit hinter dieser mit Recht so bespöttelten Zivilisation.«[268] Tatsächlich machte sich in diesem Jahr der französischen Ruhrbesetzung der Separatismus im Rheinland breit, erklärte die Pfalz ihre Autonomie, herrschten in Thüringen und Sachsen Volksfrontregierungen, die durch militärische Reichsexekution zur Räson gezwungen wurden, inszenierte

Hitler am 9. November in München seinen operettenhaften Putsch. Tucholsky, zu sehr in seine Bankgeschäfte involviert, kommentiert diese Ereignisse jedoch an keiner Stelle.

Mit dem Kraftakt der Währungssanierung in diesem Herbst – mehr eine Leistung des sozialdemokratischen Finanzministers Rudolf Hilferding als des Reichsbankpräsidenten Hjalmar Schacht – geht die Zeit wirtschaftlicher und politischer Turbulenzen, die der Nachkriegsära ihren Stempel aufdrückten, endlich zu Ende. »Wir sind jetzt erst eigentlich in die Liquidation des verlorenen Krieges eingetreten«, kann Reichskanzler Gustav Stresemann am 22. November 1923 vor dem Reichstag verkünden.[269] Am 15. November war die neue Währung, wie geplant, in Umlauf gebracht worden, und zusammen mit der innenpolitischen Befriedung konnte man nun auf Jahre des stabilen Aufschwungs hoffen. Sichtbarstes Zeichen dafür sind die mehr als drei Milliarden Dollar amerikanisches Kapital, die in den nächsten fünf Jahren ins Land fließen – doppelt so viel wie während des Marshallplans nach 1945. Die Deutschen beginnen, hoffnungsvoll von einer Atlantikbrücke zu träumen. Wie ein Symbol dafür fliegt 1924 der Zeppelin LZ 126 in 81 Stunden und 17 Minuten nonstop von Friedrichshafen nach Lakehurst bei New York.

Schon Anfang 1921 meinte Tucholsky in den aufkommenden Jazzbands einen Zug neuer Sachlichkeit zu erkennen. Er war nicht unbedingt begeistert davon, doch ihm gefiel, wie sehr sich der Rhythmus von der Primitivität des preußischen Parademarschs abhob und wie »ganz unpathetisch« die Musik daherkam. Sie suggerierte auch kein dunkles Reich deutschromantischer Träume, sondern eher ein »tiefes Verständnis für das Gehalt von Fräulein Piesenwang und für die Konzessionsschwierigkeiten der befreundeten Automobilfirma«. Kurz: »Jazz-band ist eine Fortsetzung des Geschäfts mit anderen Mitteln«, wie er fand. Doch – darin ganz amerikanisch – niemals ohne einen »ironischen Unterton«. Das mochte er. Es war »verdammt real«.[270] Und das war noch Jahre, bevor 1924 mit dem Berliner Auftritt von Duke Ellingtons *Chocolate Kiddies* das Jazzfieber und mit ihm die sogenannte Goldene Ära der Weimarer Zeit so richtig ausbrachen.

»Die Leute sind froh«, schreibt Tucholsky im Frühjahr 1924, »dass die Rentenmark einigermaßen stabilisiert ist«. Eine allgemeine politische Interesselosigkeit, beobachtet er, macht sich nach den langen Krisenjahren plötzlich breit. Ludendorff? Hitler? Gespenster von gestern.[271] »Der Ausflug ins Romantisch-Völkische scheint beendet«, meint er wenig später etwas vorschnell. Doch was nun heraufkomme, sei möglicherweise noch »viel gefährlicher. Es ist die gänzlich unromantische Form des kaufmännischen Deutschen«,[272] der es mit dem Schuster Fielitz bei Gerhart Hauptmann hält: »Ick verinteressier mir for meine Stiebeln – for wat anders verinteressier ick mir nicht!«[273] Man war plötzlich gegen Kavallerie und Ulanenherrlichkeit, aber für Pferdestärken und ganz der Ansicht, Politik und Gesellschaft sollten in Zukunft eine Angelegenheit kommerzgewandter Zivilisten sein. Geschäfte wollte man machen, ein bisschen Steuern zahlen, die Republik pro forma anerkennen und im Übrigen bis zur »Gruppenroheit« weiterhin »gut national« sein.[274]

So, als Zeitalter »des wild gewordenen Bürgers«,[275] hatte sich Tucholsky die gewünschte zivile Welt aber auch nicht vorgestellt. Beherrscht von einem Bürgertum, das ganz beseelt war von einem »Hass gegen das Proletariat, von dem man sich früher keine Vorstellung gemacht hat«.[276] Gefühlsroh, auf Klassenkampf von oben eingestellt und geschäftstüchtig. Mit den Verwerfungen der Hyperinflation war das sozialmoralische Orientierungsgefüge in Deutschland tatsächlich vollends aus den Fugen geraten. »Ick bin die allerneuste Zeiterscheinung«, singt Carl Platen nach einem Couplet von Theobald Tiger und der Musik von Rudolf Nelson des Abends vor sektglasbedeckten Tischen am Kurfürstendamm: »Sie treffen mir an alle Orte an- / ick pfeife uff die öffentliche Meinung, / weil ick als Raffke mir det leisten kann.«[277]

DEUTSCHLAND VON AUSSEN

Paris

Einen Tag war Tucholsky bei Simon, als er Mary in einer Stimmung tiefster Depression zurief: Komm. Ende Februar 1923 hatten sie fünf gemeinsame Tage am Schweriner See verbracht. Ursprünglich sollte es nach Warnemünde gehen, doch dann landeten sie im mondänen Kurhaus Zippendorf, etwas oberhalb des Sees am Südufer gelegen, und es wurde »eine jener kleinen Reisen, auf denen man restlos glücklich ist, weil die Dame neben einem blond und froh und jung ist«. Fast wie damals in Rheinsberg und wieder als falsches Ehepaar. Wenn sich nur die Provinz nicht seitdem so sehr zu ihrem Nachteil verändert hätte. Es war eben das Jahr 1923, und überall wurde man bis auf den letzten Pfennig ausgezogen. Der Schweriner Pfaffenteich war zugefroren, die Leute hatten kummervolle Gesichter und rechneten sich die galoppierenden Preise vor.

In Berlin hatte er Mary noch Instruktionen für den Winter erteilt, kaufte ihr vorsorglich warme Strümpfe und fuhr dann mit der Hamburger Bahn über Wittenberge in die ehemalige mecklenburgische Residenz. Das Schloss war jetzt Museum, der Herzog nach dem »deutschen Revolutionsersatz« nur noch ein reicher Grundbesitzer, und der Glanz des Duodezhofs hatte sich verflogen. Die Stadt lag seitdem »leer, still und verlassen« da.[1] Mary kam später nach, etwas zögerlich. »Nein, Herr Dr. Tucholsky, ich verstehe nicht so zu lieben, wie die anderen«, notiert sie einen Tag vor ihrer Abreise, »ich habe meine private Liebe«.[2] Nach der Rückkehr lässt sie ihn wissen, er solle doch bitte nicht wieder so drängen.

Seit dieser Reise wird ihre Beziehung wieder enger. Als sei zwischenzeitlich nichts geschehen, behandelt Mary den nach wie vor mit Else Weil Verheirateten wie immer mit perfekter Contenance und einem weiblichen Einfühlungsvermögen, das ihm so nie zuvor widerfahren ist. Warum hat er nur eine solche Angst?, fragt sie sich Anfang März: »So lange Er mich lieb hat, verliert Er mich nicht, und wenn Er mich nicht mehr lieb hat, dann ist es kein Verlust.« Warum ist er nur so ungeduldig? Sie dagegen hat Zeit, lebt in einer Mischung aus russischer Vertrauensseligkeit und baltischer Zurückhaltung wunschlos im Heute, »und das ist schön« so.[3] Und erneut vollführt er, wie in Autz, wahre Pirouetten, um dieses verloren gegangene kurländische Rätsel für sich zurückzuerobern. Drei Monate später zieht er bei der Pimbusch aus und mietet sich eine möblierte Zweizimmerwohnung in der Charlottenburger Windscheidstraße – übrigens ganz in der Nähe der Redaktion der *Weltbühne,* die sich bis 1927 im Königsweg, der heutigen Wundtstraße, befand.

Während dieser Zeit ihrer finalen Ehekrise lädt Siegfried Jacobsohn Else Weil auf einige Wochen nach Sylt ein. Es wäre angenehmer gewesen, lässt er Tucholsky etwas verärgert wissen, von einer so wichtigen Sache nicht nur en passant und über Dritte zu erfahren. Er hatte zu ihr, die er stets »die Süße« nannte[4] – im Unterschied zu Mary, die nicht in seine Welt gehörte –, immer ein enges persönliches Verhältnis und hält den Kontakt auch nach der Trennung aufrecht.

Die *Weltbühne* hat die Inflationszeit einigermaßen unbeschadet überstanden.[5] Zeitweise muss der Umfang zwar auf 24 Seiten herabgesetzt werden. Ende August 1923 kostet eine Ausgabe 45 000 Mark, im November, kurz vor der Währungssanierung, vier Milliarden.[6] Jacobsohn aber scheint das Ende dieser Krise schon früh vorausgesehen zu haben. Jedenfalls bietet er Tucholsky Mitte Juli eine feste Mitarbeit im Verlag der *Weltbühne* an. »Also fassel, was es kostet«, schreibt er ihm aus Sylt, »und fang am ersten Oktober an.« Zahlbar einstweilen in Valuta. Die Auflage des Blatts steigt im Spätsommer schon wieder merklich an, und Jacobsohn braucht jemanden, der neben ihm von morgens bis abends in der Redaktion sitzt und den Verlag mit organisiert.[7] Tucholsky lehnt jedoch ab, »weil die Zeit mir dagegen zu sein scheint«.[8] Er jedenfalls glaube, »dass es hier endgültig aus ist«.[9] Ganze Stammtische beschäftigten sich mit nichts anderem als festzustellen, dass man heute nicht mehr leben könne.[10] »Außer dem Geschrei ›Juden raus!‹ und ›Wie steht der Dollar?‹«, diagnostiziert er Ende Juli 1923, höre man kaum noch ein vernünftiges Wort.[11] Man müsste eigentlich nach den verwirrenden Turbulenzen der letzten Jahre erst einmal Abstand gewinnen, »in das Ausland« gehen »unter richtige Menschen«, um »wieder einen klaren Kopf« zu bekommen, »Übersicht und Festigkeit«. Danach wolle er es noch einmal versuchen.[12]

Am 15. Februar 1924 unterschreibt er dann doch einen Vertrag mit Jacobsohn, der ihn zum Eintritt in die Redaktion der *Weltbühne* verpflichtet, ihm aber mindestens drei Monate Reisen im Jahr zusichert. Faktisch verabschiedet Tucholsky sich jedoch bald dauerhaft von Berlin, und am 6. April sitzt er bereits als künftiger Korrespondent der *Weltbühne* und der *Vossischen Zeitung* im Zug nach Paris, noch ohne klare Vorstellungen über seine Zukunft. Er habe nun seine Schwärmerei satt, hatte er zuvor an Walter Mehring geschrieben, der seit 1921 in Paris lebt: Er komme selbst mal hin, um sich das anzusehen, und wehe ihm, wenn es nicht gefalle.[13] Es ist kalt in Paris, als er ankommt. Es schneit. Aber ansonsten macht die Stadt, wie er Mary mitteilt, auf den ersten Blick einen Eindruck wie Berlin im Frieden. »Ja. Nu komm man«, schreibt er ihr, »Du wirst zum ersten Mal in Deinem Leben sehen, was eine Großstadt ist«.[14] Tucholsky mietet sich zunächst im Hotel Grammont in der Nähe der *Opéra Comique* ein. Ende April bezieht er eine Dreizimmerwohnung in der Avenue Mozart; kein Badezimmer, kein Telefon, aber wenigstens im Westen der Stadt.[15]

Für manchen deutschen Intellektuellen war Frankreich, wie Thomas Mann einmal mit Blick auf seinen Bruder Heinrich sagte, damals eher eine Idee als eine Wirklichkeit. Und für den Rest? Tucholsky beklagte schon einige Zeit vor seiner Übersiedlung, dass sich kaum eine deutsche Zeitung nach Jahren der kriegsbedingten Isolation zu dem »Experiment mit wirklich geistig gerichteten Korrespondenten« aufschwingen wollte. Die Nachrichtenagenturen präsentierten das Ausland »nur in bearbeiteter Ausgabe« und Frankreich gewissermaßen wie »made in Germany«. Man wusste nur wenig über den Nachbarn und vorgeblichen Erbfeind und lebte, so die *Weltbühnen*-Mitarbeiterin Annette Kolb, in einem recht unparadiesischen Stand der Unschuld.[16] Vor allem aber, meint Tucholsky, hatte sich in Deutschland »die Anschauung über alles Französische« seit dem Krieg kaum gewandelt.[17] Und das galt es zu ändern.

In Paris überkommt ihn schnell »ein gesteigertes Lebensgefühl«. Unmittelbar nach seiner Ankunft besucht er Aline Ménard-Dorian, eine »sehr reiche Dame«,[18] die im vornehmen 16. Arrondissement nahe des Bois de Boulogne einen hauptsächlich von Mitgliedern der französischen *Liga für Menschenrechte* gut besuchten pazifistischen Salon unterhält. Das »ganze durchgefallene Europa« des politischen Exils ist dort versammelt, »der unsägliche Kerenski, Nitti, Karolyi, die Italiener«.[19] Er pflegt Kontakt mit Hellmut von Gerlach, der 1922 am ersten Treffen der deutschen und französischen Friedensgesellschaft in Paris teilnahm und der sich in seiner Zeitung *Welt am Montag* schon unmittelbar nach dem Krieg für die deutschfranzösische Verständigung eingesetzt hatte, sowie mit George Grosz, der in diesen Jahren bereits mehrere Frankreichreisen unternommen hatte und nun mit seiner Frau im Hotel Odessa am Montparnasse lebt.[20]

Einer von Tucholskys ersten Ausflügen gilt dem Parc Monceau. »Hier ist es hübsch. Hier kann ich ruhig träumen. / Hier bin ich Mensch – und nicht nur Zivilist«, dichtet Theobald Tiger Anfang Mai 1924 für die *Weltbühne:* »Ich sitze still und lasse mich bescheinen / und ruh von meinem Vaterlande aus.«[21] Claude Monet verewigte diesen ungewöhnlichen Park in fünf

Seit April 1924 lebt Kurt Tucholsky in Paris, hier vor einem Zeitungskiosk an einem der großen Boulevards. Tucholsky bemüht sich publizistisch und mit persönlichem Einsatz für die deutsch-französische Verständigung, deren Erfolgsaussichten er wegen des deutschen Widerwillens gegen den Westen skeptisch sieht. Aber auch die faschistischen Moden in Frankreich geraten in sein Blickfeld.

Gemälden, und Hector Berlioz liebte es, hier zu flanieren. Am Haupteingang eine historische Rotunde, und dahinter eröffnet sich das Wunder eines englischen Gartens mitten in Paris, bevölkert mit Statuen von Maupassant, Chopin und anderen Größen der Pariser Kultur. So, wie Tucholsky ihn erlebt, ist der Park konserviertes Zweites Empire, eine Zeit, die ihn schon »immer so gereizt« hat. Damals, in der Welt der »göttlichen Frechheit« Jacques Offenbachs,[22] meinte er als junger Student, wäre er am liebsten Zeitgenosse gewesen. Das waren Phantasien, Projektionen; und jetzt sind es mit Phantasien aufgeladene Impressionen. Das wirkliche Paris aber war und ist anders.

Doch auch anders, als die meisten Deutschen glaubten. Die heimische Presse, vor und nach dem Krieg, zeichnete von Frankreich für gewöhnlich ein Bild der Dekadenz. »Es wohnen aber Menschen da«, berichtet Tucholsky den Lesern der *Weltbühne*, die tatsächlich »ihre fünf Sinne beisammen haben« und deren Seele man nicht kennenlernt, wenn man nur ihre Zeitungen ausschmiert.[23] Paris will durchwandert und im Kleinen beobachtet sein. Denn vor allem die Details sind wichtig, und die wirklich aufschlussreichen Gespräche finden nicht in feiner Gesellschaft, sondern »auf dem Markt und in den Kneipen statt«.[24]

Selbst da begegnet er einer auffallenden Gewandtheit. Schon Heinrich Heine hatte sie beobachtet und die französische Höflichkeit als angenehmen Gegensatz zur mitunter groben deutschen Authentizität empfunden. Tucholsky geht es nicht anders. Franzosen, schreibt er, sind keine Schulmeister. Und keiner sagt: »Dir hol ick jleich runter vom Bock, du oller Mistkutschenfahrer, pass mal uff!«[25] Franzosen bleiben bewusst an der Oberfläche und sind sehr zurückhaltend, wohl wissend, »dass es sich mit Höflichkeit bequemer lebt, dass es praktischer ist, sich anständig zu benehmen«.[26] Unmöglich, jemandem mit amerikanischer Direktheit ins Gesicht zu sagen, was man will.[27]

»Ein französisches Verkehrshindernis«, beobachtet er erstaunt, erfordert offenbar »von den Beteiligten weniger Nervenkraft als der deutsche glatt abgewickelte Verkehr«.[28] Denn Pariser Chauffeure umfahren ein Hindernis, wenn es auftritt, sie weichen aus oder treten auf die Bremse, weil es praktischer ist und jeder ohnehin weiß, dass man nicht alles kodifizieren kann. Der Berliner Chauffeur dagegen hat grundsätzlich recht[29] und befindet sich deshalb immer im latenten Kriegszustand. Wohnen allerdings ist leider sehr teuer in Paris. Doch dafür gibt es selbst in den unscheinbarsten Lokalen ausgezeichnetes Essen, während in deutschen Gasthäusern oft die ausgelaugtesten Sachen »auf dem Teller leise vor sich hin weinen«.[30]

Später wird der Ton kritischer. »In Paris wird keiner so leicht etwas ohne Protektion, niemals ohne Beziehung«, schreibt Tucholsky nach einiger Zeit, »während sich Berlin auf die Dauer nichts vormachen lässt und sich dort ein Talent fast immer durchsetzt«.[31] Das Theater ist deutlich schlechter als in Berlin – »welche verstaubten Späße! –, welche abgestandenen Typen –, welche Chargen von vorgestern!« –, und das Pariser Theaterpublikum »noch naiver als bei uns die Leute im Film«.[32] Stark ausgeprägte Individualität verbindet sich mit kollektiven Zügen und Konventionen quer durch die Nation. Franzosen sind sesshaft und konservativ, fast unmodern, am Ausland kaum interessiert – und in der Regel geizig.

Fast fieberhaft sammelt Tucholsky in dieser ersten Pariser Zeit seine Beobachtungen zu einem wahren ethnologischen Panoptikum und teilt sie seinen Lesern mit. Ihr Rationalitätskult führt die Franzosen leicht zu einer zwanghaften Neigung, alles auf eine klare Formel bringen zu wollen, was nicht selten »Vergewaltigungen des Stoffs« nach sich zieht.[33] Franzosen sind technikbegeistert. Anders als in Deutschland hat das Auto hier bereits aufgehört, ein Luxusgegenstand zu sein.[34] Telefoniert wird in Paris, im Unterschied zu Berlin, dagegen kaum. Und die Buchhandlungen sind schlecht.[35] Die Französin? Bürgerlich, übervernünftig, sparsam, eine kühle und klare Rechnerin, aber doch nicht ohne Caprice, »jenes unwägbare X, das nicht in Worte zu fangen ist«.[36] Der Deutsche allerdings versteht ihr Lächeln in der Regel falsch, weil ihm der Unterschied zwischen Charme und Abenteuerlust nicht geläufig ist.[37]

Angenehm ist aber ist für Tucholsky vor allem, dass Frankreich keinen Militärfimmel kennt. Es gibt ein »unbeirrbares Zivil« im Franzosen,[38] stellt er fest, und der französische Offizier rangiert sogar »etwas hinter« dem sogenannten Zivilisten.[39] Pazifismus ist in Paris nach dem Massensterben auf den Feldern von Flandern und der Normandie ein beständiges Thema, quer durch die politischen Lager. Selbst »die schärfsten französischen Nationalisten«, belehrt er seine deutschen Leser, »haben keinerlei Expansivgelüste«.[40] Folgen wir also dem Rezept Victor Hugos: »Déshonorons la guerre«, entehren wir den Krieg, wie einst Friedrich von Spee die Blutorgien der Hexengerichte entehrt hat.[41]

Tucholsky durchstreift die Stadt. Er will so viel sehen und aufnehmen, wie es ihm möglich ist. Mit George Grosz besucht er den belgischen Künstler Frans Masereel auf dem Montmartre, geht mit ihm ins Theater und in den Bois de Boulogne. Er sieht sich die Bilder Marc Chagalls in dessen Atelier an, in der Sorbonne hört er Vorlesungen, trifft sich mit Paul Graetz, spaziert mit ihm »auf dem Bulewahr« und verabredet sich mit dem deutschen Botschafter Leopold von Hoesch, einem Verständigungspolitiker. Er steigt in die Katakomben an der Place Denfert-Rochereau, besucht den Friedhof Père Lachaise, an dessen Mauern 1871 eine Massenerschießung von aufständischen Communards stattgefunden hat, und die Conciergerie, in der Marie Antoinette auf die Guillotine wartete, erklimmt die Wendeltreppen eines Turms von Notre-Dame mit seinen zwischen Mensch und Tier changierenden Ungetümen auf dem Dach und hört sich die alt gewordene Diseuse Yvette Guilbert an,[42] die er seit Kindertagen aus dem *Wintergarten* kennt. Er ist in diesen ersten Wochen ein Flaneur, begierig, alles Neue in sich aufzunehmen. Aber, meint er im

Tucholsky in Paris. Die angenehmste Erfahrung, die er in Frankreich macht, ist die, in einer Welt zu leben, in der Zivilisten weit mehr gelten als Militärs. Er fühlt sich hier wohl. Voller Neugierde durchstreift er, besonders in seiner ersten Zeit, als Flaneur die Stadt und richtet seine Augen auch auf die unscheinbaren Dinge, die er nicht müde wird, seinen deutschen Lesern mitzuteilen.

Rückblick, letztlich sei er doch immer »sehr allein in Paris« gewesen.⁴³ Was nur in Grenzen stimmt.

Mitte Juni 1925 wird Kurt Tucholsky Mitglied der Freimaurerloge *Les Zélés Philanthropes*, Ende Juni der Loge *l'Effort*. Die *Philanthropes* befördern ihn im Dezember des Jahres sogar zum Meister. Er hält von Anfang an Vorträge in Paris, die meisten auf Anforderung der *Ligue des Droits de l'Homme*. Im Laufe der Jahre sollten es an die fünfzig werden.⁴⁴ Er wird, so ein zeitgenössischer Frankreichkenner, mit seinen Beurteilungen bei maßgebenden französischen Persönlichkeiten sehr ernst genommen. Man kennt ihn und seine politischen Publikationen, bis hinauf ins Elysée,⁴⁵ und selbst der nationalfranzösisch gesinnte Politiker Raymond Poincaré zeigt sich sehr beeindruckt von ihm.⁴⁶

Kurz nach Tucholskys Eintreffen in Paris war nach den Wahlen vom 11. Mai 1924 das *Cartel des Gauches* unter Edouard Herriot an die Macht gekommen, was zu einem deutlich spürbaren Kurswechsel vor allem in der Politik gegenüber Deutschland führte. Tucholsky beobachtet beeindruckt die Überführung des am 31. Juli 1914 ermordeten Kriegsgegners Jean Jaurès in das Panthéon.⁴⁷ Frankreich sucht ein kollektives Sicherheitssystem in Europa als Garantie für dauerhaften Frieden und bemüht sich deshalb unter Herriot und seinem Außenminister Aristide Briand verstärkt um die Verständigung mit Deutschland.

Tucholsky ist bald selbst Teil des *Rapprochement*, der Verständigungsbemühungen vor dem deutsch-französischen Abkommen von Locarno, zu denen auch Auftritte Albert Einsteins, der Brüder Mann oder des Paneuropäers Coudenhouve-Kalergi gehören. Er publiziert in der auf Initiative Romain Rollands gegründeten Zeitschrift *Europe*. »Ce que nous ne cessons pas de vouloir, c'est Europe, et plus que l'Europe, au-dessous de tous les drapeaux«, schreibt er dort Mitte April 1924 – was wir nicht aufhören zu wollen, das ist Europa und mehr als Europa, über alle Fahnen hinweg.⁴⁸ Der Elsässer Literaturhistoriker Robert

Minder lädt ihn zu einem Treffen der *Groupe d'information internationale de l'École Normale Supérieure* ein, vor der unter anderen auch James Joyce, Ernst Robert Curtius und Miguel de Unamuno sprechen.[49] Solch ein Studentenpublikum wie in der Pariser rue d'Ulm, meint Tucholsky anlässlich eines Vortrags von Coudenhouve-Kalergi dort, habe er in Deutschland nie gesehen. Die jungen Franzosen nämlich hören den Ausländern aufmerksam zu.[50]

Auch dem baskischen Philosophen und Liberalen Unamuno, der über die Diktatur Miguel Primo de Riveras, des »spanischen Ludendorff«,[51] spricht und während seines Vortrags, Tränen in den Augen, ins Stocken gerät. Er erwartet, so Tucholsky, wie viele Emigranten im Paris dieser Jahre, voller Ungeduld den Zusammenbruch des Regimes. »Es bricht aber nicht«, meint er mit realistischer Skepsis, so wenig wie das Mussolinis in Italien.[52] Als Unamuno im Herbst 1924 im *Théâtre de la Fourmi* auftritt, beobachtet Tucholsky Anhänger Mussolinis, die ihm lauthals widersprechen. Der Parlamentarismus, bekommt er dort zu hören, sei eine vollkommen veraltete, verrottete Angelegenheit des neunzehnten Jahrhunderts. Wir, die Faschisten, sind die Modernen, die Revolutionäre! Ihr seid die Reaktion! Wir sind das Neue und die neue Zeit![53] »Die Opposition dieses Zeitalters«, nicht nur in Italien und Spanien, geht es Tucholsky wenig später nachdenklich und irritiert durch den Kopf, nimmt offenbar »seltsame Wege«. Es entwickelt sich in Europa ein gefährlicher neuer Synkretismus. So etwas wie »eine revolutionäre Reaktion«.[54]

Im Juli 1925 tritt in einem Lokal am Boulevard Raspail, das vom Mythos verflossener Avantgarde lebt, Filippo Tommaso Marinetti auf. Der Verfasser des futuristischen Manifests und überzeugte italienische Faschist ist anlässlich der internationalen Kunstgewerbeausstellung in Paris. Er ist vor allem eines: laut. Waagerecht vorgestreckte Arme junger Faschisten begrüßen ihn enthusiastisch als einen Propheten ihrer Modernität. Marinetti aber, meint Tucholsky nach diesem Auftritt, ist im

Grunde eine provinzielle Figur, die »schäumt und tobt«, wenn sie vom Rhythmus der Maschine spricht. »Die Pariser sehen die Sache viel ruhiger an«, kommentiert er mit einer Anwandlung von Selbstberuhigung, »die Amerikaner ihre Maschinen auch«. Marinetti sei eben doch nur »ein Provinziale«, der sein großes Futurum bereits hinter sich habe.[55]

Aber der Faschismus selbst ist real. Eine halbe Million italienischer Arbeiter lebt in Frankreich, die meisten von ihnen Gegner Mussolinis, »verjagt, terrorisiert, aus dem Lande herausnationalisiert«.[56] Der Faschismus, geht es Tucholsky durch den Kopf, ist offenbar eine europäische Krankheit, deren erste beunruhigende Anzeichen auch in Frankreich zu spüren sind. Die paramilitärischen *Camelots du Roi* der rechtsgerichteten *Action Française*, erfährt er, haben einen ehemaligen französischen Offizier in sowjetischen Diensten während einer kommunistischen Versammlung überfallen und alles im Saal kurz und klein geschlagen. Am nächsten Tag erscheint die Zeitung der *Action* mit einem Schlachtbericht auf der ersten Seite. Eingestandenermaßen war der Terror organisiert. Auf den Boulevards ist Tucholsky schon öfter solchen gewaltbereiten Sturmtrupps der *Camelots* begegnet, und alle, kann er feststellen, »trugen Stöcke, das Tier rumorte noch in ihnen«. Widerwärtig, so sein Kommentar, wie der Anblick von Kerlen der Berliner Freikorps.[57]

Später, Tucholsky befindet sich auf Urlaub in Le Val-André an der bretonischen Küste, tauchen dort Reiseredner der *Action Française* auf. Wer ist schuld an den hohen Steuern und der Inflation? Die Republik, die Freimaurer. Und dann geht es gegen den in Deutschland vor allem wegen der Ruhrbesetzung verhassten Raymond Poincaré, was – so Tucholsky – deutlich zeigt, wo Poincaré wirklich steht. Keineswegs rechts außen, sondern eher im Zentrum.[58]

Doch »der Faszismus«, hofft er, »wird in diesem echt demokratischen Volke hoffentlich keinen Schaden anrichten. Der Sinn für Feierlichkeiten ist hier dünn, ein Diktator hätte es nicht so leicht wie etwa der Kinoheld Mussolini (kleines Kino). Aber eine schwache Tendenz ist da.«[59] Und sie könnte tatsächlich gefährlich werden, wenn ein »müder Parlamentarismus die Dinge in den Abgrund treiben lässt«. Dann nämlich droht die Stunde der Gefahr einer rein negativen Kritik. »Die abzustellen«, meint er fast wie zu sich selbst, »wäre Sache einer lebensfähigen, modernisierten, von den Weißbärten befreiten Demokratie. Gibt's die-?«[60] Tucholsky hat ein waches Auge für die geistige Anziehungskraft der faschistischen Strömungen, die sich im Umfeld der *Action Française* bewegen, gerade weil sie der Nimbus umgibt, »gegen die Zeit Das« zu suchen, »was sie die Wahrheit nennen«.

Und Charles Maurras selbst, der geistige Vater der *Action*? Ein Ideologe, schreibt Tucholsky in der *Weltbühne,* der sich »von jeher offen gegen die Republik« erklärt hat. »Er sieht aus wie ein Volksschullehrer, der Briefmarken sammelt«, und doch ist er bei aller persönlichen Widersprüchlichkeit im Herzen »ein Fanatiker«.[61] Der südfranzösische Ideologe stehe mit seiner Doktrin der alleinseligmachenden Latinität, meinte Robert Minder einmal, an sturer nationaler Orthodoxie in nichts hinter der Lehre vom nordischen Menschen zurück.[62] Laut Montesquieu, so Maurras, war der demokratische Parlamentarismus aus den Wäldern Germaniens hervorgegangen, also eine barbarische Maschine, und dieses »Fuhrwerk aus Merowingerzeiten« müsse in der modernen Welt unweigerlich »dem Automobil den Platz räumen.«[63] Er meinte damit die Maschine des ›lateinischen‹ Ordnungsstaats seiner royalistischen französischen *Action*, die 1940 in Vichy tatsächlich Wirklichkeit werden sollte.

Maurras' Adlatus ist der stupsnäsige Leon Daudet, der Sohn des bekannten Romanciers. Immer in Ekstase, Spione witternd, weltuntergangsprophezeiend, herumspektakelnd.[64] »Denken Sie sich einen literarisch sehr begabten Ludendorff mit einem ausgesprochen bösartigen Charakter«,[65] beschreibt Tucholsky den scharfzüngigen Schriftleiter der Zeitung *Action Française,* der 1926 auch ein Buch über die Psychoanalyse verfasst hat. Eine teuflisch-germanische Erfindung sei das, liest man da, die vom Juden kommt, ein typisches Produkt des zersetzenden Geistes von Wittenberg und Jerusalem. Wie auch aus der Tatsache, dass »Einsteins Rechnungen verblüffend ausfallen« und dem gesunden Menschenverstand widersprechen, schnell eine antideutsche und antisemitische Parteisache gemacht wird.[66] Deutschland, das ist für diese rechtsnationalen Franzosen paradoxerweise, wie für ihre deutschen Gegenspieler, eine ›verjudete‹ Republik.

Doch das geistige Paris bringt in diesen Tagen noch ganz andere »junge Leute der rechten Ecke des Hauses« hervor, beobachtet Tucholsky anlässlich lautstarker Avantgardistenaktionen gegen den als literarischen »Kadaver« abgeschriebenen Anatole France. »Ein gewählter Schriftsteller. Ein Ausweicher. Ein Kompromissler«, tönt es. Das Gleiche von links, nur etwas sanfter. Der talentierte Surrealist und spätere Hitler-Verehrer Pierre Drieu la Rochelle[67] jedoch trägt dabei schon eindeutig »das dunkelweiße Hemd der Fascisten«. Solche exzentrischen Modeerscheinungen aber, beruhigt Tucholsky sich vorerst, sind »kein Grund zur Aufregung. Das hat es immer gegeben.«[68]

Ende Juli 1924 ist Tucholsky für kurze Zeit wieder in Berlin. Vorher hat er den Schlachtfeldern von Verdun einen Besuch abgestattet und darüber einen Artikel für die *Weltbühne* verfasst. Wenn er bisher weiter nichts von Frankreich gesehen hätte, schreibt er an Mary, allein diese Reise hätte ihm alles ersetzt. Jedenfalls habe er »beim Schreiben Rotz und Wasser geheult«.[69] Es war jener Schauplatz des wirklichen Krieges, vor dem er in Kurland und Rumänien verschont geblieben war. Längs der Bahn tauchten während der Anreise bereits bei Vitry die ersten Haustrümmer auf, Ruinen, dachlose Gebäude, herunterhängender Mörtel, Balken, die ins Nichts ragen, zerbrochene Eisenteile an den Wegen, Bäume, die ihre hölzernen Stümpfe in die Luft strecken, und zertrümmerte Unterstände, in denen einst Soldaten gehaust hatten. Fast eine Million Menschen waren in dieser jetzt mit Gras bewachsenen Mondlandschaft der modernen technischen Maschinerie des Todes zum Opfer gefallen,[70] nachdem am 21. Februar 1916 morgens um 7 Uhr 15 aus 1220 Rohren an einer Front von zwanzig Kilometern Breite der deutsche Beschuss der Forts von Verdun begann. Auf einer *Nie-wieder-Krieg*-Kundgebung im Saalbau Friedrichshain gemeinsam mit Hellmut von Gerlach, Harry Graf Kessler, Paul Levi und anderen zum 10. Jahrestag des Kriegsbeginns spricht er Anfang August 1924, wie immer frei, von diesem erschütternden Erlebnis[71] und schreibt in der *Weltbühne* noch einmal über den Wahnsinn des Geists von 1914 und sein Fortleben in der Gegenwart.[72]

Der Grund für seinen Aufenthalt in Berlin im Sommer 1924 ist jedoch ein Angebot Hermann Ullsteins, an der Entwicklung eines modernen Monatsmagazins nach angloamerikanischem Muster inklusive freizügiger Fotografie mitzuarbeiten. Es sollte *Uhu* heißen und erschien zum ersten Mal im Oktober 1925. Er sei »auf Wunsch der Berliner Herren« gekommen, schreibt Tucholsky an Maximilian Harden, »um ihnen hier ein bisschen zu helfen«, und werde kaum vor Anfang September zurück in Paris sein.[73] Ullstein bemüht sich zwar darum, ihn in Berlin zu halten, doch auf Dauer ist das nichts für ihn. Der *Uhu* ist nur eine Episode.

Das bleibende Ereignis seines Berlinaufenthalts aber wird die Vorbereitung seiner Hochzeit mit Mary. Am 30. August werden sie auf dem Standesamt Berlin-Friedenau getraut. »Nu – ist ja gar nicht wech«, schreibt er ihr zwei Tage nach der Hochzeit in einer kleinen Notiz, »ist ja immerzu da«.[74] Als sei er ganz verwundert und immer noch ungläubig über diese einschneidende und im Grunde lang ersehnte Wendung in seinem Leben. Zwei Wochen später kehren sie zusammen zurück nach Paris, vorerst in die Avenue Mozart. Anfang November verschicken »Tucholskys«, auf Hochzeitsreise, an Marys Mutter Postkarten aus der Provence.[75] Über Marseille und das Château d'If des Grafen von Monte Christo geht es an die Côte d'Azur, nach Grasse, die Stadt Fragonards und des Lavendels, nach Arles und Les Baux, das versunkene »Vineta in den Bergen«, wo man über die blühende Ebene auf der einen Seite bis nach Marseille und auf der anderen bis nach Aigues-Mortes sehen kann.[76] »Zwischen Paris und Nizza liegt mehr Schönheit, als eure Amüsierweisheit sich träumen lässt«,[77] ruft Tucholsky im Ergebnis dieser Reise seinen deutschen Lesern in der *Vossischen Zeitung* zu. Im Mai 1925 bezieht das Ehepaar Tucholsky dann ein kleineres Landhaus im Vorort Le Vésinet weitab des Zentrums, eine Gegend, die dem vertrauten Berliner Westen, wie Walter Mehring kaum überrascht und einfühlsam feststellt, merkwürdig gleicht.[78]

Von Mitte August bis Mitte Oktober 1925 bereist Tucholsky mit Mary die Pyrenäen. Er erwähnt dieses Vorhaben zum ersten Mal in einem Brief an sie noch vor ihrer Hochzeit.[79] Die Finanzierung allerdings gestaltet sich schwierig, so dass es zunächst einmal in die Provence geht. Doch ein Jahr darauf steht die Sache. Die Route folgt in etwa der klassischen Richtung von Hyppolite Taines *Voyage aux Pyrenées* von 1854, der in der Textfassung von Tucholskys späterem *Pyrenäenbuch* an mehreren Stellen ausführlich zitiert wird. Stierkampf in Bayonne, reiche Leute in Biarritz und dann ein kleiner Ausflug auf der geteerten Autostraße nach San Sebastian über die spanische Grenze zum Kloster des Ignatius von Loyola, dem Ort, von dem aus einst »die spanische Welt regiert« wurde. Immer am Wasser entlang, durch Saint-Jean-de-Luz, durch das auf französischer Seite an einer Bucht gelegene Hendaye, wo Pierre Loti gestorben ist und zum Ärger der Spanier Miguel de Unamuno lebt. »Gendarmen, Pfaffen« im Land Primo de Riveras, »Pfaffen und Gendarmen«. Roncesvalles, wo im Jahre 778 der fränkische Krieger Roland im Kampf gegen die Mauren erschlagen wurde. Mit einem spanischen Priester radebrecht Tucholsky dort aus dem Fundus seines Schullateins. Er konstruiert »ut mit dem Indikativ« und benimmt sich dabei, wie er meint, »recht scheußlich. Si vales, bene est – ego valeo«.

Und wieder in Frankreich. Hier angekommen, berichtet er über die Basken. Niemand weiß, wer sie sind und wo sie herkommen, aber eine baskische Frage gibt es zu dieser Zeit noch nicht. Freie Bauern sind sie meist, fromm, patriarchalisch, heimatverbunden und nicht selten Schmuggler. »Wohl selten«, meint er, »ist ein geschichtliches Symbol schmutziger missbraucht worden« als das Hakenkreuz, das man auch in baskischen Inschriften finden kann. Er klettert in der Schlucht von Cacaoueta, und »die Schlucht wurde immer schluchtiger, die Felsen immer felsiger, der Gebirgsbach immer wirbeliger«. Dann ein Besuch in Pau, der Stadt des guten Königs Henri IV. Von der dortigen Place Royale kann man hinter der Ebene die Gebirgskette der Pyrénées-Atlantiques sehen, eine wahre »Symphonie in A-Dur«. Abstecher zu den Schwefelquellen von Eaux-Bonnes und in das wirtschaftlich heruntergekommene Eaux-Chaudes; altmodische Badeorte mit dem verflossenen und von ihm so überaus geliebten Flair der Offenbach-Zeit.[80]

Und schließlich Lourdes. Mit dem geübten Blick eines Theaterkritikers erzählt Tucholsky im *Pyrenäenbuch* die Dramaturgie des Wunderspektakels eines ganzen Tages. Die Prozession, vielleicht zehntausend Menschen, schreitet langsam voran, Gesang erfüllt die Luft. »Seigneur, nous vous adorons!«, singen sie, und es geht durch Mark und Bein. Am Abend eine Fackelprozession; das Ave-Maria. Vor siebenundsechzig Jahren fing es hier an, als dem Mädchen Bernadette Soubirous achtzehnmal die Jungfrau Maria in einer Grotte erschien. Nach jeder Halluzination wurde die Schar der Pilger größer, der Glaube stärker und die Legende unumstößlicher. Gerade hatte man sie selig gesprochen, und seit dem Krieg kamen jedes Jahr um die 800 000 Pilger an diesen geheimnisvollen Ort.

Was geht hier vor sich? »Un miracle –! Un miracle –!«, ruft jemand plötzlich. Heilungen, stellt der Reisende Kurt Tucholsky fest, gibt es offenbar tatsächlich. Und das hat, wie die Psychoanalyse gezeigt hat, seinen Grund in der Tatsache, dass es in bestimmten Fällen möglich ist, seelisch auf die Krankheitsursache einzuwirken.[81] Handelt es sich hier um Suggestion? Ja, aber im eigentlichen Sinn ist es ein Phänomen der Massenpsychologie, zu dem Sigmund Freud, wie immer, das Tiefste gesagt hat, in *Totem und Tabu*. »Die Literatur über das Individuum in der Masse ist klein«, schreibt Tucholsky im *Pyrenäenbuch:* »Es ist auch grundsätzlich falsch, die Natur der Massenerscheinungen am Individuum zu studieren und in verkehrter Gründlichkeit bei ihm anzufangen. Das Wesen des Meeres ist aus dem Tropfen nicht ersichtlich. Lourdes ist ein Massenphänomen und nichts als das.«[82] Er wird auf diesen Gedanken später wiederholt zurückkommen, als politisches Phänomen. Was anderes war während der allgemeinen Betrunkenheit im August 1914 passiert? Massensuggestion, schreibt er im Herbst 1928 bedenklich vorausschauend, auf Versammlungen, bei politischen Demonstrationen, »ist wie ein elektrischer Strom, der die Leute durchzuckt. Das ist sehr, sehr gefährlich.«[83]

Nach einem abenteuerlichen Besuch in Andorra, wo er das Gefühl hatte, »unter die Räuber gefallen zu sein«,[84] macht er im weit hinter Toulouse liegenden Albi einem Vetter Toulouse-Lautrecs, Tapie de Céleyran, seine Aufwartung. Der von ihm schon früh bewunderte Maler ist in Albi geboren und hier auch gestorben, und sein Œuvre im Musée Toulouse-Lautrec des erzbischöflichen Schlosses zu sehen: Aristide Bruant, das weite rote Tuch um den Hals geschlungen, die frivole Cancan-Tänzerin La Golue, die eigentlich Louise Weber hieß,[85] mit ihrer vollen Garnitur von Unterröcken. Und Yvette Guilbert: »Ein weher Mund sieht dich an, sah ihn an – alles andere in diesem Frauengesicht ist dann hingeworfen.« Das grüne Kleid, das schon früh gealterte Gesicht der Diseuse. Yvette mit ihren langen schwarzen Handschuhen dem Publikum zugewandt, als wollte sie sagen: Schweine. Ich auch. Das sind Bilder aus einer Welt von gestern, meint Tucholsky; man ist heute anders unanständig. Doch was bleibt, ist »das Einmalige des Mannes, der bittere Schrei in der Lust, der hohe, pfeifende Ton, der da herausspritzt«.

Dann am Ende, in Toulouse, ein Besuch bei der alten Mutter des Künstlers, der Comtesse de Toulouse-Lautrec. Sie erzählt Geschichten aus seiner Jugend. Er hatte, so Tucholsky, letztlich das Hässliche nur deshalb ausgespreizt, weil er die Schönheit liebte. Das klingt fast wie ein Kommentar in eigener Sache, und auch, was er über Toulouse-Lautrecs Kunst sagt: »Es gibt in der Kunst kein Mogeln«, man kann »nur weglassen, wenn man etwas wegzulassen hat. Mogeln gilt nicht.«[86] Nicht in der Kunst, nicht in der Politik.

Während des Umzugs der Tucholskys aus der Avenue Mozart nach Le Vésinet war am 26. April 1925 in Deutschland Paul von Hindenburg zum Reichspräsidenten gewählt worden. Wie schön, in diesen Tagen in Frankreich zu sein. Hindenburg, meint Tucholsky nach der Wahl, das bedeute »die Republik auf Abruf«, Krach mit aller Welt und letztlich Krieg.[87] Und nun? Der alte Generalfeldmarschall, »dem der Krieg wie eine Badekur bekommen ist«, ein unselbständiger Mensch, wird sich von der denkbar schlechtesten Gesellschaft in seinem Umfeld leiten lassen. »Sie wird ihn beraten?«, fragt er. »Nein, sie wird regieren. Und er wird tun, was er sein ganzes Leben getan hat: er wird unterschreiben.«[88] Siegfried Jacobsohn versucht ihn zu beruhigen. Er glaube nicht, dass Hindenburgs Wahl der Anfang vom Ende sei.[89] Doch auf lange Sicht sollte sich Tucholskys Prognose bewahrheiten.

Er sieht die Republik durch die Wahl Hindenburgs aber vor allem auch deshalb in Gefahr, weil sie durch ein vernünftiges Verhalten der Republikaner zu verhindern gewesen wäre. Es stimmt, Hindenburg wurde erst durch das starre Beharren der Kommunisten auf einer zweiten Kandidatur Ernst Thälmanns möglich. Sonst hätte er sich gegen den von Tucholsky als Außenpolitiker sehr geschätzten Zentrumsmann Wilhelm Marx[90] nie durchsetzen können. Jeder Appell an den politischen Verstand der Kommunisten blieb erfolglos, schreibt er, »sie wollten eben nur demonstrieren, sie haben demonstriert, und das kam dem alten Mann zu Gute«. Das war nicht nur unvernünftig, es war verantwortungslos.

Wer aber, fragt er, wollte das den Parias der Republik eigentlich vorwerfen? Welcher Demokrat oder Sozialdemokrat, der in den Jahren zuvor nicht müde wurde, seine »hohe Verehrung und Liebe« der Person Hindenburg gegenüber zu betonen und der tatenlos einer Justiz zusah, die auf dem rechten Auge blind war?[91] Unter Friedrich Ebert, meinte Tucholsky während seiner letzten Provencereise beim Anblick der Verliese des Château d'If, saßen in der deutschen Republik immerhin über siebentausend Kommunisten mit meist unverhältnismäßig hohen Strafen im Gefängnis.[92]

Deutschland, schrieb er noch vor der Wahl, hätte sich politisch und mental schon längst dem Westen und dessen Vorstellungen von Rechtsstaatlichkeit und Demokratie angliedern können.[93] Doch was wusste es vom Westen? Was von dessen alten Traditionen parlamentarisch bestimmter und kontrollierter Außen- und Militärpolitik? Als Ende Oktober 1924 in Großbritannien die Labourregierung Ramsay McDonalds bei vorgezogenen Neuwahlen haushoch den Konservativen unterlag und sich mancher deutsche Geschäftsmann schon als künftigen Tory sehen wollte, meinte Tucholsky, da vergesse man doch wohl etwas leichtfertig den »Unterschied zwischen einem Beefsteak und einem falschen Hasen«. Ein englischer Tory nämlich »mit allen seinen Kriegsschiffen, Kolonien und Soldaten sei letztlich immer noch demokratischer als unsere Demo- und Sozialdemokraten!«[94] Deutschland aber, so sein Urteil, mochte den Westen im Grunde nicht, und »es hat ihn nie gemocht«.[95] Denn das hätte eine umstandslose Anerkennung der Ursachen und Folgen des Krieges, einen Verzicht auf die Dolchstoßlegende, die Politik der Revision und die Ausnahmestellung der Reichswehr bedeuten müssen.

Trotzdem ist in dieser Zeit viel von einem Ausgleich mit dem Westen die Rede. Anfang des Jahres hatte Gustav Stresemann der britischen und der französischen Regierung geheime

Memoranden zukommen lassen mit dem Ziel, das Problem der umstrittenen Westgrenzen friedlich und auf dem Verhandlungsweg zu lösen. Schön, aber hier wird gemogelt, meint Tucholsky. Er warnt vor den Gefahren, die mit einer einseitigen Akzeptanz der Westgrenzen verbunden sein können. Deutschland will den halben Versailler Vertrag anerkennen und die Rheingesänge abbauen. Gut so. Doch gegen wen richtet sich das am Ende hinter vorgehaltener Hand? Natürlich gegen Polen. »Mensch, Justav«, hält Tucholsky dagegen, »wat ham dir die Polen jetan?«[96]

Die deutschen Außenpolitiker, beobachtet er, drehen sich nun nach der anderen Seite und unternehmen »das Gefährlichste, weil zunächst Erfolgreichste und dann erst zu einer Katastrophe Führende, das es für uns gibt: eine aggressive Ostpolitik«. General Seeckt hatte sie schon immer vertreten. Und jetzt sehen sie alle in Polen ein Loch, schlau, aber nicht klug. Das weitere Drehbuch, meint er prophetisch, sehe dann den Anschluss Österreichs vor, um schließlich die Polen im Bündnis mit den Russen zu überrennen. In dieser Perspektive sieht er die deutsche Republik gerade durch die Art und Weise ihrer Aussöhnungspolitik gen Westen nach rechts gerückt.

Doch das Unternehmen wird, prophezeit er, wie schon einmal bei den schlauen, aber nicht klugen Deutschen an einem falschen Begriff von den Dingen scheitern. »Halten Sie es für einen Zufall«, fragt er in einem fiktiven Brief an einen besseren Herrn, »dass damals« – während des Ersten Weltkriegs – »aus Kaledonien und Kalifornien die Leute nach Europa gefahren sind, um Sie und Ihresgleichen zur Raison zu bringen?« Wenn Deutschland »wieder anfängt«, dann werde man schon sehen, dass es aufs Neue eine »absolute, über alle wirtschaftlichen Erwägungen hinauslangende Einheit der ganzen Welt« gegen solche Anmaßungen geben werde.[97]

Während Tucholskys Pyrenäenreise zu Ende geht, zu der Zeit, als er sich in Albi die Bilder Toulouse-Lautrecs ansieht und anschließend dessen Mutter in Toulouse besucht, werden im Tessin die sogenannten Verträge von Locarno ausgehandelt. Ein Dreivierteljahr nach den deutschen Memoranden an London und Paris kommt zwischen dem 5. und 16. Oktober 1925 jene Einigung zustande, mit der, so Gustav Stresemann, den Dingen seit Versailles eine andere Wendung gegeben werden sollte. Er selbst, der Franzose Aristide Briand und der Brite Austen Chamberlain sind die Wortführer der Delegationen, die sich im Rathaus von Locarno zusammengefunden haben.

Als die drei am Ende der Verhandlungen nach einer langen Fahrt mit dem Motorboot *Orangenblüte* über den Lago Maggiore sich auf dem Rathausbalkon gemeinsam dem Publikum stellen, werden sie von der auf dem Marktplatz versammelten Menge mit enthusiastischen *Pace! Pace!*-Rufen empfangen. Endlich Frieden. Rasch, so Annette Kolb, sollte sich die Luft zwischen beiden Staaten daraufhin entgiften,[98] und Harry Graf Kessler sieht am Silvesterabend das erste wirkliche Friedensjahr »nach elfjährigem Krieg« vor sich.[99] Deutschland hatte sich neben dem Verzicht auf gewaltsame Änderungen der Westgrenzen auch zu einer freiwilligen Entmilitarisierung des Rheinlandes und zum Beitritt in den Völkerbund mit ständigem Sitz im Völkerbundsrat bereit erklärt.

Tucholsky betrachtet den Völkerbund allerdings eher skeptisch. Dass er in den Jahren seines Bestehens nichts Vollendetes zustande gebracht hat, dürfe man ihm kaum anlasten. Aber doch seinen Konstruktionsfehler; »und das ist der Mangel seiner Rückwirkung auf die Innenpolitik«. Kurz: »Die absolute Souveränität des Staates, einer der Hauptgründe für die Weltanarchie«, wird durch den Völkerbund nicht in Frage gestellt.[100] In Deutschland kommt verschärfend hinzu, dass »das deutsche Parlament sich kein Kontrollrecht über die wirkliche Führung der außenpolitischen Geschäfte verschafft hat«.[101] Ganz im Unterschied zu Frankreich, das in den zwanziger Jahren bei allem Wechsel der Regierungen der Prototyp einer parlamentarischen Demokratie schlechthin blieb.

Am 10. September 1926 wird Deutschland in Genf Mitglied des Völkerbunds. Am 17. September sind Stresemann und Briand in das französische Jura gefahren und haben sich dort in einem Landgasthof verabredet. Hier, in dem kleinen Dorf Thoiry, wird noch einmal große Weltpolitik gemacht, als Briand Stresemann den Vorschlag unterbreitet, jetzt mit kräftigen Schritten auf eine Generalbereinigung aller noch offenen deutsch-französischen Fragen zuzugehen. »Genf ist gut -: weil sich Stresemann und Briand überhaupt gesprochen haben«, das versteht auch Tucholsky, »weil die Beziehungen nicht mehr auf die leicht missverständlichen Diplomatenberichte beschränkt bleiben, und weil man leichter in einer mündlichen Unterhaltung Steine aus dem Weg räumen kann.«[102] Und dennoch unterstellt er Stresemann weiter, er sei, was die Ostpolitik betrifft, ein Mogler geblieben.[103] »Ein Filou«, dichtet er in der *Weltbühne*: »Er steht am Wasserglase / und redet durch die Nase, / mal rechts durchs Loch, mal links durchs Loch – der Junge ist Atout!«[104] Aber immerhin attestiert er diesem schwer durchschaubaren Mann der vielen Wandlungen vom militanten Monarchisten zum überzeugten Vernunftrepublikaner ein hohes Maß an Lernfähigkeit. »Stresemanns guter Wille ist außer Zweifel«, meint er später, er »will die Verständigung«, zumindest mit Frankreich, und »dass sie nicht nur mit Briand zu machen ist, wissen die Leute«;[105] und er weiß es auch.

Selbst der skeptische Pessimist Kurt Tucholsky beginnt kurzfristig, daran zu glauben. Etwas später berichtet er von einer Weinmesse am großen Tag der Côte d'Or im alten Keller des Hospitals von Beaune. Der Burgunder des Jahrgangs ist ausgezeichnet. Vorher hat es ein Frühstück der Stadt gegeben, und der kriegsverletzte Provinzpräsident beglückwünschte die Teilnehmer eines Journalistenkongresses aus Dijon zur Wahl ihres Präsidenten, die auf einen Deutschen gefallen war, den Pariser Ullstein-Korrespondenten Georg Bernhard. Auch er ist ein Kriegsversehrter, und als er auf den Provinzpräsidenten zugeht, um ihm die Hand zu drücken, beginnt der nach französischer Sitte, ihn freundschaftlich zu umarmen. »In den sanftblauen Spätherbsthimmel klingelt die Turmuhr«, schließt Tucholsky – ganz in Hochstimmung – seine Beobachtungen aus der französischen Provinz, »ein braunes Licht liegt über diesem Garten Gottes, und wie schön wäre es, mit diesem Lande dauernd in Frieden zu leben–!«[106]

Innen weint es

Am Vormittag des 3. Dezember 1926 erreicht Tucholsky in Paris ein Telegramm aus Berlin: »Jacobsohn Gehirnschlag sofort kommen.«[107] Eine Minute später greift er erregt zum Telefonhörer, um sich diese vollkommen unerwartete Nachricht bestätigen zu lassen. Siegfried Jacobsohn, der Mensch, mit dem ihn mehr verband als mit jedem anderen, war am frühen Morgen um vier Uhr in der Grunewalder Douglasstraße 30, wo er erst vor drei Monaten eine komfortable Achtzimmerwohnung bezogen hatte, den Folgen eines epileptischen Anfalls erlegen. Am Tag zuvor hatte Tucholsky ihm noch einen Brief geschrieben, der ihn nun nicht mehr erreichen würde. Es ging um das *Pyrenäenbuch,* das für den Berliner Verlag Die Schmiede zum Druck vorbereitet wurde, sachlich, voll interessanter Tatsachen und dabei spannend und witzig, kurz einfach wundervoll,[108] wie Jacobsohn den verantwortlichen Lektor zitierte, und Tucholsky bot Jacobsohn nun »das Beste und Lustigste aus dem Buch« zum Vorabdruck in der *Weltbühne* an.[109] Jacobsohn seinerseits hatte ihm an seinem letzten Lebenstag eine ausgewogene Charakterisierung Hindenburgs zukommen lassen. Er sei doch in Wahrheit nur ein Grandseigneur, »dessen tiefster Schmerz es ist, dass sich die Hohenzollern nicht als Grandseigneurs erwiesen haben«, und werde sich aus diesem Grund in Zukunft vermutlich in einen Dauerkonflikt mit den Deutschnationalen hineinbegeben.[110] Jetzt war Jacobsohn tot, nicht ganz sechsundvierzig Jahre alt.

Die Nummer 40 des 22. Jahrgangs der *Weltbühne* vom 7. Dezember 1926 eröffnet auf der ersten Seite mit einem Nachruf von Kurt Tucholsky auf Siegfried Jacobsohn. »Ihm ganz allein verdanken wir, was er uns hinterlassen hat«, liest man da. »Wir alle, die wir unter seiner Führung gegen dieses Militär, gegen diese Richter und gegen diese Reaktion gekämpft haben, kennen seinen tiefsten Herzenswunsch: die Wahrheit zu sagen. Die Wahrheit Mozarts, die Wahrheit Schopenhauers, die Wahrheit Tolstois – inmitten einer Welt von Widersachern: die Wahrheit.« Seine Arbeit, schließt Tucholsky den Nachruf, soll aber nicht umsonst gewesen sein. »Organisches Leben zieht Leben an – es soll nicht untergehen. Gib Deine Waffen weiter, S.J.-!«[111] Er war nun »Dahin«, und man konnte nicht mehr, wenn man in Berlin weilte, einfach zu ihm ins Büro kommen und über Gott und die Welt plaudern. »Jetzt«, so Tucholsky, »sitz ich ganz allein. / Keinen hör ich vor Beifall schrein«, und die besten Witze aus ganz Berlin wird man nie wieder dem stets zu Scherzen aufgelegten Jacobsohn erzählen können.[112] Dieser Berliner, wird Tucholsky später schreiben, hatte wirklich einmal alle guten Eigenschaften seiner Stadt in sich versammelt. Er war pünktlich, akkurat, aus Egoismus altruistisch, kurz »der idealste deutsche Redakteur, den unsere Generation gesehen hat«.[113] Für eine Zeit muss Tucholsky ihn nun ersetzen. Stehenden Fußes reisen Mary und er, die im Oktober einen geräumigen ehemaligen Kardinalssitz in der kleinen Residenzstadt Fontainebleau bezogen hatten, nach Berlin.

Er hatte Jacobsohn erst Mitte Juli 1926 für einige Tage in Sils Maria getroffen. Man sprach über Maximilian Harden, über Projekte und über Geld. Mary gegenüber schwärmte er bei dieser Gelegenheit von der Landschaft des oberen Engadin, die ihn weit tiefer beeindruckte als die Pyrenäen, und »Rückenschauer« überwältigten ihn beim Anblick des Hauses, in dem Friedrich Nietzsche, der »dem Deutschen wieder eine Prosa gegeben hat«, sieben Sommer verbrachte. Tucholsky kam aus Garmisch, wo er im Hotel Wittelsbach gemeinsam mit Alfred Polgar an einer Revue für Max Reinhardt gearbeitet hatte, eine Sache, die ihn gar nicht zufriedenstellte. Das Szenario war »Mist«, der Kapellmeister unmöglich, und Polgar benahm sich wie eine »verfluchte Ziege«. Die »höllisch kluge« Fritzi Massary aber bescherte ihm immerhin auf dem Gipfel der Zugspitze ein atemberaubendes Landschaftserlebnis; es war »grandios«. Auf dem Weg zu Jacobsohn nach Sils Maria hatte ihn dann Rudolf Hilferding begleitet.[114] Es war das vorletzte Treffen mit Jacobsohn vor dessen Tod. Mary suchte unterdes nach einem neuen Haus, bevor sie und Tucholsky im August zum gemeinsamen Urlaub nach Le Val-André in die Bretagne fuhren. Ende September war er noch einmal kurz in Berlin bei Jacobsohn, bevor der Umzug in die Ile-de-France nach Fontainebleau begann.

Bei der *Weltbühne* im Charlottenburger Königsweg sind einige Veränderungen eingetreten, als Tucholsky dort Anfang Dezember 1926 unfreiwillig Jacobsohns Platz einnimmt. Emmy Sachs, eine Cousine der Lyrikerin Nelly Sachs, war als Vorzimmerdame schon 1925 durch das tatkräftige und organisationsbegabte ›Fräulein‹ Hedwig Hünicke ersetzt worden. Carl von Ossietzky, um den sich Jacobsohn seit Juli 1924 auf Tucholskys Vorschlag hin bemüht hatte, war am 1. April 1926 in die Redaktion eingetreten, obwohl sich Jacobsohn der Qualitäten des »Umstandskommissars«[115] mit dem Spitznamen Marquis v. O. anfangs nicht immer ganz sicher war.[116] Im Sommer durfte Ossietzky jedoch bereits die Manuskripte direkt an die Druckerei liefern, ohne den prüfenden Umweg über Kampen berücksichtigen zu müssen.[117] Jacobsohn war inzwischen zur Druckerei Stein am Nauener Tor in Potsdam übergewechselt, und Ossietzky saß dort gern im Café Rabien an einem Marmortisch rechts des Eingangs, schrieb seine Leitartikel und las die Fahnen Korrektur. Tucholsky würde ihn in den nächsten Monaten öfter »nach Podam«[118] begleiten müssen.

Nach dem Tod Siegfried Jacobsohns muss Tucholsky im Dezember 1926 für eine Zeit unfreiwillig dessen Stelle bei der Weltbühne einnehmen. Regelmäßig muss er nach Potsdam fahren, wo in der Nähe des Nauener Tors das »Blättchen« gedruckt wird. Letzte Hand bei Korrekturen wird dann im nahe gelegenen Café Rabien, dem heutigen Café Heider – hier ein Foto aus den zwanziger Jahren – angelegt.

Am 19. Dezember 1926 findet im *Deutschen Theater* die Trauerfeier für Siegfried Jacobsohn statt. Erich Kleiber dirigiert das Orchester der Staatsoper, Lina Lossen rezitiert Nietzsches *O Mensch gib acht!*; es sprechen Arthur Eloesser, Ernst Toller, Fritz Kortner und zum Schluss Kurt Tucholsky. Über tausend Menschen sind gekommen, und man steht auf den Treppen, in den Gängen und im Foyer, wo immer ein Platz zu finden ist. Nach den Erinnerungen Pauline Nardis – der Frau des kurzfristigen *Weltbühnen*-Redakteurs und späteren *Tagesspiegel*-Mitherausgebers Walther Karsch – stolperte der sonst überaus selbstbewusst auftretende Tucholsky wie ein Geschlagener über die Stufen zum Rednerpult, eher hilflos und fast verlegen. Er spricht frei, und seine Rede ist deshalb leider nicht überliefert. Am Ende intoniert Kleiber die Ouvertüre zu *Figaros Hochzeit* von Mozart, den Jacobsohn so über alles geliebt hatte. Seine Asche wird am 26. März 1927 auf dem Stahnsdorfer Friedhof, Grabstelle 161, beigesetzt.[119] Tucholskys zur gleichen Zeit erscheinendes *Pyrenäenbuch* ist, was ihm am Herzen liegt, in tiefer Verehrung an einen unwiederbringlichen Verlust »Dem Andenken Siegfried Jacobsohns« gewidmet.[120] Mary hatte sich nach der Trauerfeier bald zurück nach Fontainebleau begeben.

Nach drei Jahren ist er nun zum ersten Mal wieder für längere Zeit zurück in Berlin, und er ist allein. Anfangs hat er überlegt, ob er die *Weltbühne* nicht auch von Paris aus dirigieren könnte, wie Jacobsohn dies in den Sommermonaten regelmäßig von Kampen aus praktizierte. Aber dann entschließt er sich, nicht zuletzt auf Drängen Edith Jacobsohns, zu bleiben. Frau Jacobsohn, schreibt er an Mary, sei doch »viel vernünftiger«, als er gedacht habe, »fast ganz gescheit«. Eine Weile trägt sie sich mit dem Gedanken, die Zeitschrift zu verkaufen, aber Ende Januar 1927 fällt nach einigem Hin und Her der Entschluss, sie zu behalten und die Geschäfte selbst zu führen. »Dann arbeite ich Ossietzky ein und komme rasch«, lässt Tucholsky Mary wissen: »Das ist ja hier fürchterlich.« Vor der

Kleinstadt Fontainebleau graut es ihm aber nun plötzlich auch.[121] Er wird einige Monate in Berlin bleiben, und erst nach einem Aufenthalt in Dänemark sehr spät wieder nach Frankreich zurückkehren. Anfang April zieht die *Weltbühne* in die Kantstraße 152 um.[122]

Tucholsky lebt derweil in einer gut möblierten Charlottenburger Zweizimmerwohnung, als er am 25. Januar 1927 auf einem Künstlerball, bei dem auch George Grosz, Bert Brecht, Ernst Toller, der Verleger Wieland Herzfelde und der Schriftsteller Richard Huelsenbeck zugegen sind, eine junge Dame namens Lisa Matthias kennenlernt. Die dreifache Mutter und Journalistin ist mit dem *Weltbühnen*-Autor Leo Matthias verheiratet, den sie wegen Tucholsky verlassen wird. Sie hat etwas von Vicki Baums damals in Mode gekommenen modernen Frauentypen an sich. Bubikopf, Autofahrerin, quirlig, aktiv, informiert, ganz und gar aufgeklärt, etwas frivol und leicht promisk. Sie ist, und das scheint sofort eine Saite in Tucholsky zum Klingen gebracht zu haben, wie die verflossene Pimbusch der Rheinsberger Tage eine perfekte Anti-Mary. »Er hatte sich in mich verliebt«, schreibt sie ein paar Tage später in ihr Tagebuch, »ich finde ihn reizend.« Kaum sind sie sich begegnet, hängt er jeden Tag flirtend am Telefon, um angeregt mit ihr zu plaudern. Und schon kurz danach sind sie verabredet und wollen übers Wochenende gemeinsam verreisen.[123] Tucholsky, wie ein ewiges Kind gern im Reiz des Augenblicks lebend, kann dieser antipodischen Attraktion seines durch Fontainebleau nun scheinbar festgelegten Lebens keine Minute widerstehen. Und er kann auf keinen Fall allein sein. Es dauert nicht lange, und bald bezeichnet er sich übermütig als ihren »Vaginalklown«,[124] sie als das »Lottchen mit dem Lotterleibe«.[125]

Ansonsten gelten seine ersten Beobachtungen der Stadt, dem Berliner, seinem allgegenwärtigen Telefon und dem provinziellen Berliner Snobismus.[126] »Oberzensurrätin« Theodor Heuss hat sich auf eine Unterstützung des unsäglichen Schmutz- und Schundgesetzes eingelassen, das in Wirklichkeit eine versteckte Zensur darstellt.[127] Parlamentspräsident Paul Löbe verweigert der *Weltbühne* die Ausstellung von Presseausweisen für den Reichstag.[128] Hindenburg zieht es vor, am zweiten Todestag Friedrich Eberts, als der Reichstag eine Gedenkfeier veranstaltet, in der Uniform eines kaiserlichen Generalfeldmarschalls gemeinsam mit »Herrn Mackensen (geschlagen in Rumänien), Wilhelm III. (geschlagen in Frankreich) und vielen anderen bekannten Militärstars« an einem ›Schlieffen-Tag‹ zu Ehren des Generalstrategen Seiner Majestät teilzunehmen.[129] Alles ist noch da. Auch die Justiz, wie gehabt. Eine Justizreform? Daran ist nicht zu denken. »Tatsächlich ist bei den Richtern die Auslese, die der Stand erbarmungslos vornimmt, gefährlicher und schlimmer als bei der ihnen gesinnungsverwandten Reichswehr.«[130]

Doch die Zeit der scharfen Konfrontationen scheint vorüber zu sein. Anfang Mai 1927 findet in Berlin ein großes Treffen der deutschnationalen Wehrvereinigung *Stahlhelm* statt. Um die 100 000 sind erschienen, und Stahlhelmführer Franz Seldte hat zuvor die Eroberung der »Festung Berlin« angekündigt. Die Berliner aber lassen das Spektakel einfach links liegen. Zum Abschluss – Tucholsky befindet sich gerade zur Fahnenkorrektur bei seinem Drucker Stein – marschiert der *Stahlhelm* nach Potsdam, wo eine offizielle Begrüßung durch den Oberbürgermeister stattfindet.[131] Er beobachtet sie, vermutlich am Nauener Tor, wie sie die heutige Hegelallee Richtung Sanssouci hinuntermarschieren. »Sie gingen in angehaltenem Atem einher und befanden sich in eingebildeter Lebensgefahr, unschlüssig, ob sie Potsdam für die Sehnsucht ihrer Träume halten oder wie eine Stadt im besetzten Gebiet behandeln sollten.« Nein, das blutige Pathos der Bürgerkriegsjahre nach 1918 ist raus, und das Schauspiel, das sich ihm da bietet, stellt kaum mehr als ein mäßiges Amüsiervergnügen kleiner Vereinsmeier dar. »Der Stahlhelm gehört in den Affenkäfig«, schreibt er wie in einem Nachruf in der *Weltbühne*. Aber andererseits sei es auch »nicht wahr, dass der normale Typus der Deutschen Volkspartei und der Indifferenten auf die ekelhaften Grundsätze des Imperialismus verzichtet hat«. In diesem Zusammenhang fällt der folgende, problematische Satz: »Die wirkliche Gefahr in Deutschland ist der interfraktionelle Stresemann-Typus.«[132] Wirklich?

In dieser Zeit hält Tucholsky in Deutschland auch Vorträge, vor allem auf Versammlungen der *Liga für Menschenrechte*. Und er geht, wie nicht anders zu erwarten, in Berlin unablässig ins Theater. Hinreißend eine kleine Notiz über Rosa Valetti an der Hardenbergstraße, die mit dem Satz endet: »Schade, dass kein großer Regisseur mit ihr arbeitet«, obwohl sie eine der stärksten Schauspielerinnen Berlins ist.[133] Hinreißend auch seine Kritik in der *Voss*, also der *Vossischen Zeitung,* an der Mode des inneren Monologs, die vor allem in Frankreich seit der Publikation von James Joyce' *Ulysses* Wellen schlug. Eine literarische Form, die gewiss reizvoll und interessant ist, meint er. Aber sie verfälscht die Grammatik und nicht nur sie. Kein Mensch denkt für sich in grammatikalischen Sätzen, sondern grundsätzlich in eliptischen Ideenassoziationen. Und das meist polyphon, mit simultaner zweiter, dritter und vierter Stimme. Der literarische innere Monolog ist für Tucholsky nichts als eine kunstvolle Täuschung.[134]

Wenige Monate später kommt er noch einmal auf Joyce zurück. Ja, der innere Monolog von über hundert Seiten ohne Interpunktion im *Ulysses* ist schon beeindruckend. Auch und vor allem tiefenpsychologisch. Joyce hat eine Tür aufgestoßen, die allerdings nach Freud nur noch angelehnt war. Ein außergewöhnliches und merkwürdiges Buch. Doch literarisch? »Liebigs Fleischextrakt. Man kann es nicht essen. Aber es werden noch viele Suppen damit zubereitet werden.«[135] Dann schon lieber die ungeordneten Monologe seines eigenen Herrn Wendriner, eines jüdischen Geschäftsmanns aus Berlin, wo wenigstens die Sprache stimmt. Denn nichts ist schwerer, erfordert mehr Arbeit und Kultur, als einfache Sätze unvergesslich zu machen und sie nicht auf Draht aufzuziehen. »Die Worte mit der Wurzel ausgraben: Das ist Literatur.«[136]

Wendriner – die erste Geschichte, in der Tucholsky diese literarische Figur auftauchen lässt, erschien 1922, die letzte 1930 in der *Weltbühne* – monologisiert grundsätzlich. In seinen unvollständigen Sätzen, unzusammenhängenden Bemerkungen und oft scheinbar vollkommen unlogischen Assoziationen gibt es aber ein unbewusst wirksames Triebzentrum, mit dem das wirre Potpourri zusammenhängt. Alles wird von einer fixen Idee gesteuert. Es geht immer um den eigenen Vorteil und ums Geschäft. Auch Tucholsky hat durch die Tür geschaut, die seit Freud halb offenstand.

Herr Wendriner kauft ein. »Frollein! Frollein, ja, wir waren zuerst da. Padong! ... Also zuerst mal von den Sardellen hier – sind se auch frisch? Na gut, ein halbes. Entweder ihr entschließt euch gleich, oder die Provision geht zu euern Lasten – nicht so kleine, Frollein, ja, mehr von unten! Und dann ein halbes Pfund Gemüsesalat.«[137] Walther Rathenau ist ermordet worden. »So ein effektiv anständiger Mensch«, kommentiert Herr Wendriner, der in ihm vor allem die verwandte Geschäftsseele erblickt. Auch war die Trauerfeier im Reichstag »sehr eindrucksvoll«; doch das Telefonnetz bricht danach zusammen, weil die Angestellten des Telegrafenamts gegen den Mord demonstrieren. »Kateridee«, denkt er sich, »davon wird er auch nicht lebendig«. Im Übrigen, die Attentäter: »Glänzende Schützen müssen das gewesen sein. Vielleicht Offiziere.« Wendriner muss aber wegen einer dringenden geschäftlichen Angelegenheit unbedingt telefonieren. »Ist das nötig, einem das Telefon abzusperren? Wer ersetzt mir meinen Schaden?« Ein »Schkandal!«[138]

Herr Wendriner kann des Abends nicht einschlafen, und im Bett sausen ihm die Ideen durch den Kopf. »Was juckt mich denn da immer? Herrgott, jetzt wollte ich heute abend baden und habs vergessen ... Na, morgen. Nein – morgen hab ich wieder keine Zeit – na, also morgen abend. Wir gehen ja nicht auf Brautschau. 45 000 in zwei Jahren zu 18 % macht ... 18 % – die Leute sind ja wahnsinnig ... Jetzt weiß ich das Wort. Amorph – den ganzen Tag is mirs nicht eingefallen. Amorph,

Lucie wollts für ihr Kreuzworträtsel wissen, im Geschäft ists mir den ganzen Morgen durch den Kopf gegangen – komisch, was einem so manchmal durch den Kopf geht.«[139] Und so weiter. Herr Wendriner ist ein deutscher Babbitt.[140]

Tucholsky hat Anfang März 1925 eine Rezension zu Sinclair Lewis' kurz zuvor in deutscher Übersetzung erschienenem Roman *Babbitt* für die *Weltbühne* verfasst. Er ist so begeistert von dem Gelesenen, dass der Text viel zu lang wird und Jacobsohn ihn bitten muss, doch deutlich zu kürzen.[141] Einen Tag nach der Niederschrift lernt er Lewis in Paris persönlich kennen. »Ein ganz außergewöhnlicher Bursche«, teilt er Jacobsohn mit, allerdings mit »etwas versoffenen Augen«.[142] Kein Literat, keine Hornbrille, eben »ein richtiger Mensch«.[143] Vor allem aber sei das Buch selbst etwas ganz Außergewöhnliches.[144]

Lewis nämlich, meint er, gelinge es in diesen »amerikanischen Buddenbrooks« (für die er 1930 den Literaturnobelpreis erhielt) zum ersten Mal in der Literatur, mit der Figur des Geschäftsmanns Babbitt »die Gehirntätigkeit eines solchen Menschen richtig wiederzugeben«. Wie in den wichtigsten Augenblicken plötzlich irgendeine Albernheit auftaucht, »wie durcheinander gedacht wird, wie die Zivilisation über ihn dahin purzelt; und wie seine Vorstellungen alle eindimensional sind – Rasieren, Familienliebe, Geschäfte, Zigarrenanzünder und eine vage Mischung von Kommunistenangst und Gottesdienst. Dazwischen – was ebenso angelsächsisch wie menschlich ist – : das Jungenhafte im Mann.« Die Deutschen, meint er abschließend, werden bestimmt über diesen merkwürdigen Amerikaner herzhaft lachen. »Aber nimmermehr begreift Herr Wendriner, dass auch er ein Babbitt ist.«[145]

Der begreift nicht einmal, dass es ihn selbst gibt. Im Herbst 1925 hatte Tucholsky mit Edith Jacobsohn – die seit 1924 in eigener Regie den Williams-Verlag betrieb – über eine Publikation seiner Wendriner-Geschichten in Buchform verhandelt. Als Vorwort stellte er sich einen Text mit dem Arbeitstitel *Herr Wendriner liest Herrn Wendriner* vor, in dem dieser zu dem kaum überraschenden Ergebnis kommt: »Solch einen Kerl gibt es gar nicht.« Herr Wendriner verdrängt sich, des eigenen Selbstbildes wegen. Aber er ist deswegen keineswegs eine Fratze, sondern ein normaler Durchschnittsmensch mit menschlichen Zügen, weshalb Tucholsky auch strikt dagegen war, das Buch von George Grosz illustrieren zu lassen. Freund Grosz nämlich, teilte er Edith Jacobsohn mit, sei »für diesen Fall nicht liebevoll genug, denn es ist immer noch ein Stück Idylle daran«. Und Ottomar Starkes Entwürfe – Wendriner als deutschnational gesinnter Jude – waren ihm viel zu antisemitisch.[146] Die Buchpublikation kam ohnehin nicht zustande, und die bisher gedruckten Wendriner-Geschichten erscheinen Ende 1927 in dem Sammelband *Mit 5 PS* bei Rowohlt.

Als Pauline Nardi im Januar 1927 Tucholsky in den Räumen der *Weltbühne* aufsucht, findet sie einen in ihren Augen völlig verwandelten, sehr traurigen, schüchtern, müde und antriebslos wirkenden Menschen vor, der unentwegt verlegen seinen Schreibblock mit Männchen bemalt.[147] Der Verlust von Siegfried Jacobsohn hat ihn tief getroffen. Aber auch die Redaktionsarbeit ist nichts für ihn. Es ist grauenhaft, teilt er Mary mit, es frisst einen auf. »Alles zerflattert einem unter den Fingern«, aber wenigstens beginnt Ossietzky langsam, ihn etwas zu entlasten. Wenn sie nur da wäre – und das schreibt er Mary, als das Verhältnis zu Lisa Matthias längst intime Züge angenommen hat –, dann möchte er mit ihr in Berlin leben, und dann würde es vielleicht anders aussehen. Kein schönes Jahr, voller Unruhe, und er selbst ist, wie es seinem Charakter entspricht, in diesen turbulenten Zeiten stets ein anderer. Wohin? Ende März geht es im Briefwechsel mit Mary um das ungeliebte Haus in Fontainebleau, das nun plötzlich gekündigt werden soll. Mary muss das im Innersten getroffen haben. Aber sie lässt es sich nicht anmerken. Ende April löst sie, wie stets in voller Contenance, das Anwesen auf. Wie es in Zukunft weitergehen soll, bleibt zunächst einmal offen. Doch Tucholsky will jedoch auf keinen Fall in Berlin bleiben.

Anfang Mai unterschreibt er bei Rowohlt einen Vertrag über den Auswahlband *Mit 5 PS*, den er nun zusammenstellen muss, gibt wenig später die Leitung der *Weltbühne* an Ossietzky ab und reist nach Kopenhagen. Mary folgt ihm zunächst, aber Anfang Juni verabschiedet er sie dort am Kai. Sie fährt mit dem Schiff weiter nach Riga zu ihrer Mutter, wo sie, wie auf einer Selbstbesinnungskur, bis Mitte August bleiben wird. »Glückliche Reise«, wünscht ihr Tucholsky zum Abschied, etwas rätselhaft adressiert an »Mala Suson, geb. Tucholsky, verw. Gerold, geschiedene Matz, zukünftige?«[148] Er liebt bekanntermaßen solche Spiele mit Namen, aber hier zeigt sich vermutlich auch eine Ungewissheit darüber, was aus ihrer Beziehung werden soll. Am 4. Mai hatte er in Berlin den Abschied von Lisa Matthias gefeiert und ihr bei dieser Gelegenheit ein Exemplar des frisch erschienenen *Pyrenäenbuch* geschenkt.[149] Auch was aus dieser Beziehung werden soll, weiß er nicht.

Nach Marys Abfahrt mietet er sich siebzig Kilometer südwestlich von Kopenhagen auf dem königlich konzessionierten Landgasthof Mogenstrup Kro ein. Ein Ausbau des Orts Mogenstrup, drei Anwesen, pittoreske dänische Reetdachhäuser und eben der Krug mit einem Wirt namens Petersen.[150] »Inzwischen bin ich nach Dänemark gemacht«, schreibt er an Maximilian Harden, »und werde wohl kaum zurückkommen, sondern wieder in Paris oder sonstwo im Ausland bleiben.«[151] Und Mary in Riga teilt er mit, die Zusammenstellung des Buchs für Rowohlt – in gewisser Weise auch eine vorläufige Bilanz seiner Biografie und seines literarischen Schaffens – sei eine ziemlich traurige Sache. »Man lebt alles noch einmal durch, und ich erkenne deutlich den Knax, der da anhebt, als nach Vésinet die Reiserei anfing. Da kommt dann nicht mehr viel. Es ist widerlich, ich komme wohl nicht mehr zur Ruhe.« Er arbeite sehr intensiv an dem Buch, aber: »Ich habe überhaupt Angst.«[152]

Am 6. Juli schickt er Mary ein Inhaltsverzeichnis mit den in *5 PS* aufgenommenen Texten.[153] Die Arbeit ist so weit fertig,

Abschied von Mary am Kai von Kopenhagen Anfang Juni 1927. Ihr gemeinsames Haus in Fontainebleau hatte sie kurz zuvor auf seinen Wunsch hin aufgelöst, und nun befindet sie sich auf dem Weg zu ihrer Mutter nach Riga, wo sie einige Zeit bleiben wird. Die Ehe der Tucholskys kriselt. Glückliche Reise wünscht er ihr zum Abschied und fügt rätselhaft hinzu »geschiedene Matz, zukünftige?«.

und Mitte Juli nimmt er ein Flugzeug von Kopenhagen nach Hamburg. »Man gewöhnt sich rasch an die schräge Erde bei der Landung und beim Aufstieg«, schreibt er nach seinem Pionierflug an Mary.[154] Das Buch, das im Dezember bei Rowohlt erscheint, ist Jakob Wassermann in Verehrung und dem Andenken Siegfried Jacobsohns gewidmet. »Wir sind fünf Finger an einer Hand«: Mit diesem Satz beginnt die nun vollendete Polyphonie seiner Pseudonyme, für die er fast tausend Arbeiten durchgesehen, ausgewählt und unter kompositorischen Gesichtspunkten neu geordnet hat.[155]

Sogar sein mit siebzehn Jahren verfasstes *Märchen* hat darin Eingang gefunden. Auch Berliner Typen, wie er sie selbst noch in der Karikatur liebt, tauchen wieder auf. »Käse-Karl« beispielsweise aus dem Zuchthaus Plötzensee. »›Na, Orje‹, sage ick, ›wie lange bringste denn mit?‹ – ›Et jeht, Karl‹, sagte er, ›acht Jahre sind et‹. – ›Na‹, sage ick mit meine Ruhe, ›denn jehst du ja bald!‹ Immer mit die Ruhe.«[156] Oder der Portier des Reichskanzlerpalais, der nach dem 9. November 1918 die Revolution mit der gleichen Berlinischen Ruhe kommentiert: »Aber ick sahrte janischt und stand mit meine Olle auf den Boden der gegebenen Tatsachen.«[157]

Und was ist das überhaupt, ein Berliner? »Der richtige Berliner kommt entweder aus Posen oder aus Breslau.«[158] Die für ihn allgegenwärtige »Sehnsucht nach der Sehnsucht«[159] geistert durch die Gedichte des Buchs, und die Geschichte der »Männer aus Berlin und Neuköln«, die – wie er – nicht wissen, »was sie wölln«.[160] Schließlich das 1922 in einer deprimierten Krisenlage verfasste großartige selbstironische Requiem auf sich selbst. »An meinem Todestag – ich werd ihn nicht erleben – / da soll es mittags Rote Grütze geben, / mit einer fetten, weißen Sahneschicht ... / Von wegen: Leibgericht.«[161]

Es fehlen auch nicht, bei Tucholsky unvermeidbar, Rückblicke auf die Große Zeit. »Wo waren Sie im Kriege, Herr-?« beispielsweise aus der *Weltbühne* von Ende März 1926. »Ich habe mich dreieinhalb Jahre im Krieg gedrückt«, so dort seine

Antwort, »und ich bedaure, dass ich nicht, wie der große Karl Liebknecht, den Mut aufgebracht habe, Nein zu sagen«.[162] Ja, man hätte. Das ist auch das Thema seiner *Nachher*-Geschichten, die erst hier, in der Buchfassung von *5 PS*, zu voller Geltung kommen. Es sind lukianische Erzählungen, aber nicht aus dem Hades, sondern aus einem vorgestellten Himmel der Seligen. Kaspar Hauser alias Kurt Tucholsky sitzt dort auf einer Wolke, lässt die Füße baumeln und betrachtet nachdenklich das vergangene Leben auf der Erde. »Haben Sie sich sehr gesehnt, zu --- hierher zu kommen?«, wird er im Jenseits gefragt. »›Oft‹, sagte ich. ›Hunger habe ich alle meine Lebtage gehabt. Hunger nach Geld, dann: Hunger nach Frauen, dann, als das vorbei war: Hunger nach Stille.‹« Nicht mehr müssen, »nicht mehr durch die Zeit fahren müssen«.[163] Das ist weit mehr als eine bloße literarische Fiktion. Es ist das Bekenntnis eines zu tiefen Depressionen neigenden und seines Mittelpunkts nie sicheren skeptischen Pessimisten. Tucholsky, erinnert sich die Schriftstellerin Claire Goll, war von einem ungeheuren tragischen Witz. Ja, lustig, sagte er zu ihr, lustig, »ich habe das Lachen eines Clowns, aber innen weint es!«[164]

Ménage à trois

Innen weint es. Dieses Eingeständnis ist ein Motiv für seine oft ziellose Rastlosigkeit, die nun wieder massiven Besitz von ihm ergreift. In Hamburg besucht Tucholsky seinen alten Freund Hans Fritsch, Jakopp genannt, den er wie Erich Danehl, genannt Karlchen, bei der Feldpolizei in Turn-Severin während der letzten Monate des Weltkriegs kennengelernt hatte. Die beiden sind die einzigen wirklichen persönlichen Freunde, die er je im Leben hatte.[165] Lisa Matthias ist gerade von einer Reise über Paris nach Biarritz zurückgekehrt, als sie Mitte Juli 1927 in Berlin die Nachricht Tucholskys erreicht, doch bitte umgehend nach Hamburg zu kommen. Er hatte sich seit seiner

Abfahrt nach Dänemark nicht gemeldet, doch sie willigt sofort ein und besteigt – wie er kurz zuvor – zum ersten Mal in ihrem Leben ein Flugzeug, das allerdings wegen einer Motorpanne hinter Neustadt an der Dosse auf einem Acker notlanden muss. Spätnachts kommt sie endlich mit dem Zug in Hamburg an und meldet sich bei ihm, der im nicht ganz billigen Palace Hotel untergekommen ist. Tags darauf fahren sie nach Lüneburg und streifen die nächsten vier Tage verliebt durch die Heide. Nach zwei weiteren amüsanten Tagen in Hamburg kehrt sie zurück.[166] Mary erfährt in Riga davon so viel, dass die Hamburger Zeit »sehr lustig und reizend« war, »alles ganz echt und wahrhaft verrückt«.[167] Ja, das möchtste, dichtet Tucholsky in diesen Tagen: »Eine Villa im grünen mit großer Terrasse, / vorn die Ostsee, hinten die Friedrichstraße; / mit schöner Aussicht, ländlich-mondän, / vom Badezimmer ist die Zuspitze zu sehen - / aber abends zum Kino hast Du's nicht weit.« Alles am liebsten, auch Mary und Lisa zugleich, am besten in einer Person, und das Ganze in »voller Bescheidenheit«.[168]

Ende Juli 1927 ist Tucholsky endlich wieder »zu Hause – in Frankreich. In Paris«.[169] Er mietet vorübergehend eine möblierte Wohnung in der Avenue de Colonel Bonnet nahe dem Maison de Balzac zwischen Marsfeld und Bois de Boulogne an und findet die Stadt so vor, wie er sie verlassen hat. Ende August beginnt bereits der Herbst, man spürt es in der Luft.[170] Nun ist auch Mary aus Riga zurück. Sie sehen sich aber nur ein paar Tage, bevor er zu einer verabredeten Spessart-Wanderung mit Karlchen und Jakopp wieder nach Deutschland aufbricht. Dort herrscht ein wunderbarer Altweibersommer voller Farben, »der Herbst tönt, und die Wälder brennen.«[171] Während Mary nach einer neuen Wohnung in Paris Ausschau hält, trifft Lisa Matthias am 18. September in Würzburg ein und schließt sich der Herrengesellschaft an. »Wir ziehen durch die Weindörfer«, meldet er Mary an diesem Tag, »u. trinken den allerschönsten Wein.«[172] Lisa, das »Lottchen«, erhält derweil ein Buch mit der Widmung »Der Löwin der Liebe« geschenkt.[173]

Eine Woche später schaut auch Ossietzky vorbei, um über *Weltbühnen*-Angelegenheiten zu sprechen.[174]

Nach seiner Rückkehr beziehen Tucholskys im Oktober dann eine neue Wohnung am Rondell der Place de Wagram etwas südlich des von ihm so geliebten Parc Monceau. Lisa Matthias zieht im Geist mit ein. »»Komm mal her«, schreibt er ihr wenig später, »gib mal Kißchen auf daddy – (noch warm vom Betrug).« Er dankt ihr für die vielen Liebesbriefe, die er erhalten hat, und beteuert, er habe vermutlich doch »viel weniger Talent zum Doppelleben, als Du denkst.« Er weiß nicht, was er will. Das Leben beginnt sich in einer Art zu gestalten, teilt er ihr mit, »die ich zu ändern zu feige und zu unentschlossen bin.«[175] Ab dem 11. Oktober erscheint die *Weltbühne* mit dem Impressum »Unter der Mitarbeit von Kurt Tucholsky geleitet von Carl von Ossietzky«. Wenigstens im »Blättchen« sind die Verhältnisse geklärt.

Dort bespricht Ignaz Wrobel zur gleichen Zeit das soeben im Malik-Verlag erschienene Buch *Der falsche Prinz* von Harry Domela. Es ist die wahre Geschichte eines Hochstaplers, in der der deutschen Seele auf unnachahmliche Weise ein Spiegel vorgehalten wird. Eine Geschichte, die Tucholsky aus französischer Perspektive besonders absurd erscheint. Domela ist Deutschbalte, war als Jugendlicher und ehemaliger Fürsorgezögling 1919 Mitglied des Freicorps Brandis geworden und kam so nach Deutschland, wo er sich Mitte der zwanziger Jahre eine neue Identität als Herr von Liven zulegte. Im Herbst 1926 stellte er sich dem exklusiven Heidelberger Corps Saxo-Borussia als Prinz Liven, Leutnant im 4. Reiterregiment Potsdam vor, und wenige Wochen später logierte er als Baron Korff im Hotel Erfurter Hof. Der Hoteldirektor hielt ihn für einen Hohenzollern-Prinzen, was sich schnell herumsprach und ihn zu einer gefragten Figur in Thüringens feiner Gesellschaft machte. Man erstarrte förmlich vor Ehrfurcht, wenn er irgendwo auftrat, die Herren nahmen sofort ihre Zigarre aus dem Mund oder die Hände aus der Hosentasche. Das war das Mindeste.

Erich Danehl (»Karlchen«) und Hans Fritsch (»Jakopp«) waren Kurt Tucholskys einzige wirklich persönliche Freunde im Leben. Im Herbst 1927 unternehmen sie gemeinsam eine Reise durch den Spessart, hier die drei beim Schoppen Wein. Carl von Ossietzky gesellt sich für kurze Zeit zu ihnen, um mit Tucholsky, der aus Paris angereist ist, Angelegenheiten der Weltbühne *zu besprechen.*

Eine solche Geschichte, meint Tucholsky, hätte nicht einmal Heinrich Mann erfinden können; man hätte sie ihm nicht abgekauft. Bevor Domela aufflog, setzte er sich Richtung Westen ab, um in der Fremdenlegion unterzutauchen, doch im Januar 1927 wurde er in Köln festgenommen. Während seiner siebenmonatigen Haft schrieb er dieses Buch, das mit 120 000 verkauften Exemplaren ein gewaltiger Erfolg wurde. Tucholsky rezensiert es als ein Kulturdokument ersten Ranges, das beweise, wie wenig sich in den herrschenden Klassen Deutschlands geändert habe. »Ein falscher Adliger könnte etwa in einer französischen Gesellschaft sehr viel Amüsantes berichten«, so sein Resümee, »aber eines wird er niemals berichten können. Dass ihm die Leute in den Dickdarm gekrochen sind. Denn diese Wanderung ist Deutschland zu eigen, wo es (verzeihen Sie das harte Wort) am dunkelsten ist.«[176] Ja, Deutschland. Solche unterirdischen Geschichten zählen leider zu den Alleinstellungsmerkmalen des fernen Vaterlandes.

Oder auch diese. Ende September wird bei Tannenberg in Ostpreußen ein an Stonehenge erinnerndes monumentales Kriegerdenkmal eingeweiht, und selbstverständlich hält der ehemalige Held von Tannenberg und jetzige Reichspräsident dort die entscheidende Rede. Hindenburg tritt wieder einmal mannhaft und ohne Rücksicht auf jede außenpolitische Klugheit gegen die sogenannte Kriegsschuldlüge auf und spricht von einer aufopferungsvollen Selbstbehauptung der Deutschen im Feld gegen eine ganze Welt von Feinden. Was im Ausland erwartungsgemäß erhebliche Verstimmungen hervorruft.[177]

Während der Präsident der Republik damit »die Fensterscheiben von Locarno einschlägt«,[178] feiert in französischen Kinos Charlie Chaplins Kriegsgroteske *Shoulder Arms* Triumphe, als Vorfilm des Streifens *Pour la Paix du Monde* – Für den Weltfrieden –, der von der Veteranenvereinigung *Les Gueules Cassés* – Die zerhauenen Visagen – mit Unterstützung des französischen Kriegsministeriums gedreht worden war. Man stelle sich so etwas in Deutschland vor, meint Tucholsky, wo gerade

Leo Laskos *Der Weltkrieg: Des Volkes Heldengang,* finanziert von Alfred Hugenberg (der kurz zuvor die Filmgesellschaft Ufa gekauft und saniert hatte), »ungestraft die Leute zu neuen Kriegen aufhetzen darf«.[179] Ja, Deutschland. Der ganze »Locarno-Schnaps« ist wohl doch, genau und mit nüchternen Augen betrachtet, kaum mehr als »verschnittenes Zeug«.[180]

Tucholsky traute den Deutschen, die 1914 so kopflos begeistert ins Verderben taumelten und nichts daraus gelernt hatten, noch nie. Doch jetzt wächst, bei allen gelegentlichen Locarno-Hoffnungen, sein Misstrauen oft bis zur Ablehnung. Was hat die Öffnung nach Westen denn tatsächlich innenpolitisch bewirkt? »Der Mangel an Rechtsgefühl in Deutschland ist fast vollkommen«,[181] und die »ganze pflaumenweiche Demokratie«[182] immer noch viel zu unentschieden. Mit dem republikanischen Gedanken der in Deutschland hergestellten abgeschwächten Form ist es leider nicht weit her. »Östlich der Elbe sieht es damit faul aus, rechts der Oder oberfaul«, trotz des guten Willens des sozialdemokratischen preußischen Innenministers und der republikanischen Tradition aus Carl Severings guten Tagen. Doch »fast immer sind sie in der Defensive«.[183]

Tucholsky bewegt sich deutlich nach links.[184] Bereits Ende Mai 1927, während seines Dänemarkaufenthalts, ist er in Abwesenheit in den Vorstand der *Roten Hilfe Deutschlands* gewählt worden, was aber zunächst nicht mehr als ein humanitäres Engagement für politische Häftlinge in deutschen Gefängnissen signalisiert. Am 21. März 1928 erscheint sein erstes Gedicht in der auflagenstarken kommunistischen *Arbeiter Illustrierten Zeitung (AIZ)* des roten Medienmoguls Willi Münzenberg. Es beschäftigt sich mit dem Staatsbesuch des afghanischen Königs Aman Ullah in Berlin.[185] Bis Oktober 1930 wird er insgesamt 37 Texte für die *AIZ* verfassen. Darunter gibt es forsche Entgleisungen, etwa den Aufruf an eine Arbeiterfrau: »Und machst Du nicht nur Kocherei? / und tust auch was für die Partei«?[186] Oder: »Heraus aus den Löchern! Heraus aus dem Schacht: / Euer Glück wird nicht nur mit Reden gemacht! /

Zum Klassenkampf! Die Flamme brennt! / Im Hintergrund – im Hintergrund / da steht das Parlament«.[187] Er segelt gelegentlich hart am Rand von Platitüden und fällt dabei auch manchmal unfreiwillig ins Wasser.

Aber die *AIZ* ist im Unterschied zur *Roten Fahne* keine Parteizeitung im engeren Sinn,[188] und sein Verhältnis zu den Kommunisten bleibt nie ohne Distanz. Als Leo Trotzki 1928 plötzlich aus der sowjetischen Geschichtsschreibung hinwegretuschiert wird, bezeichnet Tucholsky diesen »Dank vom Hause Stalin« in der *Weltbühne* als ein »Zeichen von tiefster Schwäche, von Angst und Mamelukenhaftigkeit« und kommentiert: »Byzantinische Geschichtsfälschung aber ist immer ein böses Ding.«[189] Doch in einer Frage ist er sich mit den Kommunisten aus innenpolitischen Gründen einig. »Dein Geschick, Deutschland, machen Industrien, / Banken und die Schiffahrtskompagnien«, dichtet er zur Reichstagswahl im Mai 1928, »welch ein Bumstheater ist die Wahl!«[190]

Bei all dem will er aber auf keinen Fall als Kommunist oder Sympathisant gelten. »Man muss draußen stehen«, geistig unabhängig bleiben, meint er, »man darf nicht dazugehören«.[191] Zumal den Kommunisten eins abgeht, was eine generelle Untugend der Deutschen ist: Von der Welt außerhalb ihrer geschlossenen Anstalt haben sie »keinen Schimmer«. Wie viel könnte man da von englischer Diskussionskultur lernen! Wie gut wäre es, wenn auch der kommunistische Leser aus seinen Zeitungen erführe, dass manche nationale Redner im Parlament »nicht nur Dummheiten gesagt« haben![192] Solche Sätze liest man in der *Weltbühne,* während Tucholsky in der *AIZ* weiter agitatorische Verse und Prosa publiziert.

Andererseits: »Die Rücksichtslosigkeit, mit der Kommunisten überall behandelt werden«,[193] ist eben auch ein Ergebnis des Mangels an angelsächsischer zivilgesellschaftlicher Tradition in Deutschland, wo es »ja schon als charakterlos gilt, sich mit dem Feind überhaupt an einen Tisch zu setzen«.[194] Tucholsky ist, wie andere zu seiner Zeit und nach ihm, ein typischer

Anti-Antikommunist. »Ich habe gar keine kommunistischen Ambitionen«, wird er wenig später an Mary schreiben, »keine«.[195] Im Übrigen: Wenn er sich den Parteirummel und den unerträglichen »Snobismus der schwieligen Faust«[196] ansehe – und da ist er wieder ganz Schopenhauer –, »dann wird mir bitter«.[197]

Aus einer Zusammenarbeit mit dem kommunistischen Regisseur Erwin Piscator, der gern eine politische Revue von ihm und Bert Brecht auf die Bühne des *Lessing-Theaters* gebracht hätte, wird deshalb nichts. Tucholsky hält sich gerade für kurze Zeit in Berlin auf, als Anfang 1928 über dieses Thema gesprochen wird. Er macht seine Bedenken sehr zurückhaltend und höflich geltend,[198] aber er hat auch Vorbehalte gegenüber Brecht. Gewiss, der ist ein beachtliches Talent auf dem Theater, und in der Lyrik mehr als das. Und »um wie viel er heute überschätzt wird, um so viel wird er eines Tages unterschätzt werden, und beides sehr zu unrecht«.[199] Doch die Dreigroschenphilosophie, dieses ›wie man sich bettet, so liegt man‹, »diese sorgsam panierte Rohheit«, das liegt Tucholsky nicht. Es ist, meint er später mit Bezug auf Brechts *Mahagonny*-Oper, weder Klondyke von gestern noch Amerika von heute, sondern im Grunde nichts als »stilisiertes Bayern«. Da kocht sich jemand an einem Hausbrand Suppe, »aber das Haus brennt nicht seinetwegen«.[200] Böse Worte.

Brecht, dieser »hochbegabte Hochstapler«,[201] ist für Tucholsky eine durchwachsene Figur, und vor allem seine wildromantischen Songs sind streckenweise »bester Freiligrath«, also Meinungsblasorchester. Dies vorausgeschickt, habe man vor seiner *Hauspostille* »freilich den Hut abzunehmen«. Nie hätte er es für möglich gehalten, dass es im Zeitalter der Kollektivität »noch einmal etwas so grenzenlos Einsames und Losgelöstes geben könnte«. Die Gedichte Brechts seien, neben Gottfried Benn, lyrische Leistungen großen Stils.[202] Aber die Person mag er dennoch nicht, diese Pose des literarischen Diebs, der es in Fragen des geistigen Eigentums nicht so genau nimmt. »Das soll

Lisa Matthias hat Tucholsky Ende Januar 1927 auf einem Künstlerball in Berlin kennengelernt. Die quirlige und etwas frivole Journalistin ist das genaue Gegenteil von Mary. Er verliebt sich sofort in sie und ist auch von ihrem weltläufigen Lebensstil – hier mit ihrem amerikanischen Cabriolet – ausgesprochen angetan. 1928 widmet er ihr das Buch Das Lächeln der Mona Lisa.

sehr rebellisch klingen«, so Tucholsky nüchtern, »es ist aber nur dumm«.[203]

Während der Berliner Tage Mitte bis Ende Januar 1928 lebt er bei Lisa Matthias, die in Schöneberg eine geräumige Wohnung mit Köchin und Kindermädchen unterhält. Im Herbst hatte sie mit einem »außerordentlich reizvollen« Österreicher namens Georg ein Verhältnis angefangen, es aber kurz nach Neujahr abrupt wieder beendet.[204] Der Grund seines Besuchs in Berlin ist sein Gesundheitszustand. Seit geraumer Zeit leidet Tucholsky an chronischen Reizungen im Hals, in der Nase und in den Nebenhöhlen, und Dr. Friedmann, ein bekannter Hals-Nasen-Ohrenarzt, sollte ihn jetzt einmal gründlich untersuchen. Er ist »beinah ein Vierteljahr krank«,[205] und das Problem wird ihn von nun an ständig bis an sein Lebensende verfolgen. Friedmann rät ihm zu einem Aufenthalt im Süden, und tatsächlich fährt Tucholsky im Februar an die Riviera, findet diese »Zwangsvorstellung« von Traumlandschaft und besonders Monte Carlo, den »Höhepunkt dieser fixen Idee«, allerdings etwas abgetragen.[206] Ansonsten hat er in Berlin Ernst Rowohlt gesehen, den er wenig später auch in Paris kurz trifft, und am 24. März 1928 kommt es zum Verlagsvertrag über ein neues Buch. Es wird, nicht ohne Anspielung auf Lisa Matthias, *Das Lächeln der Mona Lisa* heißen.

Anfang Mai besucht sie ihn in Paris. Sie war seit Ende Januar in Lugano und hat mit ihm nun, aus dem Tessin kommend, ein heimliches Rendezvous in einem Hotelzimmer. Für ein paar Tage geht es dann mit ihr nach Blois, Tours und Orleans, wovon Mary nur so viel erfährt, dass es dort »sehr schön« ist »mit Wolken u. heiterm Fluss u. Wind«, dass er viel Auto gefahren ist, viele Schlösser und Parks gesehen hat und am Donnerstag wieder zu Hause sein wird.[207] Lisa Matthias begibt sich zurück nach Lugano, wo Ende Mai ihr neues Auto, ein amerikanisches Modell, angeliefert wird.[208] In diesem Cabriolet werden sie in Zukunft ihre gemeinsamen Touren unternehmen. Anfang Juni fährt Tucholsky nach Dresden, wo er sich im

Sanatorium am Königspark bis Mitte Juli – an Depression und Kopfschmerzen leidend[209] – einer Kur unterzieht in der Hoffnung, danach für die Arbeit an dem mit Rowohlt verabredeten Sammelband wieder auf den Beinen zu sein.

Er entsteht im südschwedischen Schonen an der Ostsee. Am 25. Juli ist er in Kivik, einem kleinen Fischerdorf nördlich von Ystad. Es ist seine Landschaft. Das Licht, die Farben und die Weite der Ostsee, und in der hügeligen Umgebung Spuren des Malstroms der Eiszeit, der urzeitliche Gesteinsbrocken weit in das Wasser getrieben hat, dazwischen sandiger Strand. »Manchmal«, meint er, »wenn ich der Ostsee den Rücken wende, der alten Frau, sehe ich in das Land Schonen hinein, die Ostsee plätschert, ich guck gar nicht hin. Denn wir sind verheiratet, seit … zig Jahren«.[210] Es sind tief im Gedächtnis abgelagerte Bilder seiner Stettiner Kindheit. Er ist hier ganz auf sich zurückgezogen. Deutsch spricht kaum jemand, und so bleiben bis Anfang September das mitgebrachte Grammophon, für das er ständig neue Schellackplatten kauft, die Schreibmaschine, die Briefpost und die Ostsee seine einzigen Kommunikationspartner. Frauen gibt es auch keine, »nicht mal zum Ansehen«.[211]

Zunächst ist erst einmal Liegengebliebenes zu erledigen, Korrespondenzen, ein paar Artikel für die *Voss* und die *Weltbühne*, bevor Anfang August die eigentliche Arbeit an dem Buch beginnt. »Ich schlafe 12 Stunden und arbeite 11«, lässt er Mary wissen, »soweit klappt alles«.[212] Wieder sind endlose Arbeiten, die er zwischen 1913 und 1928 verfasst hat, durchzusehen und auszusortieren. Einiges muss neu geschrieben und das Ganze kompositorisch angeordnet werden. Die Überschriften der Kapitel folgen den Anfangsbuchstaben des Namens Mona Lisa. Ihre geheimnisvolle Ironie ist auch das Motto des Sammelbandes. »Ja … warum lacht die Mona Lisa«, heißt es im Eingangsgedicht, »lacht sie über uns, wegen uns, trotz uns, mit uns, gegen uns – / oder wie-?«[213] Wer weiß. Jedenfalls grinst sie. »Ich grinse auch«, schreibt er an Mary, »so ist das«.[214]

Es wird ein ausgesprochen politisches Buch, Georges Courteline gewidmet, der wie er in seinen Satiren die Absurdität der Lebenswelt von Militär und Beamtentum aufs Korn nimmt. Eine Revue durch die Welt der deutschen Untertanenmentalität, der Justiz und des Militärs, der menschlichen Träume und Phantasien, der guten und schlechten Kunst und Philosophie, französischer Erfahrungen, Alltagskuriositäten, und wieder, wie *5 PS,* mit einer politisch-lyrischen Coda, die eine Hommage an den »kleinen Mann« Siegfried Jacobsohn abschließt.[215] Die Sammlung erhält am Ende »den schönsten Umschlag der Welt«. Und zwar von Ragnvald Blix, der schon vor dem Krieg eine so hinreißende Mona Lisa hingelegt hatte, ein so »unglaublich schlampiges Weibsbild, die grient von einen Ohr zum andern«, dass ihm Mark Twain dazu einen begeisterten Brief schrieb.[216]

Das Lächeln der Mona Lisa erscheint im Dezember 1928. Rowohlt druckt beachtliche zehntausend Exemplare Erstauflage, und die Resonanz ist durchweg positiv. Max Herrmann-Neiße meint, es bleibe ein in Deutschland seltener Fall, dass ein Publizist amüsant und radikal zugleich sein könne, und Richard Huelsenbeck attestiert Tucholsky, dem großen Entschleierer des Alltags, das beste Deutsch, das er kenne.

Zuvor, am 2. September 1928, sitzt Lisa Matthias in ihrem neuen amerikanischen Cabrio auf dem Weg von Berlin nach Hamburg. Tucholsky war inzwischen aus Schweden dort eingetroffen und hatte sich mit Jakopp und Karlchen verabredet. Einige Tage später erscheint in der *Voss* der erste seiner *Lottchen*-Monologe. Lisa alias Lottchen als fesche, draufgängerische und technikbegeisterte Autofahrerin.[217] In Hamburg »geht es hoch her, dideldumdei!«,[218] schreibt er Mary, ohne auf die delikaten Umstände näher einzugehen. Anschließend macht er mit Karlchen und Lisa einen Ausflug in die Holsteinische Schweiz, nach Lübeck und Malente und dann allein mit Lisas Cabrio nach Grevesmühlen und Eutin. Zwischen ihr und Karlchen, der offenbar Gefallen an der energischen jungen Frau

Kurt Szafranski ist 1928 Leiter der Zeitschriftenabteilung bei Ullstein. Tucholsky und er kennen sich aus ihrer Jugendzeit. Szafranski illustrierte Rheinsberg, und gemeinsam besuchten sie 1911 Max Brod und Franz Kafka in Prag. Nun ist Szafranski jedoch entsetzt über Tucholskys Entwicklung nach links, besonders über seine Verbindung zu dem kommunistischen Medienmogul Willi Münzenberg.

gefunden hat, entwickelt sich langsam eine Korrespondenz, in der sie ihn nicht selten um Rat wegen ihres Verhältnisses zu dem nicht ganz unkomplizierten gemeinsamen Freund nachsucht.[219] Doch in diesem sonnigen Frühherbst erleben sie gemeinsame unbeschwerte Tage. »Ick sahre so«, berlinert Tucholsky einmal in der *Weltbühne,* »det Schönste an die Liebe is die Liebe selber«.[220] So hätte er es am liebsten immer gehabt.

Das Verhältnis zu Mary ist mit der Zeit erheblich abgekühlt. »Was ist der Nagel jeder Ehe«, schrieb er Anfang 1928, nachdem er für kurze Zeit aus Paris nach Berlin entflohen war: »Zu langes Zusammensein und zu große Nähe«.[221] Dieses Jahr aber ist ein Jahr der großen Ferne. »Nun kommt bald angehüpft und holt alles nach«, teilt er ihr Anfang September aus Malente mit, »und macht aus der freudlosen Witwe eine freudige Gattiehn, was soll ach nebbach tün«. Wenige Tage später lässt er sie wissen, er müsse doch noch einmal kurz nach Berlin fahren und werde dann vielleicht den Weg über Schwerin nehmen, einzig um sich in Zippendorf ihres gemeinsamen Abenteuers dort vom Frühjahr 1923 zu erinnern. Ja, damals.

In Berlin sieht er Brecht im Theater, findet das alles »sehr interessant, aber mir nicht angenehm«[222] und hat schließlich eine heftige Auseinandersetzung mit seinem alten Freund Szafranski aus Rheinsberger und Prager Tagen. Der ist mittlerweile zum Leiter der Zeitschriftenabteilung im Ullstein-Verlag aufgestiegen und hält ihm nun eine Standpauke wegen seiner Beiträge für Münzenbergs *AIZ*. Tucholsky trifft ihn in seinem Büro, und auf dem Tisch liegen seine gesammelten inkriminierten Gedichte. So gehe das nicht, beginnt Szafranski das Gespräch, den Kapitalismus bedingungslos und hart angreifen und dann auch noch Geld von ihm nehmen. Entweder, oder. Doch am Ende entlässt er ihn mit den versöhnlichen Worten, jetzt erwarte man weiterhin recht viele gute Beiträge von ihm. Tatsächlich wird Tucholsky bis Ende des Jahres allein 23 Beiträge für Ullsteins neues, nach amerikanischem Vorbild am liberalen Lebensgefühl der jüngeren

Generation ausgerichtetes Blatt *Tempo* liefern, an dessen Konzeption er maßgeblich beteiligt war. Mit Monty Jacobs von Ullsteins *Voss,* der Tucholskys Ausflüge nach links nicht so kritisch sieht wie Szafranski, verhandelt er sogar eine Gehaltserhöhung. Dann verlässt er das Ullstein-Haus.

Am nächsten Tag ist er bei Münzenberg, den er vorher noch nie gesehen hat. Er wird ihm von der Begegnung mit Szafranski nichts erzählen, doch will er sehen, was sich bei ihm machen lässt. Willi Münzenberg war sicher ein beeindruckender Mann. Als Propagandachef der Kommunistischen Internationale für die westliche Welt hatte er nach Alfred Hugenberg das zweitgrößte Medienunternehmen der Weimarer Republik aufgebaut, zu dem auch zwei florierende Filmgesellschaften gehörten. Im Exil wird er, von Walter Ulbricht des ›Trotzkismus‹ bezichtigt, Ende der dreißiger Jahre aus der KPD austreten und eines mysteriösen, bis heute unaufgeklärten Todes sterben. Münzenberg macht Tucholsky ein großzügiges Angebot, tausend bis zwölfhundert Mark pro Monat, wenn er sich zu regelmäßigen Lieferungen für seine Blätter verpflichtet. Aber erstens, teilt Tucholsky Mary mit, sei der Mann unzuverlässig, und zweitens werde er Ullstein unter keinen Umständen aufgeben.[223] Zudem hatte er, wie Münzenbergs Lebensgefährtin Babette Gross sich erinnert, immer sehr große innere Vorbehalte gegen die von Münzenberg verkörperte und ihm völlig fremde Welt der Orthodoxie.[224] Und nur des Geldes wegen? Es bleibt bei den vereinzelten Beiträgen für die *AIZ*. Vorerst jedenfalls.

Als er Mary ausführlich über diese Berliner Begegnungen unterrichtet, ist er gerade mit Lisa Matthias in Düsseldorf. Zwei Tage später hält er in Köln einen Vortrag über Frankreich heute. Sie wird ihn auch dorthin begleiten. Man wohnt im Domhotel, dem ersten Haus am Ort. Der spätere Literaturhistoriker Hans Mayer, als junger Student damals Mitglied einer Vereinigung der *Weltbühnen*-Leser in seiner Heimatstadt am Rhein, zählt zu den Zuhörern der Veranstaltung. Der Saal, erinnert er sich, war gut gefüllt. Tucholsky, wie stets elegant gekleidet – diesmal im blauen Anzug –, spricht frei und voller Temperament in pointierten Hauptsätzen und beginnt mit seiner Rede schon, als er sich über die Treppe auf das Podium bewegt, so dass der Begrüßungsapplaus ausfallen muss. Er war, so Mayer, geübt im Geschichtsdenken, und es gelang ihm mühelos, ohne dass die amüsante Leichtigkeit des improvisierten Erzählens verlorenging, bei seinen Zuhörern tiefe Eindrücke – beispielsweise über die Einrichtung der Pariser Concierge und ihren Ursprung in der Überwachungspolitik des napoleonischen Polizeiministers Fouché – zu hinterlassen. Man lachte sehr und lernte viel.[225] Ende September 1928 ist Tucholsky endlich wieder in Paris.

Bei Mary scheint in diesem Jahr die Einsicht langsam zur Gewissheit geworden zu sein: Es geht nicht mehr. Von Lisa Matthias weiß sie nichts. Sie hat nur immer wieder vage Ahnungen. Wirkliche Nähe kann er, in der Polyphonie seiner verschiedenen Charaktermasken gefangen, ohnehin nicht herstellen. Anfang Juni – er ist auf Kur in Dresden – notiert sie in ihr Tagebuch, es liege offenbar nicht nur eine Grenze zwischen ihnen, sondern ein ganzes Weltall. Sie höre »ab und zu seine Worte, aber Nebel liegt vor meinen Augen und Ohren. Ich habe nicht mehr die Kraft, stark und inbrünstig zu wünschen.«[226] Tucholsky ist, kaum in Paris, wieder viel unterwegs und nimmt das alles nicht zur Kenntnis. Als er am 19. November von einer Reise nach Beaune und Dijon an die Place de Wagram zurückkehrt,[227] hat sie bereits, ohne ihn vorzuwarnen, eine Bahnfahrkarte nach Berlin gekauft. Einen Tag später besteigt sie den Zug und verlässt ihn, für immer. Ihm bleibt ein kurzer, sichtlich mit äußerster Anstrengung geschriebener Abschiedsbrief, der alles sagt, was es noch zu sagen gibt. In einem Zustand der momentanen Betäubung weigert er sich zunächst, ihn zu lesen.[228] Doch seit der Minute, wo er ihn zum ersten Mal in der Hand hält, wird er ihn bis zu seinem Tod stets sorgfältig in seiner Brieftasche aufbewahren. Zu dieser

Kurz vor dem endgültigen Abschied aus Paris. Mary Tucholsky, kaum dreißig Jahre alt, hatte immer etwas von einer Grande Dame an sich. Auch die Trennung von ihrer großen Liebe trägt sie mit erstaunlicher Contenance. Tucholsky, der das Scheitern seiner Ehe nicht unwesentlich verursacht hat, wird ihren Abschiedsbrief bis an sein Lebensende in seiner Brieftasche aufbewahren.

Art von tragischer Nähe ist er dann doch fähig, und letztlich nur dazu.

»Lieber Nungo«, so Marys Begründung ihres nicht leicht, aber mit souverän überlegter Selbstbeherrschung gefällten Entschlusses, »immer wieder setzt sich einer seit elf Jahren in den Zug und fährt fort, und immer wieder blutet es von Neuem. Ist sein Beuteltier, ist der Pygmalion, hat erzeugt und reißt sich jetzt los mit ungesäumten Ohren, geht fort auf zitternden Beinen und hat Angst vor dem Leben und vor fremden Menschen und dem Alleinsein. Aber es war zu groß u. zu schön als es anfing, um es hässlich enden zu lassen. Kommt, wenn er braucht und ruft – ist der rote Faden. Seine Meli.«[229] In ein paar Tagen wird sie dreißig Jahre alt werden. Zu ihrem Geburtstag schickt Tucholsky ihr ein kurzes Telegramm nach Berlin. »On verra«[230] – man wird sehen.

Mona Lisa

Anfang Dezember 1928 ist der »Herzenstrost Lottchen, die Hebamme der Männer in schweren Stunden«[231] wieder in Paris. Tucholsky hatte Lisa Matthias am 21. November ein Telegramm nach Berlin geschickt, in dem er sie kurz über das Geschehene informierte und sie bat, so schnell wie möglich zu ihm zu kommen. »madame T … weg« steht unter diesem Datum triumphierend in ihrem kleinen Taschenkalender. Lisa Matthias wohnt in einem Hotel, nicht an der Place de Wagram. Doch gelegentlich ist sie dort. Sie findet die Wohnung recht kümmerlich möbliert und für die Jahreszeit viel zu wenig geheizt. Tucholsky ist erkältet und spricht, leicht depressiv, nur mit leiser Stimme. Man trifft unter anderem Claire und Ivan Goll.[232] Mary lässt er in diesen Tagen wissen, er werde sie auf keinen Fall finanziell sitzen lassen, und man solle sich alles Weitere in der Trennung ruhig überlegen.[233] Zwischenzeitlich muss einiges, was in der chaotischen Zeit nach Marys überraschender Abreise liegen geblieben ist, aufgearbeitet werden, »dass es nur so kracht zum Ullsteinerweichen«.[234]

Am 10. Dezember verlässt ihn Lisa Matthias wieder und fährt nach Lugano, um ihre Wohnung dort für die Weihnachtstage zurechtzumachen. Der Ort ist voller Menschen, als sie ankommt, weil dort gerade eine Tagung des Völkerbundes stattfindet. Sie hat Bekannte in der deutschen Delegation, schlägt sich einige Nächte auf Bällen um die Ohren und fährt dann über St. Moritz am 20. Dezember nach Thalwil am Zürichsee, wo sie Tucholsky mit ihrem Auto abholt.

Er bleibt bis zum 4. Januar 1929 bei ihr in Lugano. Sie wird langsam ungeduldig und besitzergreifend und drängt recht nachdrücklich auf Scheidung, doch er zögert. Tucholsky, im Persönlichen stets der Meister des Ungefähren, weiß wieder einmal nicht, was er will. Damit wächst ein Problem zwischen ihnen heran, das sie noch lange ungelöst beschäftigen wird. Die Luft im Tessin aber bekommt ihm gut, und sein Gesundheitszustand bessert sich merklich. Er telefoniert viel mit Berlin – mit Paul Graetz, Trude Hesterberg, Kate Kühl und Käthe Erlholz. Es geht um neue Chansons, an denen er arbeitet, meist für Nelson.[235] »Wie man auch setzt im Leben«, dichtet er in Lugano »fürs Grammophon«, seine momentane Gemütslage aufnehmend, »man tippt doch immer daneben«.[236] Und auch die der Frankfurter Chansonniere Ida Wüst zugeeigneten Zeilen »jetzt waan net, Klaaner«[237] – jetzt wein nicht, Kleiner – enthalten etwas von einem Selbstgespräch in prekärer Lage (er beherrschte übrigens Dialekte, nicht nur Berlinisch, so perfekt wie Hochdeutsch). Er liegt viel im Bett und liest, unter anderem Franz Kafkas *Amerika*. »Es läuft da ein Band vom Dostojewskischen Idioten über Schwejk bis zur Figur des kleinen Karl«, schreibt er wenig später: »hier ist der ganz seltene Fall, dass einer das Leben nicht versteht und recht hat« und noch in seinen Niederlagen Sieger bleibt. Chaplin'scher Humor und ein Hamsun'sches Pianissimo der Töne mischen sich zu einer traumhaften Eindringlichkeit. Woher wissen Sie das alles,

Kafka?, fragt er sich. Es ist in seinen Augen eines der schönsten Bücher, das die deutsche Prosa aufzuweisen hat. Die große Zeit dieses »wahren Klassikers« der Literatur aber werde erst noch kommen.[238]

Vor seiner Abreise nach Paris gibt er Lisa Matthias zu verstehen, er wolle im Sommer vielleicht ein paar Wochen in den Norden fahren. Das Alleinsein in Frankreich sei ohnehin nichts für ihn.[239] Marys Entscheidung, ihn zu verlassen, bedeutete doch eine tiefe Zäsur in seinem Leben, was ihm erst mit der Zeit und in stufenweisen Dosierungen zu Bewusstsein kommt. »Ich fühle langsam eine Biegung des Weges kommen«, schreibt er nach seiner Rückkehr aus Lugano nachdenklich an den befreundeten Erfolgsschriftsteller Emil Ludwig, »eine Steigung oder irgendetwas Neues«. Was, weiß er vorerst noch nicht. Eine Weltreise? Sicher wäre das zu machen und publizistisch zu verwerten, aber »man will das nicht«. Einkapselung in die Stille? Das kann schnell schiefgehen, und man wird vielleicht vergessen. Dafür aber hätte man endlich Ruhe und »die Töne klingen wieder ganz rein«. Ein großes Lebenswerk? Kaum.[240] Man muss nicht alles wollen, man muss nicht alles wissen. Er ist jetzt neununddreißig Jahre alt geworden. »Das Unheil ist«, schreibt er Ende Januar 1929, »dass wir zwischen dreißig und vierzig keinen Augenblick Atem schöpfen«.[241] Es wird wieder ein Jahr der vielen Reisen werden. Meist ist Lisa Matthias dabei.

Mitte März ist Tucholsky nach Zwischenaufenthalten in Basel und Hamburg, wo er am 12. und 13. Vorträge hielt, für zwei Wochen in Berlin. »Seit fünf Jahren wohne ich in Paris«, hatte er kurz zuvor geschrieben, »aba wenn'ck mir ma richtich amüsüren will, denn fahr'ck nach Berlin«.[242] Am 17. März tritt er dort im Bechstein-Saal in der Linkstraße am *Potsdamer Bahnhof* auf. Angekündigt ist eine Lesung aus eigenen Werken, und die Veranstaltung ist vollständig ausverkauft. Auch Mary, die inzwischen als Prokuristin einer Lithografischen Anstalt arbeitet, ist anwesend. Das Programm führt ihn in den nächsten Tagen nach Frankfurt, Köln und Mannheim, findet hervorragende Kritiken und endet am 24. März mit einer großen Matinee im Berliner *Theater am Nollendorfplatz.* »Die Tournee war gut, überall bummvoll«,[243] lässt er Mary wissen.

Tucholsky ist inzwischen eine gefeierte und bekannte Persönlichkeit in Deutschland. Er hält sich in diesen Tagen natürlich auch in der Redaktion der *Weltbühne* auf und bespricht sich mit Ossietzky. Vor allem aber wird er mehrmals von Babette Gross – der Lebensgefährtin Willi Münzenbergs – und John Heartfield beansprucht, die ihn dazu bewegen wollen, Texte zu ausgewählten Fotos und Fotomontagen von Heartfield für ein ausgesprochen politisches Buch über Deutschland zu verfassen, das in Münzenbergs Neuem Deutschen Verlag erscheinen soll. Tucholsky, erinnert sich Gross, unterzog sich dieser Aufgabe allerdings nur mit großen inneren Vorbehalten.[244] Doch er sagt schließlich zu und nimmt sich vor, die Angelegenheit während seines schon länger geplanten Nordlandaufenthalts zu erledigen.

Es ist der 5. April 1929, als Lisa Matthias und Kurt Tucholsky in Travemünde die Fähre nach Trelleborg besteigen. In Schweden ist bei ihrer Ankunft noch wenig von Frühling zu spüren. Von Trelleborg geht es in ihrem ›Amerikaner‹ zunächst nach Stockholm ins schicke Hotel Carlton, wo die Zimmer bereits in zeitgenössischem schwedischen Design eingerichtet sind. Das Essen ist aber leider miserabel. Stockholm selbst jedoch beeindruckt. »Wunderschöne junge Frauen« auf den Straßen; und »eine Stadt mit Wasser ist immer schön«.[245] In der dritten Aprilwoche sind sie dann, von einem Dolmetscher begleitet, in Mariefred am Mälarsee.

Auf einer Halbinsel liegt dort Gustav Wasas mehrfach ausgebautes altes Königsschloss Gripsholm, ein roter Backsteinkomplex am Wasser, »dick, seigneural, eine bedächtige Festung«,[246] ursprünglich Ende des vierzehnten Jahrhunderts als Burg von Bo Jonsson aus dem Adelsgeschlecht der Grip errichtet. Es erinnert, am Wasser gelegen, etwas an Schloss Rheins-

Das alte Königsschloss Gripsholm am schwedischen Mälarsee wird Tucholsky zu einer Liebesgeschichte inspirieren, die noch einmal an den Erfolg von Rheinsberg *anknüpfen kann. Im Frühjahr 1929 ist er mit Lisa Matthias an diesen verwunschenen Ort gefahren und erlebt einen Sommer elegischen Glücks mit ihr. Es ist so schön, dass ihn wie stets dabei das Gefühl der Vergeblichkeit überfällt.*

berg, nur ist es deutlich größer und prachtvoller. Der Verwalter bietet ihnen dort eine geräumige Wohnung mit hohen Fenstern und Blick auf Park und See zur Miete an, doch die Aussicht, vor allem an Sonn- und Feiertagen ständig vom Lärm der aus Stockholm angereisten Besucherscharen gestört zu werden, lässt sie von dem ansonsten verführerischen Angebot Abstand nehmen.

Schließlich finden sie in dem Weiler Läggesta am westlichen Ufer des Mälarsees ein kleines, recht einfaches Sommerhaus, immerhin aber mit elektrischem Licht und Warmwasserzufuhr. Tucholsky wird bis Anfang Oktober hier wohnen und arbeiten, der schwedischen Sprache unkundig und einsam auf sich selbst gestellt. Die nächste Post befindet sich im benachbarten Mariefred, und sie ist nun sein einziger Nabel zur Welt. Lisa Matthias fährt Anfang Mai zurück zu ihren Kindern nach Berlin, kommt aber im August wieder.[247]

Kaum in Läggesta eingerichtet, erreicht Tucholsky dort die Nachricht vom sogenannten Berliner Blutmai, der in Deutschland für Schlagzeilen und heftige kontroverse Diskussionen sorgte. Der Berliner Polizeipräsident Zörgiebel hatte im Dezember 1928 angesichts zunehmender Straßenschlachten zwischen Rechts und Links ein generelles Verbot aller Versammlungen und Demonstrationen unter freiem Himmel ausgesprochen, das auch für den 1. Mai 1929 gelten sollte. Die KPD rief dennoch zu Massendemonstrationen auf. Im Ergebnis gab es in den ersten Maitagen bei Zusammenstößen mit der Polizei dreißig zivile Tote, darunter alte Kriegsversehrte und junge Frauen, 194 Verletzte und 1228 Verhaftungen.

Nichts spricht dafür, dass die KPD einen Bürgerkrieg oder Umsturzversuch entfesseln wollte, wie Zörgiebel unterstellte. Es gab nicht einen einzigen nachweisbaren Versuch zur gezielten Bewaffnung der eigenen Anhänger. Was bei den Auseinandersetzungen mit der Polizei dann tatsächlich zum Einsatz kam, waren Flaschen, Steine und Messer. Kurz, es war ein Vorstadtkrawall, hauptsächlich in den Problembezirken Wedding und Neukölln. Doch Telegramme aus Moskau, die nach dem Ausbruch der Auseinandersetzung die Kämpfe in eine revolutionäre Perspektive rückten und der Reichsregierung in die Hände fielen, heizten die Spannungen erheblich an.

»An dem Berliner Blutvergießen sind nicht nur die Kommunisten schuld«, schreibt Tucholsky / Wrobel Anfang Juni aus Läggesta, nachdem er die einschlägigen Berichte studiert hat, doch »deren Schuld steht außer Zweifel«. Die »blutdürstigen Telegramme aus Moskau« zeugten von einer Realitätsblindheit sondergleichen, »an heftigem Größenwahn noch die Kirche übertreffend – und das ist traurig genug«. Aber die Erregung der Berliner Kommunisten angesichts des offiziellen Verbots der Maifeier war in seinen Augen gerecht. Vollkommen unangemessen dagegen war die militärische Vorbereitung und Ausrüstung der Polizei (mit Maschinengewehren, spanischen Reitern und Panzerwagen[248]), vor der die *Weltbühne* in den letzten Jahren immer wieder gewarnt hatte.

Bedauerlicherweise, meint Tucholsky, müsse man angesichts dessen zu dem Schluss kommen, dass »unter dem Kaiser die Achtung vor dem Menschenleben« offenbar größer war als unter dem gegenwärtigen sozialdemokratischen Polizeipräsidenten Zörgiebel.[249] Wieso diese anhaltende Kriegsverwilderung? Wieso, fragt auch Carl von Ossietzky nach den blutigen Maitagen in der *Weltbühne*, gibt es in Deutschland eigentlich immer noch kein anerkanntes Habeas-Corpus-Gefühl?[250] Es ist die Sorge um die Zivilgesellschaft, nicht Kommunistenfreundschaft, die aus solchen Sätzen spricht. Konsequent lehnt Tucholsky in diesen Tagen auch das Angebot Münzenbergs ab, für weitere Blätter seines Verlags zu schreiben.

Doch für das verabredete Buch gibt es einen Vertrag, und Münzenberg verspricht sich von der Zusammenarbeit mit Tucholsky und Heartfield regelrecht den Durchbruch zu einem neuen, modernen politischen Buchtypus. Mit seiner *AIZ* setzte er ohnehin bewusst auf die Zukunft des Mediums der illustrierten Zeitung und ließ sie deshalb im Kupfertiefdruckverfahren herstellen, um Fotografien in bestmöglicher Qualität reproduzieren zu können. John Heartfield, ein ehemaliges Mitglied von Dada Berlin, gehörte dabei zu seinen engsten Mitarbeitern auf dem Gebiet der Bildgestaltung.

Heartfield war ein Name. Anfang der zwanziger Jahre hatte er für den Malik-Verlag seines Bruders Wieland Herzfelde die Buchgestaltung revolutioniert und damit bis in die USA stilbildend gewirkt. Zu den ersten Fotomontagen Heartfields, die in der *AIZ* erscheinen, gehören Vorabdrucke aus dem jetzt in Fernzusammenarbeit mit Tucholsky entstehenden Buch *Deutschland, Deutschland über alles*. Es sind im Wesentlichen bereits veröffentlichte Artikel, Gedichte und Geschichten, die Letzterer zu Fotos von Heartfield auswählen und zusammenstellen will, teilweise auch neue, den Fotos zugeordnete Unterschriften oder Kurztexte.

Die Sache ist für Tucholsky aber nicht nur eine Frage der Vertragserfüllung, sondern auch eine artistische Herausforderung, wenn nicht gar eine Verführung. Schon 1912 hatte er sich für Fotos aus der Mark Brandenburg mit Schloss Rheinsberg begeistern können,[251] und 1925 entdeckte er die Möglichkeiten der Tendenzfotografie. »Die Wirkung ist unauslöschlich und durch keinen Leitartikel der Welt zu übertreffen. Eine knappe Zeile Unterschrift – und das einfachste Publikum ist gefangen.«[252] Was man gar mit Gegenüberstellungen und Klebe-Bildern von Fotografien machen könne, »braucht nicht gesagt zu werden, seit John Heartfield gezeigt hat, wie man das auf Bucheinbänden macht«.[253] Und nun versuche er, gemeinsam mit Heartfield, diesem »kleinen Weltwunder«,[254] eine »neue Technik der Bildunterschrift« zu entwickeln.[255] Die medial bedingte Gefahr der Vereinfachung und Manipulation inbegriffen.

Das Buch, am 6. August 1929 erschienen, beginnt mit einem Zitat aus Hölderlins *Hyperion* und endet mit einer Hommage an die Heimat Deutschland, die man eben nicht den selbst ernannten nationalen Kreisen überlassen will. Aber schon Hölderlin lässt ahnen, was da mehr gut gemeint als gut gemacht ist. Die Deutschen, so dessen bekannte Passage, Barbaren von alters her, sind ein zerrissenes Volk. Sie haben Spezialisten vorzuweisen, Fachidioten, Herren und Knechte, aber keine Menschen. Hölderlins idealistische Vision eines ganzen Menschen entspricht zwar in vielem Tucholskys wertkonservativer Weltsicht, doch deren Negativbild kann gerade deshalb leicht zu fratzenhaften Karikaturen führen.

Nicht immer ist das der Fall. Fast unvermeidlich sind beispielsweise Ludendorff und Schwejk in Fotos auf einer Doppelseite als Antipoden dargestellt, der Maschinenmensch des totalen Krieges und der etwas bäuerische, aber lebenskluge ewige Zivilist. Die Sache funktioniert und ist recht witzig. Auch Seine exilierte Majestät in Zivil, die, nun allem Behang und Glitter entraubt, eine völlig unscheinbare Figur hergibt. Weniger dagegen die Montage des schlafenden Reichskanzlers Hermann Müller über der Kuppel des Reichstags.[256] »Bautsch!«, wie Tucholsky einmal zu Heinrich Manns Figuren im *Schlaraffenland* sagte: »Ein bisschen mit dem Hammer!«[257]

Besonderes Aufsehen aber erregte die von Heartfield aus senilen Militärfratzen zusammenmontierte Seite mit der Unterschrift »Tiere sehen dich an«. »Wenn Tucholsky damit sagen wollte«, meint der Historiker Walter Laqueur, »dass die deutsche Armee und die Polizei besser aussehende Offiziere nötig habe, so besorgten ihm die Nationalsozialisten solche ein paar Jahre später in der Figur Reinhard Heydrichs und anderer junger Heldengestalten von strahlender Erscheinung.«[258] Er hat zweifellos recht, selbst wenn in diesem Fall Bild und Unterschrift eigenmächtig und ohne Absprache mit Tucholsky von Heartfield stammten. Tucholsky selbst mochte diese Montage nicht. Es war eben noch etwas Dada, na ja. »Das ist nicht meine Satire«, schreibt er an Jakob Wassermann: »Die Beleidigung der Tiere schmeckt mir nicht, und das trifft es auch nicht.«[259] Anders als Laqueur ihm unterstellt, hatte Tucholsky nie in erster Linie wilhelminische Fossilien im Auge. Es ging ihm immer um den Neuen Menschen des Weltkriegs und was in der jungen Generation daraus folgte; um das moderne Paradox der »revolutionären Reaktion«[260] und jenen amoralischen Menschtyp der Zukunft, den Franz Kafka in seiner *Strafkolonie* so trefflich porträtiert hatte.[261] Insofern, meint er später einmal zu Walter Hasenclever, war nicht nur dieses Bild von Heartfield, sondern das ganze Buch »als künstlerische Leistung klobig. Und schwach. Und viel zu milde.«[262] Tucholsky ist mit *Deutschland, Deutschland über alles* tatsächlich der Verführung eines Mediums unterlegen, was ihm selbst schnell klar geworden ist, nachdem das Buch einmal vorlag.

Es bedurfte offenbar dieser Erfahrung, um seine unreflektierten Schwärmereien über Tendenzfotografie aus dem Jahre 1925 zu relativieren. Das Deutschlandbuch sei im Grunde etwas Anachronistisches, schreibt er selbstkritisch Mitte Oktober 1929 an Herbert Ihering, »gewissermaßen eine abschließende Bilanz – von der Schwierigkeit, seelische Situationen mit Photos zu belegen, ganz zu schweigen«.[263] Die Sache musste, auch wegen der Untauglichkeit des Mediums für dieses Thema, am Ende zu klobig und zu milde zugleich ausfallen.

Als wäre es eine Antwort und ein Eingeständnis, dass er sich auf zu viel eingelassen hatte, geht ihm kurz nach Fertigstellung von *Deutschland, Deutschland über alles* schon eine neue Geschichte durch den Kopf.[264] Sie wird auf Schloss Gripsholm spielen. Die Erfahrungen mit Münzenberg werden darin, wenn auch nur am Rand, ihren Eingang finden. »O Wonne des guten und gerechten Kreuzzugs, du Laxier der Unmoral«, heißt es dann in der fertigen Erzählung: »Ich kannte den Mechanismus dieser Lust: sie war doppelt gefährlich, weil sie ethisch unterbaut war.«[265]

Mitte November 1929 wird er in der *Weltbühne* noch deutlicher werden. Es gebe eine »gewaltige Unterlassungssünde im Denken des Kommunismus«, schreibt er da. Die »Gloriole sozialer Nützlichkeit« nämlich kann auch im Klassenkampf dazu führen, dem tiefen Grausamkeitsdrang des Menschen Legitimität zu verschaffen, und »die Möglichkeit, schrankenlos und verantwortungslos Böses zu tun, steigert den vorhandenen Trieb« schnell bis zum Atavismus.[266] Anders, unter Berufung auf Sigmund Freuds *Unbehagen in der Kultur:* »Im Menschen steckt ein Grausamkeitstrieb; dieser Trieb gibt sich mitunter als Klassenkampfidee.«[267] Und 1930: »Es gibt eine kommunistische Theologie, die so unleidlich zu werden beginnt, wie die der katholischen Theologen.« Sie hat auch bereits einen eigenen Jargon, und deshalb sollte am besten »ein Gesetz erlassen werden, das bis auf weiteres den Gebrauch des so schön vieldeutigen Wortes ›dialektisch‹ verbietet«.[268] Die Zusammenarbeit mit Münzenberg konnte nicht von Dauer sein.

Deutschland, Deutschland über alles hat Münzenberg in einer Erstauflage von 15 000 drucken lassen, die bereits nach wenigen Tagen ausverkauft ist. Das Buch wird ein riesiger Markterfolg. Mitte 1930 erreicht die dritte Auflage 50 000 Exemplare. Während Tucholsky in Läggesta Ende Juli 1929 letzte Hand an die Korrekturen anlegte, war Lisa Matthias, die zuvor ihre Kinder nach Marienbad zu den Großeltern gebracht hat, wieder am Mälarsee eingetroffen.

Die folgenden Wochen sollten, wie sie sich erinnert, zu den schönsten und harmonischsten werden, die sie je zusammen verlebten. Es ist die Zeit der kurzen, hellen Nächte im Norden. Ganz dunkel wird es nie. Am See riecht es »nach Wasser und nach Holz, das lange in der Sonne gelegen hat, nach Fischen und nach Enten«. Manchmal trägt der Wind sogar »etwas wie Meeresatem« herüber von der Ostsee.[269] Ein Foto aus ihrem Nachlass zeigt sie im Garten seines Hauses in Läggesta, in Korbsesseln an einem mit Kaffeegeschirr und Blumenvase bedeckten Tisch. Er, wie immer im Anzug mit korrekt gebundener Krawatte, liest Zeitung, sie, im leichten Plisséekleid, die Beine übereinander geschlagen, schreibt offenbar etwas. Im August brechen sie zu einer Reise nach Westschweden auf.[270]

Tucholsky hat Gefallen an Schweden gefunden. Bedächtig geht es hier zu.[271] »Sind die Schweden die Franzosen des

Nordens?«, fragt er sich, während er mit Lisa in einem stillen Lokal in Göteborg sitzt, »sozusagen Bauern auf dem Parkett?«[272] Ja, vielleicht, und vielleicht könnte man deshalb auf Dauer hier leben, weil man selbst so etwas wie eine nordisch-französische Mesalliance ist.

Sie bleiben einige Tage in Göteborg, um sich nach einem größeren Haus umzusehen. Schließlich schickt sie ein Makler in das benachbarte Hindas, einen Luftkurort, in dem auch Wintersport betrieben wird. Dort mietet Tucholsky die leerstehende Villa Nedsjölund an, mit Zentralheizung, ordentlichem Badezimmer und einer wunderbaren Aussicht auf den nahen See vom Balkon seines künftigen Arbeitszimmers im ersten Stock. Mitte August sind sie zurück in Läggesta.[273]

Was soll nun werden? Die meisten Menschen, bemerkte Tucholsky einmal, den Soziologen Georg Simmel zitierend, seien gar nicht fertig, sondern nur eine unvollendete Skizze ihrer eigenen Möglichkeiten.[274] Hier aber erlebt er vorläufig eine kurze Hamsun'sche Utopie des Sommers, fast zeitlos. Ja, Hamsun. Die *Weltbühne* hat zu seinem siebzigsten Geburtstag eine hymnische Ehrung verfasst. Tucholsky selbst schreibt in Läggesta: »Er wird immer lebendiger, immer reifer, immer erdnäher.« Bei Hamsun ist für ihn in höchster Perfektion alles beieinander, »unsere Zeit und ihre Aufhebung«, es träumt und riecht, der Geruch von nassem Holz, das Meer und die Berge; bei ihm findet man »die letzte Verfeinerung der Gefühle und die größte Kraft«.[275] Und auch das Gefühl der Vergeblichkeit; eine Kraft, die flieht, wie manche Tiere sich verstecken, wenn sie eingehen oder sich begatten. Hamsun, das ist für ihn wie die Enthüllung der Geheimnisse des wirklichen Lebens, auch des Lebens mit Lisa. »Einmal, als du an der Brüstung des Holzbalkons standest«, schreibt er später über die Tage mit ihr in Läggesta, »da lag das Schloss Gripsholm, weit und kupplig«. Und in diesem Augenblick überkam ihn das Gefühl: »Ich bin.« In diesem Augenblick. »Mit einer Frau?« Nein. »Immer allein.«[276] Ende August fährt Lisa Matthias zurück nach Berlin.[277] »Kurzes

In Läggesta am Ufer des Mälarsees hat sich Tucholsky 1929 ein Sommerhaus gemietet. Zeitweilig ist auch Lisa Matthias bei ihm, muss ihn jedoch zwischen Mai und August wegen Verpflichtungen in Berlin allein lassen. Seine satirische Koproduktion mit John Heartfield Deutschland, Deutschland über alles wird hier fertiggestellt. Das erfolgreiche Buch macht ihn jedoch nicht glücklich.

Glück kann jeder«, erinnert er sich an diese Wochen mit ihr, »es ist wohl kein anderes denkbar, hienieden«.[278]

Anfang Oktober 1929 besteigt Tucholsky in Trelleborg die Fähre nach Travemünde. Er macht in Hamburg Station, unternimmt mit Karlchen und Jakopp eine Moselreise von Trier über Bernkastel, Traben-Trarbach und Bullay nach Koblenz, säuft sich mit ihnen »langsam den Fluss hinab«[279] und wohnt von Mitte Oktober bis Mitte November bei Lisa Matthias in Berlin. Es war nach dem wunderbaren Sommer aber nun plötzlich unerträglich mit ihm, wie sie in ihren Erinnerungen schreibt. Sie ist – grundlos oder nicht – bis ans Hysterische grenzend krankhaft eifersüchtig.[280] Auch Mary sieht er und besorgt ihr über den *Schutzverband Deutscher Schriftsteller* eine neue Wohnung in der Künstlerkolonie in der Laubenheimer Straße, die sie Ende des Jahres beziehen kann.

Er selbst ist in dieser Zeit – von Anfang Dezember bis Ende Januar 1930 – bei Lisa Matthias in Lugano. Gelegentlich sind sie mit ihrem Auto unterwegs in der näheren Umgebung. In Locarno, wo die Hoteliers nach der Begegnung Briand–Stresemann »weltgeschichtliche Tafeln in die Mauern gelassen haben«, bei strahlend blauem Himmel am Lago Maggiore, diesem »fast berlinisch gewordenen Gewässer«, und kurz in Italien, wo die »Wirkungen des fascistischen Regimes« nicht zu übersehen sind.[281] Aus Österreich hört man in diesen Tagen viel über den militanten Antisemitismus der aus Rom unterstützten Heimwehren und ihren Stabschef, den am Kapp-Putsch und der Ermordung von Rosa Luxemburg und Karl Liebknecht beteiligten und aus Deutschland geflohenen Major Waldemar Pabst. Vom »Marsch auf Wien« ist unter ihnen die Rede, und sie rufen: »Schlagt die Juden tot! Österreich ist arisch!«[282]

Immer öfter werden in Europa die hellen Töne durch einen dunkel aufziehenden Basso continuo konterkariert. Paradoxe Revolutionen deuten sich an, »von rechts – mit dem Vokabular von links«.[283] Bis Anfang Dezember 1929 hatte Tucholsky eine große Lesereise durch ganz Deutschland unternommen, und in

Wiesbaden gab es dabei einen dramatischen Zwischenfall. SA-Randalierer verwechselten einen Herrn Meyer mit ihm, bewarfen sein Auto, in dem auch Prinz Joachim Albrecht von Preußen saß, mit Steinen und prügelten brutal auf ihn ein.[284] »Solche rohen Hitler-Stiesel«, dichtet Tucholsky etwas später in der *Weltbühne*, sind allerdings auch unter den rechten Schlägergarden einmalig in Europa. »Die hat keiner, die hat keiner, / die hat keiner so wie wir-!«[285]

Die Aussichten für die Zukunft sieht Tucholsky in diesem Herbst, nicht nur auf Grund des Wiesbadener Ereignisses, zunehmend trüber. Europa, meint er Ende Oktober 1929, gleicht immer mehr einem Irrenhaus. Locarno, Völkerbund? Wie soll das auf Dauer gutgehen? Die traurige Realität ist doch »das wilde Nebeneinander von Epochen«, das Europa gelten lässt, »tobsüchtig gewordener Freihandel, nationale Beschränkungen und internationale Trusts, und das alles durcheinander, gegeneinander, unter- und übereinander«.[286] Und Deutschland? Der Schwarze Freitag des 24. Oktober an der New Yorker Börse hat sich noch nicht bemerkbar gemacht, aber seit dem »wirtschaftlichen Scheinaufschwung« nach 1924 herrscht ein ungesunder Optimismus, »der an die lärmendsten Ereignisse der Vorkriegszeit erinnert«[287] und der schnell ins Gegenteil umkippen kann.

Im Frühjahr 1930 entwirft er das folgende Szenario. Da liegt etwas in der Luft in Deutschland, und was es genau ist, weiß niemand so recht. Wahrscheinlich nicht der große faschistische Coup oder Putsch, denn der wäre nach einem halben Tag schon wieder beendet. Viel wahrscheinlicher sei, dass »unter dem Stoß und dem Vormarsch der von der Regierung gänzlich ungehinderten Hitlergarden« plötzlich eine »neue Ära« ausbrechen werde. In der Innenpolitik werde es spürbare Personalveränderungen geben, selbst die gemäßigtsten Sozialdemokraten würden ihre Ämter verlieren, und nach dem Tod Hindenburgs käme es dann zu einer Verfassungsänderung. Deutschland würde auf mittlere Sicht mit Italien zusammengehen und dabei selbst Südtirol und den ganzen Anschluss vergessen, um freie Hand für eine Revanche gegen Frankreich zu haben. »Sie wollen den Krieg. Mehr: sie wollen die Auslöschung Frankreichs und die Unterjochung Mitteleuropas.«[288] Kaum jemand hat die Ereignisse der kommenden Jahre so klar vorausgesehen wie Kurt Tucholsky.

KEIN ORT, NIRGENDS

Nordland

»Südwärts utopisiert sich eine Lebensfülle geographisch, die den Tod zwar kennt, aber weder ihn noch den Gegenzug gegen ihn pointiert«, schrieb einst Ernst Bloch, »nordwärts utopisiert sich ein Todeszauber geographisch, der eine ganze Weltvernichtung in sich einschließt, aber auch überwinden will, mit paradoxer Heimat.«[1] Tucholsky war dem Zauber des Nordens schon seit seiner Kindheit erlegen. Und mitten im Krieg – er trug sich mit Auswanderungsplänen, wenn er zu Ende ist –, hatte er an Blaich geschrieben: »Seit 2 Jahren habe ich Schweden im Kopf – was halten Sie davon«?[2] Nun – 1930 – ist er da. Aber es ist mehr Flucht als die Erfüllung einer alten Sehnsucht. Eines Morgens riechst du den Herbst, schrieb er kurz zuvor, und er meinte damit mehr als eine Jahreszeit. »Es ist: die optimistische Todesahnung, eine fröhliche Erkenntnis des Endes.«[3] Es ist eine tiefe Resignation, die er empfindet, und in diesem Sinne ist die »Landschaft im Norden eben meine«. Hier sagt »alles zu mir Ja«.[4] Hier ist man, vorläufig jedenfalls, auch vor den künftigen Turbulenzen in den europäischen Unruheherden sicher, denn die Schweden, meint er, seien glücklicherweise »viel zu klug, um störend in die große Politik einzugreifen«.[5]

Von Lugano aus waren Tucholsky und Lisa Matthias am 17. Januar 1930 mit dem Zug über Hamburg – wo sie kurz Jakopp besuchten – und Kopenhagen nach Hindas gereist, um dort das neue Haus einzurichten. Die junge Tochter der Postmeisterin des kleinen Orts unterstützt sie anfangs als Dolmetscherin. Kisten mit Büchern, Bettzeug, ein großer Spiegel und einige persönliche Kleinigkeiten werden aus Paris angeliefert. Doch das meiste muss neu erworben werden. Möbelhäuser und

Haushaltswarengeschäfte in Göteborg werden aufgesucht, und irgendwann sind die nötigsten Sachen zusammen. Einiges fehlt aber noch. Teppichbelag wird eigens aus Deutschland bestellt, weil man in Göteborg nichts Passendes gefunden hat. Anfang Februar ist die Villa bezugsfertig, und Lisa lernt eine Hausgehilfin namens Zenta an. Nebenbei – sie hat sich Ski und feine Sportstiefel besorgt – übt sie im winterlichen Garten ihre ersten Telemarkschwünge.

Abends sitzen sie oft im geräumigen Wohnzimmer im Parterre und blödeln miteinander in einem stark mit jüdischen Redensarten vermischten Berlinisch. Tucholsky zeigt sich von seiner besten Seite. Er konnte, auch privat, ein hinreißender Clown sein. Doch die Stimmung ist nicht ungetrübt. Ihre übersteigerte Eifersucht zehrt an ihr, auch wenn sie sich bei ihrem libertären Selbstbild ungern etwas anmerken lässt. Am 28. Januar schickt Tucholsky Geburtstagsgrüße an Mary,[6] die von ihr grundsätzlich wie eine Nichtperson behandelte »madame T...«. Es kommt immer wieder zu Auseinandersetzungen. »Na ja doch. Aba det wär ja jelacht: / Wenn der mit seine Nutten macht – / ick sahre nischt. Ick kenn doch diß jenau!«, dichtet Theobald Tiger Mitte Februar in der *Weltbühne* in Anspielung auf die Stimmung dieser Tage: »Mich kann die janze Männerbranche-! / Ick nehme jahnich jern Revansche. / Ick, Lottchen, bin ja dazu viel zu schlau.«[7] Vor allem aber: Sie fühlt sich, wie sie einer Freundin brieflich mitteilt, hier im Norden nur auf Abruf, wie eine künftige Seemannsbraut, die gelegentlich Hausfrau spielen und alles nett hinstellen darf. Eigentlich will sie das nicht mehr und beschließt, sich aus der Falle, in der sie sich mittlerweile fühlt, irgendwann einmal zu befreien. Ende Februar fährt sie zurück nach Berlin.[8] Ein Jahr wird sich das Verhältnis noch hinziehen.

In Deutschland befinden sich in diesem Frühjahr 1930 die Nationalsozialisten sichtlich im Aufwind. Überall bei regionalen Wahlen, in Baden und Thüringen, in Lübeck und bei den preußischen Provinziallandtagen sowie bei den Kommunal-

In Hindas bei Göteborg mietet Tucholsky Anfang August 1929 die Villa Nedsjölund. Ende Januar 1930 zieht er offiziell nach Schweden. Lisa Matthias hilft ihm bei der Einrichtung und lernt bei dieser Gelegenheit ihre ersten Telemarkschwünge. Es ist sehr einsam hier. Ossietzky, der ihn besucht, meint, ein Tiroler Bauerndorf sei gegenüber dieser Einöde ein regelrechter Jahrmarkttrummel.

wahlen in Hessen und Berlin, können sie beträchtliche Stimmengewinne erzielen. Der Hitlerbewegung ist es gelungen, in Kreisen zur Mode zu werden, die zu den künftigen Meinungsträgern des Reichs gehören. Ihre Erfolge an den Universitäten sind beträchtlich. »Nationalsozialismus ist organisierter Jugendwille«, lautet die Parole der Partei, und was sie sich auf die Fahnen geschrieben hat, ist nichts weniger als die Auslöschung des Individuums.

Er sei weit davon entfernt, hysterisch den Weltuntergang vor sich zu sehen, schreibt Tucholsky Mitte März an Mary, doch sie selbst habe in ihrem Leben schon allerhand mitgemacht und wisse genau, »dass kein Boden fest steht«. Er hat Angst um sie, weil sie seinen Namen trägt, was unter Umständen in Deutschland gefährlich werden könnte, in einem Land, in dem »bei Gott kein Ding unmöglich« ist. Gern sei er deshalb bereit, ihr einen falsch datierten Brief zu schreiben, »wo drin steht, wir hätten uns wegen der Politik getrennt, ich sei links und Er sei rechts«. Besser, man baut vor. Ansonsten: Am Nordpol nichts Neues.[9]

Wenig später, Ende März 1930, scheitert das letzte Weimarer Kabinett unter dem Sozialdemokraten Hermann Müller. »Ein alter General«, dichtet Theobald Tiger in der *Weltbühne,* »ist uns geblieben / als letzte Hoffnung dieser Republik«.[10] Doch Hindenburg nimmt den Rücktritt zum Anlass, einen Kurs einzuschlagen, den ihm seine Kamarilla schon lange nahegelegt hatte. Nämlich im Wesentlichen mit präsidialen Verordnungen zu regieren und so die Herrschaft des demokratisch gewählten Parlaments zu unterlaufen. »Mussolini hat seinen kleinen König; die hier haben ihren breiten Hindenburg«, so Tucholsky, »der Reichstag wird so gut wie nach Hause geschickt.«[11] Das Jahr 1930 stellte eine Zäsur dar. »Die zwanziger Jahre«, so Karl Dietrich Bracher, »waren noch von einer Art Betäubung, vom Verdrängen und Überspielen des Furchtbaren gekennzeichnet. Danach trat die umfassende Kulturkrise voll hervor.«[12] Der Kampf um die Staatsgewalt, der schon längst zu

Gunsten der demokratischen Republik entschieden schien, konnte nun von Neuem beginnen. Die alten Kräfte waren noch lange nicht tot, schrieb Tucholsky bereits Ende 1918, und sie waren es offenbar immer noch nicht. Sie warteten nur, bis sie wieder ans Ruder kommen würden.[13]

»Putsch trocken«, lässt Ignaz Wrobel einen Hellseher Anfang April in der *Weltbühne* den weiteren Verlauf der Ereignisse lakonisch voraussehen: »Ich sehe kein Blut. Ich sehe die aufgeregte Insel Deutschland. Fascismus Lagerbräu.«[14] Es würde den politisch Verantwortlichen in Zukunft tatsächlich – mitten in der Weltwirtschaftskrise und ohne jede Rücksicht auf die damit verbundenen Herausforderungen und Gefahren – in erster Linie um politische Restauration, um das Ungeschehenmachen der bescheidenen Demokratie des November 1918 gehen. Doch das Ergebnis sollte anders ausfallen, als es sich Hindenburgs Strategen vorstellten und auch Tucholsky einstweilen erwartet. Von den mit Hitler verbundenen Abgründen hat noch niemand eine klare Vorstellung.

Mitte Mai ist Lisa Matthias wieder in Hindas. Tucholsky hat zwischenzeitlich fast jede Woche ausführlich mit ihr telefoniert und sie in alltagspraktischen Dingen um Rat gefragt. Er hat sie gebeten zu kommen, weil er sich wieder einmal gesundheitlich am Boden fühlt. Sie bleibt nicht lange, packt ihn ins Auto und fährt mit ihm nach Berlin, wo man den aus Hollywood zurückgekehrten Emil Jannings in seiner Grunewaldvilla besucht und sich nach Möglichkeiten für einen neuen Kuraufenthalt umsieht. Sie empfiehlt ihm schließlich das Kurhaus Sonnmatt bei Luzern.[15] Noch einmal kehrt er kurz nach Hindas zurück und ist Anfang Juli mit dem Flugzeug wieder in Berlin, von wo aus er in die Schweiz aufbricht. In Luzern kommt er sich »recht krank« vor und muss täglich »ein längeres Zirkusprogramm« absolvieren. Turnlehrer, Bademeister, Masseur, Assistenzarzt, Zimmerschwester und so weiter.[16] Eine grundlegende Besserung ist aber nicht zu vermelden.

Nach der »Gesundheitsmühle«[17] hält er sich für vierzehn Tage im Grand Hotel Brissago auf. In einem Feuilleton für die *Voss* beschreibt er Begegnungen in der dortigen Hotelhalle, einer jener Hallen, »in denen es immer aussieht wie im Film«. Aber das Publikum hat im Vergleich zur Belle Epoque, als das Hotel gebaut wurde, deutlich an Glanz verloren. Keine charmanten österreichischen Höflinge mehr wie früher, sondern ein neureicher Nähmaschinenhändler aus Gleiwitz; keine mondänen Kokotten, sondern nur eine aufgeplusterte dicke Wirtin aus Marseille und Mrs. Bimstein aus Chicago.[18] Schöne fade neue Welt. Wie in der Politik. »Meine satirischen Bemerkungen über Brüning und Hitler werden auch immer seltener. Es interessiert mich nicht mehr«, schreibt er Mitte August 1930 aus Brissago, »im Übrigen sieht man Deutschland am besten von außen«. Er glaube nicht, dass er sich über die Gesamtmelodie irre. Deutschland? Ein Volk von sechzig Millionen Außenseitern, ernst, verträumt, hart, aber nicht zivil, die mit verbissener Wut auf alles blicken, was »leicht« ist. Das ist ihnen in tiefster Seele verdächtig, »und das ist bei Hitler und den Kommunisten ganz gleich«. Mangel an Grazie sei im Übrigen ein Kardinalfehler, und, um es überspitzt zu formulieren, »einer der Gründe für den nächsten Krieg«.[19]

Anfang September ist er wieder in Berlin bei Lisa Matthias. Doch da läuft nichts mehr zwischen ihnen. Lisa hat ein Verhältnis mit einem Redakteur von Ullstein angefangen, ein hübsches erotisches Abenteuer, und ist, wie sie ihrem Tagebuch anvertraut, »schwer verliebt«.[20] »Glaubst du vielleicht von mir, was ich von dir glaube?«, lässt Peter Panter sie wenig später in einer *Lottchen*-Geschichte für die *Voss* sagen: »Ich bin treu. Daddy, der Mann ... das war doch nur so eine Art Laune.« Und im Übrigen: Er war wochenlang in der Schweiz, »und wenn eine Frau allein ist, dann ist sie viel alleiner als ihr Männer«.[21] Tucholsky führt sie vor wie ein psychologisches Versuchskaninchen, und er findet offenbar sogar Gefallen an ihren pimbuschartigen Eskapaden. Aber er möchte auf keinen Fall einen Bruch mit ihr. Tatsächlich löst sie das Nebenverhältnis bald wieder auf.[22]

Er besucht in Berlin natürlich seine Lieblingsbuchhandlung, Paul Baumann in der Wilmersdorfer Straße. Der Inhaber ist ein Mann mit selten großen Literaturkenntnissen, dem er die ganzen Jahre über treu geblieben ist.[23] Die *Weltbühne* ist 25 Jahre alt geworden. »Wir haben uns einige Male den tragischen Spaß gemacht – nach dem Kapp-Putsch, nach der Ermordung Rathenaus –«, schreibt er zum Jubiläum, unsere Voraussagen zusammenzustellen: Es ist erschreckend. Man hat meistens »traurig Recht behalten«. Am Zeigerblatt der *Weltbühne* könne man die Geschichte der Nachkriegszeit ablesen.[24] Und deren weitere Aussichten stehen schlecht. Für den 11. September ist ein Flug von Lübeck nach Göteborg gebucht.

Zurück aus Deutschland, »wo ich schon seit über sechs Jahren immer nur zu Besuch bin«,[25] meldet sich bei ihm eine junge Frau, die gehört hat, dass er jemanden sucht, der ihm Unterricht in Schwedisch erteilt, dolmetscht, Klavier spielen sowie Noten lesen und schreiben kann. Allein kommt er nicht zurecht in der »schwedischen Einöde«, wo es ihm ansonsten »herrlich gefällt«.[26] Gertrude Meyer, zu dieser Zeit 33 Jahre alt, ist die Tochter eines wohlhabenden jüdischen Kaufmanns aus Göteborg, hat einige Zeit in einer Berliner Kunstbuchhandlung gearbeitet und spricht fließend Deutsch. Eine musikalische Ausbildung hat sie auch. Vor allem aber: Sie kennt die *Weltbühne* aus ihren Berliner Tagen und weiß genau, bei wem sie ihre Aufwartung macht, als sie zum ersten Mal in Hindas vor seiner Tür steht. In Zukunft wird sie regelmäßig die Villa Nedsjölund aufsuchen, für ihn schwedische Zeitungen lesen und übersetzen und ihm bei Verhandlungen mit den Behörden und Ämtern vor Ort behilflich sein. ›Tydde‹ Meyer bewundert ihn, und nach einiger Zeit entwickelt sich daraus ein Verhältnis. Sie liebt ihn, ohne Ansprüche zu erheben, und das gefällt ihm natürlich.

Am 21. Oktober, kurz nachdem sie ihre Stelle angetreten hat, besucht ihn Carl von Ossietzky für einige Tage in Hindas.

Das Verhältnis war nach Siegfried Jacobsohns Tod anfangs nicht ganz ungetrübt, ist aber mit der Zeit einer Beziehung gegenseitigen Respekts und hoher persönlicher Achtung gewichen. Man hat sich das letzte Mal ein paar Wochen zuvor in Berlin gesehen. Ossietzky überraschen die Abgeschiedenheit und Stille, in der Tucholsky hier am Rand eines hohen dichten Tannenwaldes mit Blick auf einen See, so groß wie der Wannsee, lebt. Ein Tiroler Bauerndorf, meint er, sei dagegen ein regelrechter Jahrmarktrummel. Es regnet, man sitzt stundenlang im Wohnzimmer und spricht miteinander. Tucholsky überredet Ossietzky, länger zu bleiben als ursprünglich vorgesehen. Es geht um wichtige Dinge.

Vor allem um die politische Lage und was in Zukunft aus der *Weltbühne* werden soll. Eines Tages, schreibt Ignaz Wrobel zu dieser Zeit, wenn der Hordenwahnsinn vorüber ist und die Menschen zwar nicht klüger, aber dessen müde geworden sind, wird man vielleicht wieder »den Einzelmenschen entdecken«, und es wird erneut »sehr modern werden, liberal zu sein«.[27] Für die nähere Zukunft ist aber eher das Gegenteil zu befürchten. Ossietzky meint vor seiner Abreise, man müsse sich deshalb frühzeitig Gedanken um ein mögliches Ausweichquartier für die *Weltbühne* machen, eventuell in Kopenhagen.

Lisa Matthias kommt am ersten Weihnachtstag wieder in die Villa Nedsjölund, während Tucholsky an einem Manuskript arbeitet, in das vieles ihres gemeinsamen Sommers letztes Jahr in Läggesta als Motiv und Anregung einfließt. Einige Vorarbeiten existierten bereits, als er am 10. Dezember den Vertrag über *Schloss Gripsholm* unterschrieb. Ganze weitere fünf Wochen gibt ihm Rowohlt. Das Manuskript soll am 15. Januar fertig sein. Vier Fassungen entstehen in diesen dunklen Wintertagen, jedes Mal dichter und kürzer, und »ein halber Blaustift« geht dabei drauf. »Fast alle Autoren schreiben zu lang«, meint er: »Man muss den Rahmen richtig setzen, der das Bild gut abschneidet.« Und nichts macht ihm bei der Arbeit so viel Mühe, wie den »Ton des wahren Erlebens zu finden«.[28] Auch dafür ist der

Rahmen wichtig. Die Melodie muss stimmen und darf sich nicht überschlagen. Der erste Entwurf steht am 17. Dezember. Zu Silvester ist die Endfassung abgeschlossen. Ab Ende März 1931 wird *Schloss Gripsholm* im *Berliner Tageblatt* in Fortsetzung vorabgedruckt. Die besten Reaktionen kommen jedoch aus dem Ausland. »An amusing, witty story«, meint die Londoner *Times*, und *Books abroad* vergleicht Tucholsky mit Lawrence Sterne, dem großen Exzentrik der englischen Literatur. Wie viel leichter könnte das Leben in Deutschland sein, wenn es mehr davon gäbe. Rowohlt verkauft im ersten Jahr fünfzigtausend Exemplare.

Lydia, die weibliche Hauptfigur des Buchs, ist deutlich mehr ein Kunstprodukt als die Claire in *Rheinsberg*. Tucholsky verleiht ihr wieder eine eigene, »missingsch« genannte Privatsprache, etwas, das entsteht, »wenn ein Plattdeutscher hochdeutsch sprechen will«.[29] Aber als Person ist sie eher eine unintellektuelle Wunschsynthese aus Else Weil, Lisa Matthias und Mary Gerold, also gewissermaßen eine pflegsame Madame 3 PS. Wie schön, wenn eine solche Frau für den Mann mit den 5 PS und den unterschiedlichen Modulationen seines komplexen Charakters auch in Wirklichkeit existiert hätte. Es gab bei Rowohlt, aus Geschäftsgründen, ein Bedürfnis nach leichten Tönen aus seiner Feder. Es gab sie auch bei Tucholsky. In dunklen Zeiten ist der Konjunktiv ein Trost. Wie es sein könnte. Es könnte leicht sein.

Man könnte sich mit einer Frau wie Lydia eine Sommerreise nach Schweden vornehmen. Und so könnte es beginnen. »Um neun Uhr zwanzig ging der Zug von Berlin nach Kopenhagen. Und nun wollten wir ja die Prinzessin abholen.«[30] Von dort nach Helsingör auf die Fähre über den Sund, wo er am schmalsten ist, nach Stockholm. Hier ist es dann so, wie es mit Lisa im Sommer 1929 tatsächlich war, und irgendwann landet man in Mariefred am Mälarsee. Mit Lydia bezieht er in Schloss Gripsholm die Räume, die sie im letzten Jahr ausgeschlagen hatten, und eine kleine, frivole Sommergeschichte nimmt ihren Lauf. Unsinn ist schön. Es ist ein Urlaub vom Alltag. Karlchen, sein bester Freund aus Hannover, besucht sie kurz, und es kommt fast zu einer vertrauten Dreisamkeit. Billie, ihre beste Freundin, schaut vorbei, und es kommt wirklich zu einer Ménage à trois in ihrem großen Bett im Schloss.

Die beiden Frauen albern um ein Kreuzworträtsel, und plötzlich liegen sie zu dritt in den Federn, und die Prinzessin sagt ebenso plötzlich »Gib mal Billie einen Kuss«. Und da passiert es. »Da verloren wir uns.« Man flüchtet aus der Einsamkeit der Welt zueinander. »Ein Gran Böses war dabei, ein Löffelchen Ironie, nichts Schmachtendes, sehr viel Wille, sehr viel Erfahrung und sehr viel Unschuld.«[31] Es hat eine solche Ménage à trois tatsächlich einmal gegeben, mit Lisa Matthias und ihrer Freundin Yvonne im Grand Hotel Brissago. »Wir nahmen das beide nicht sehr tragisch«, schreibt Lisa Matthias in ihren Erinnerungen.[32] Und Lydia schlägt nach der Eskapade in Schloss Gripsholm die Augen auf und sagt leise, aber ohne Bedauern: »Wie ist denn das alles so plötzlich gekommen?«[33] Die kleine Szene à trois, »zu grob ist sie wohl nicht«, schreibt Tucholsky an Max Brod, »und haben Sie etwas gegen die Realität solcher Dinge?«[34] Zweifellos war er ein Erotomane, aber hier geht es um Freundschaft und Vertrauen und den kleinen utopischen Moment, in dem keine Eifersucht die Leichtigkeit des Seins trübt. Wenn doch die ganze Welt so wäre.

Sie ist es aber nicht einmal in diesem erfundenen Sommer am Mälarsee. In einem großen Haus mit Turm in Läggesta, fast einer Burg, die Lisa und er im letzten Sommer kennengelernt hatten, siedelt die Geschichte ein Kinderheim an, in dem Frau Adriani, eine deutsche Erzieherin, ein strenges Regiment führt. Anfangs hat es noch etwas von der Unbedachtheit eines Jugendstreichs an sich, als Lydia und er die Höhle dieses Ordnungsdrachens ausfindig gemacht haben. Doch dann entsteht fast ein veritabler Krieg, in dem sie ein misshandeltes und hilfloses junges Mädchen aus ihren besitzergreifenden Klauen befreien. Sie nehmen es auf der Rückreise mit nach Berlin, um es von dort wieder zu seiner Mutter in die Schweiz zu schicken. So endet die Geschichte eines am Ende doch nicht ganz ungetrübten Sommers.

»Wenn man umzieht, ziehen die Sorgen nach«, heißt es auf den letzten Seiten von *Schloss Gripsholm,* als sich der Erzähler die Frage stellt, ob es nicht verführerisch wäre, ganz hier zu bleiben.[35] Im wirklichen Leben hat Tucholsky diese Frage bereits beantwortet. Lisa Matthias, die in Hindas die Geschichte als Erste zu lesen bekommt, ist nicht begeistert. Zu sehr sieht sie sich selbst in der Figur der Lydia und fühlt sich darin zu Unrecht karikiert. Dennoch widmet Tucholsky ihr das Buch mit dem Satz »Für IA 47 407« auf dem Innentitel.[36] Es ist ihr Autokennzeichen. Der Vorschlag stammt von ihr. Er will, dass das Buch eine Hommage an sie wird, aber sie will nicht namentlich erwähnt werden. Sie möchte in bedachter Rücksicht auf den für sie unvermeidlichen Bruch mit ihm anonym bleiben. Bis zum 11. Februar 1931 hält sie sich noch in der Villa Nedsjölund auf, hilft ihm beim Zusammenstellen von Texten für den mit Rowohlt verabredeten Sammelband *Lerne lachen ohne zu weinen,* der im Oktober erscheinen soll, und fährt dann zurück nach Berlin.[37]

Der Abschied ist das vorläufige Ende von etwas. Noch einmal trifft sie ihn Anfang April bei der Beerdigung seines plötzlich verstorbenen Freundes Jakopp in Hamburg. Er hat sie dringlich gebeten zu kommen, denn er kann in diesen Tagen unmöglich alleine sein. Jakopps Tod ist für ihn »der böseste Schlag, der mich seit dem Tode S. J.'s betroffen hat«. Es ist »sehr bitter«[38] und bestärkt ihn in seinem depressiven Gefühl des heimatlosen Alleinseins. Ende des Monats setzt Lisa Matthias dann einen Brief auf, in dem sie ihm vorschlägt, jeden persönlichen Kontakt in Zukunft kategorisch zu unterlassen.[39] Sie war nicht nur krankhaft eifersüchtig und unterstellte ihm sogar, er wolle hinter ihrem Rücken die Stieftochter von Emil Jannings heiraten, um sich finanziell zu sanieren.[40] Sie wollte immer mehr, als er ihr bieten konnte. Und im Grunde hatte er sich ja schon von ihr verabschiedet, als er sich dazu entschloss, nach Schweden zu ziehen. Tucholsky lädt sie noch einmal nach Paris ein. Sie lehnt ab. Zufällig treffen sie sich im Sommer kurz in London. Dann verschwindet sie endgültig aus seinem Leben.[41]

Hochverrat?

Mitte März 1931 hatte Tucholsky sich noch einmal mit Ossietzky in Lübeck verabredet. Wieder ging es um die Zukunft der *Weltbühne,* vor allem aber auch um den bevorstehenden Prozess wegen angeblichen Landesverrats gegen Ossietzky, der fast zwei Jahre schwebte, und von dem die Leser des Blatts erst Anfang Mai etwas erfahren sollten. Ein einschlägiges Gesetz vom 3. Juni 1914 hätte eine vorherige Berichterstattung zu einem Straftatbestand gemacht. Nun war aufgrund einer Anklage des Oberreichsanwalts das Hauptverfahren eröffnet worden. Der Vorwurf lautete: Verstoß gegen den Landesverratsparagraphen des StGB und gegen den § 1 Absatz 2 des Gesetzes gegen den Verrat militärischer Geheimnisse.[42] Der Sache nach ging es um den Artikel *Windiges aus der Luftfahrt* vom 12. März 1929.

Angeklagt waren Ossietzky als verantwortlicher Schriftleiter sowie der Autor des Artikels, Heinz Jäger, nähere Personalien und Anschrift laut Oberreichsanwalt zurzeit unbekannt. Hinter diesem Pseudonym verbarg sich der sozialdemokratische Journalist Walter Kreiser, der aber in seinem Artikel eigentlich nur auf einen Tatbestand erneut aufmerksam machte, den der *Manchester Guardian* längst enthüllt und den Philipp Scheidemann am 16. Dezember 1926 in einer Rede mit dem Titel »Entweder Oder« schon einmal zum Thema einer Reichstagsdebatte gemacht hatte. Scheidemann prangerte darin die Förderung bewaffneter rechtsradikaler Organisationen durch die Reichswehr und die illegale militärische Zusammenarbeit mit der Roten Armee an. Er bezog sich auf Informationen eines Artikels aus dem *Vorwärts* vom 5. Dezember 1926 mit der Schlagzeile »Sowjetgranaten für Reichswehrgeschütze« und konnte sich der süffisanten Bemerkung nicht enthalten, dass die kommunistische Zelle im Stettiner Hafen über die Hintergründe dieser dunklen Machenschaften voll informiert war und die Löschung der hochexplosiven Importware auf konspirativem Wege deckte.

In dem Artikel von Kreiser / Jäger gab es also der Substanz nach nicht viel Neues zu lesen. Zunächst einmal ging es dort auch um etwas ganz anderes, nämlich die merkwürdige politische Praxis der Lufthansa, möglichst viele Flugzeuge auf der Welt unter deutscher Flagge die Lüfte beherrschen zu sehen, selbst wenn die damit verbundene Dumpingpolitik der einheimischen Luftfahrtindustrie zum Nachteil gereichte. Es ging um militärisch motivierte Subventionen von unproduktiven Flugzeugfabriken und erst ganz zum Schluss um die undurchsichtige Abteilung M bei der Deutschen Versuchsanstalt für Luftfahrt auf dem Berliner Flugplatz Johannistahl-Adlershof. Anfragen nach dem Zweck der Abteilung M wurden im Reichstag grundsätzlich nie beantwortet.

Vielleicht deshalb, so Kreiser, weil sonst die Behörden hätten darauf aufmerksam machen müssen, dass ›M‹ auch der Anfangsbuchstabe des Wortes Militär ist. Er belässt es bei dieser Andeutung. Auch der letzte Satz seines Artikels – »aber nicht alle Flugzeuge sind immer in Deutschland«[43] – erschließt sich nur dem, der die Zusammenhänge bereits kennt. Dass die Reichswehr seit 1925 einen geheimen Flugplatz im russischen Lipezk unterhält, dass dort durch den Versailler Vertrag verbotene Flugzeuge und Waffensysteme entwickelt und deutsche Kampfpiloten in Zusammenarbeit mit der Roten Armee ausgebildet werden, sagt Kreiser nicht. Er setzt es als bekannt voraus.

Dennoch droht Ossietzky und Kreiser jetzt ein Verfahren wegen Landesverrats, und das ist angesichts der Rachebedürfnisse des Reichswehrministeriums gegen die *Weltbühne,* die immer wieder über illegale Praktiken der Reichswehr berichtet hatte, und der politischen Zusammensetzung des Reichsgerichts durchaus ernst zu nehmen. »Mit Justiz hat das alles nichts zu tun«,[44] meint Tucholsky. Offenbar sollte jeder Deutsche, der sich für die Respektierung des rechtlich bindenden Friedensvertrags einsetzt, in Zukunft als Verräter abgeurteilt werden können. Wie man sich bei dem bevorstehenden Prozess verhalten sollte und was das für die Pressefreiheit und die *Weltbühne* bedeuten würde, das sind die Hauptthemen des Lübecker Treffens mit Ossietzky. Das Verfahren gegen ihn wird im Herbst 1931 in Leipzig stattfinden.

Zwischen Mitte April und Mitte Mai ist Tucholsky bei Emil Jannings und Gussy Holl am Wolfgangsee, fährt dann über die Schweiz nach Paris und von dort nach Calais. Die Fähre nach Dover ist für den 3. Juni gebucht. Kaum angekommen, lädt ihn der Kritiker und Labour-Politiker Harold Nicolson, verheiratet mit der Schriftstellerin Vita Sackville-West, auf den Landsitz Sissinghurst Castle in Kent zu einer seiner üblichen Geselligkeiten in der Tradition des Bloomsbury-Kreises ein.[45] Man spricht, laut Nicolsons Tagebuch, über Deutschland, über Brüning und Hitler, und Tucholsky äußert die Vermutung, dass Brüning die Hitlerbewegung funktionalisieren werde, um in Deutschland eine Art Wirtschaftdiktatur zu errichten.[46] In London trifft er den Schriftsteller und Journalisten Mark Neven DuMont. Graf Bernstorff von der deutschen Botschaft ist bei dieser Begegnung im Carlton mit von der Partie. Am Nachbartisch sitzt Lord Beaverbrook, und neben ihm der von den Bolschewisten verjagte Alexander Kerenski.[47] Auch Friedrich Sieburg, den er aus seiner Pariser Zeit kennt, begegnet er in diesen Tagen.[48] Für die *Voss* schreibt er kleine Feuilletons über das Londoner Leben.

Anfang Juni hat er ein Haus in Kent gemietet, in der Nähe des malerischen Städtchens Ashford, um »einen kleinen Tonfilm und dann ein neues Buch zu bauen«.[49] Hier wird er die nächsten Wochen verbringen, »mit einer schönen Sicht« weit ins Land hinein. Die Engländer allerdings mag er nicht besonders.⁵⁰ Trotzdem, »man kann hier himmlisch arbeiten, Klavier und alles ganz richtig und ganz totenstill«.⁵¹ Gertrude Meyer, inzwischen »monkey« genannt, »un cœur fragile«,⁵² ist ihm nun aus Schweden nachgefolgt. Er ist eben »stets à deux«.⁵³ Allein sein kann er nur in Ausnahmefällen. Am 2. August schickt er das Exposé eines Romans mit dem vorläufigen Titel *Eine geschiedene Frau* an Rowohlt. Daraus wird nie etwas werden.

Mitte August ist das Filmmanuskript *Seifenblasen* fertig, 64 Seiten, mehr eine Szenenkette als ein Drehbuch, wie er Emil Jannings und Gussy Holl mitteilt. Vielleicht wäre für sie, die von ihm schon früh bewunderte »blonde Dame«,⁵⁴ dabei eine Hauptrolle drin.⁵⁵ Die Idee stammt von dem Regisseur G. W. Pabst und erzählt die Geschichte des Nummerngirls Barbara, einer Figur aus dem Varieté, die unter dem Namen Herr Paulus als Imitatorin eine neue Karriere startet und dabei in die absurdesten Situationen gerät. Der Film wurde nie gedreht, aus Gründen, die sich heute kaum noch rekonstruieren lassen. Dagegen entsteht 1932 nach Tucholskys 1928 in der *Voss* erschienenem Feuilleton *Wo kommen die Löcher im Käse her?* ein Kurzfilm, als Vorprogrammnummer damals Kulturfilm genannt, unter der Regie von Erich Waschnek und mit Hans-Albrecht Löhr, dem Kinderdarsteller aus *Emil und die Detektive*, in der Hauptrolle.

Mitte September ist Walter Hasenclever zu Besuch in Ashford. Er kannte Tucholsky seit 1924. Man war seit einiger Zeit übereingekommen, eine gemeinsame Komödie über das Leben des Entdeckers der Neuen Welt zu verfassen, der bis zum Ende seines Lebens nicht begreifen wollte, wie sehr durch seine Irrfahrt ein neues Kapitel Weltgeschichte aufgeschlagen worden war. Eine Szene in einem Lokal in Sevilla, die später in der *Weltbühne* abgedruckt wird, zeigt den alternden Admiral Columbus im Gespräch mit Amerigo Vespucci, und er beharrt dort immer noch starrsinnig darauf, den Seeweg nach Indien gefunden zu haben, während der Jüngere schon längst dem neuen Kontinent seinen Namen gegeben hat.[56] Ganz ohne versteckte Zeitbezüge ist auch diese leichte Muse nicht. Wir sind alle Irrfahrer wie Columbus, und selten gelangen wir an das Ziel, das wir uns vorgenommen haben. Im persönlichen Leben wie in der Politik.

Tucholsky trifft sich mit Hasenclever noch einige Male wegen dieser Sache, Weihnachten in Kopenhagen, danach in Hindas. In den ersten Januartagen 1932 wird die gemeinsame *Gomödje von den Columbuss* fertig.[57] Tucholsky sächselt bei dieser Mitteilung, weil *Christoph Columbus* von Walter Hasenclever und Peter Panter im Herbst in Leipzig uraufgeführt werden soll. Die Musik zu den Couplets des Stücks hat er, anfangs am Klavier in Ashford und mit Hilfe des notenkundigen »monkeys« Gertrude Meyer, »persönlich hinkomponiert«, und das erfüllt ihn »mit bodenlosem Stolz«.[58] So richtig gelungen ist das Stück aber nicht. »Man merkte ordentlich, wie sich die beiden Autoren beim Whisky über ihre eigenen Einfälle amüsiert haben«, schreibt ihm Mary, die mit Paul Graetz zur Premiere nach Leipzig gefahren ist. Im Übrigen war nach ihrer Ansicht dort vieles falsch besetzt, und man hätte wesentlich mehr herausholen können. Die Reaktion des Publikums und die positiven Kritiken konnten dennoch ermutigen.[59] Der politische Druck von rechts aber machte sich schon so stark bemerkbar, dass die Inszenierung nach zwei Aufführungen abgesetzt werden musste. Tucholsky war im Herbst 1932 in einflussreichen Kreisen bereits eine untragbare Unperson.

Während er im Sommer 1931 noch mit den *Seifenblasen* beschäftigt ist, erscheint am 4. August in der *Weltbühne* Ignaz Wrobels Artikel *Der bewachte Kriegsschauplatz*. Jedes Jahr zum Jahrestag des Kriegsbeginns 1914 hatte er sich mit einem Beitrag zum Thema Krieg zu Wort gemeldet. Der Kriegsschauplatz war abgesperrt. Darum geht es diesmal. Feldgendarmen wachten im Ersten Weltkrieg mit Argusaugen nicht nur darüber, dass sich keine Zivilisten in die Kampfzone verliefen, sondern auch, dass keiner der »Zwangsabonnenten« des Militärs sie verließ, etwa

Mit Walter Hasenclever, dem Kleist-Preisträger des Jahres 1917, verfasst Tucholsky 1931/32 eine Theaterkomödie über Christoph Columbus. Man trifft sich aus diesem Grund in England, in Kopenhagen und in Hindås. Ende September 1932 wird das Stück im Leipziger Schauspielhaus uraufgeführt. So richtig gelungen, meint Mary, die eigens nach Leipzig gefahren war, sei es aber nicht.

um zu desertieren. Vor allem aber schufen sie so zwei Welten. »So kämpften sie«, schreibt er: »Da gab es vier Jahre lang ganze Quadratmeter Landes, auf denen war der Mord obligatorisch, während er eine halbe Stunde davon entfernt ebenso streng verboten war. Sagte ich: Mord? Natürlich Mord. Soldaten sind Mörder.«[60] Literarisch gesehen ist das nichts als ein lukianischer Blick aus ungewöhnlicher Perspektive auf ein merkwürdiges Erdengeschehen. Chaplin schlägt die Augen auf und wundert sich. Die Sache trifft aber umso tiefer, weil sie eine deutsche Heldenwelt der Lächerlichkeit preisgibt. Reichswehrminister Groener wartet den Ausgang des Prozesses gegen Ossietzky im Herbst ab, um auch in dieser Angelegenheit – wegen Beleidigung der Reichswehr – einen Strafantrag zu stellen.

Kein Wunder, dass Tucholsky in diesem englischen Sommer das Thema Landesverrat immer wieder durch den Kopf geht. Die Weltwirtschaftskrise befindet sich auf ihrem Höhepunkt, die deutsche Politik interessiert sich jedoch in erster Linie für innen- und außenpolitische Machtfragen. Millionen Arbeitslose? »Die Verblödung dieses Bürgertums ist vollständig. Sie sehen nichts, sie hören nichts.«[61] Stattdessen setzt jeder auf seine eigenen Interessen. Ist das, mit Verlaub, nicht auch so etwas wie Landesverrat? Bilanzen werden vernebelt, öffentliche Mittel nach dem Motto »die Bank verliert nicht« verschoben und »den Angehörigen der wirtschaftlich herrschenden Klassen so viel Geld« zugeschoben, »dass den anderen nicht mehr viel bleibt«. Das, so sein nüchternes Urteil aus dem Geist praktischer Vernunft und Chaplin'scher Bodenständigkeit, »das und nur das ist Landesverrat«.[62] Andere Länder werden auf ihre Weise mit der internationalen Krise des Kapitalismus fertig,[63] meint er, ohne den reichsdeutschen Klassenkampf von oben, der immer auch eine Revanche für 1918 war. Ist dieser Revanchefeldzug gegen Demokratie und Sozialstaat, mit den Augen eines ewigen Zivilsten gesehen, etwa kein Landesverrat? Aus Kastendünkel und Eigeninteresse? Er wird, davon ist Tucholsky überzeugt, Deutschland in den Abgrund führen.

Anfang Oktober verlässt Tucholsky England, liegt danach für einige Zeit mit einer »prachtvollen Mandelentzündung«[64] in Paris im Bett, unterzieht sich dort einer Operation und ist am 11. November wieder in Schweden, kurz bevor der Weltbühnenprozess wegen Landesverrats gegen Ossietzky beginnt. Um die Öffentlichkeit ausschließen zu können, hat der Oberreichsanwalt die Anklage mit dem Vorwurf der Spionage bereichert. Das noch von der Ära Stresemann geprägte Außenministerium hatte ursprünglich Strafantrag und Prozess wegen befürchteter negativer internationaler Reaktionen verhindern wollen, doch die Interessen der Reichswehr waren stärker. Ossietzky und Kreiser werden zu jeweils eineinhalb Jahren Gefängnis verurteilt, nicht etwa als politische Überzeugungstäter, sondern als gewöhnliche Kriminelle. Dieser Prozess war nach den Worten des Berliner Juristen und späteren Mitanklägers im Nürnberger Kriegsverbrecherprozess Robert Kempner vollkommen illegal.[65]

»Ein Schreckensurteil«, kommentiert die *Berliner Volkszeitung*, und die liberale *Frankfurter Zeitung* sieht in dem Ausgang des Prozesses eine »geradezu beängstigende Perspektive«, nämlich »dass hinter der formalen Fassade der Landesverratsprozesse seit Jahren eine mächtige Bürokratie, mit dem Reichswehrministerium an der Spitze, um ihre Allmacht und gegen jegliche Kontrolle kämpft«.[66] Auch die leitenden Blätter des Auslands reagieren entsetzt und halten das Urteil für ein Indiz für das Schwinden der politischen Meinungsfreiheit in Deutschland.[67] Man war damals nicht zimperlich, und es traf auch andere. Beispielsweise das Zeitstück *Giftgas über Berlin* des heute unbekannten Peter Martin Lampel, das 1929 im *Theater am Schiffbauerdamm* uraufgeführt und sofort verboten wurde, weil es sich zu offen mit der heimlichen Wiederaufrüstung Deutschlands beschäftigte.[68]

Als Ossietzky am Abend des 23. November 1931, nach der Urteilsverkündung aus Leipzig kommend, wieder in Berlin eintrifft, holt ihn Edith Jacobsohn mit ihrem Auto vom Bahn-

Vom 17. bis zum 23. November 1931 findet vor dem Reichsgericht in Leipzig der sogenannte Weltbühnenprozess gegen Carl von Ossietzky statt. Die Anklage lautet auf Landesverrat, obwohl die Weltbühne *mit Andeutungen auf verbotene militärische Zusammenarbeit zwischen Reichswehr und Roter Armee nichts publiziert hatte, was nicht schon längst bekannt war. Ossietzky wird zu anderthalb Jahren Gefängnis verurteilt.*

hof ab. Auf der Heimfahrt pfeift er leise versonnen die Marseillaise vor sich hin.[69] Ende November telefoniert Tucholsky mit ihm. Er hat das Urteil erwartet. Ossietzky aber klingt sehr ruhig und gefasst. »Er ist meines Erachtens viel zu anständig gewesen«, meint Tucholsky, das wird sich nicht rentieren. Er selbst wäre an seiner Stelle geflohen. Doch »dieses Pack« hat nun »die Gelegenheit genutzt«. Ossietzky sitze auch für seine »große Schnauze« mit. »Sie haben sich gerächt.« Er kann froh sein, wenn er vielleicht begnadigt wird. »Diese Säue.«[70] Ossietzkys Anwälte reichen ein Gnadengesuch ein. Die Reichstagsfraktion der SPD fordert die Regierung auf, die Vollstreckung des Urteils zu verhindern. Die *Liga für Menschenrechte* demonstriert. Thomas Mann protestiert. Hindenburg lehnt ab. »Der ›alte Herr‹ versteht in Sachen der Armee keinen Spaß, die ›Weltbühne‹ auch nicht – und Ossietzky geht ins Gefängnis.«[71] Alles das »kotzt« Tucholsky derartig an, dass ihm »die Polemik und die Satire fast eingefroren sind«.[72]

Das ist aber nicht der Hauptgrund, weshalb er und Ossietzky bei den Reichspräsidentenwahlen 1932 gegen Hindenburg und für Ernst Thälmann votieren. Heinrich Mann, den Kurt Hiller in der ihm eigenen Verstiegenheit als »Großherrn des Geistes« für das Amt vorgeschlagen hat (er lehnt ab), stimmt für Hindenburg; aus den gleichen von wenig Überzeugung getragenen Vernunftgründen wie die meisten verbliebenen Demokraten im Land. Man wollte um jeden Preis einen Sieg des Kandidaten Adolf Hitler verhindern. Unter Historikern herrscht weitgehend Einigkeit darüber, dass die kommunistische Konfrontationspolitik erheblich zu der Katastrophe vom Januar 1933 beigetragen hat. Aber letztlich war sie doch nur ein Faktor unter vielen. »In der Wahlkampfsache bin ich mit Ihnen bis ins letzte Komma einverstanden«, schreibt Tucholsky an Ossietzky aus Hindas. Er hält Hindenburg gegenüber Hitler tatsächlich nicht für das kleinere Übel. Eine neue Herrschaft Hindenburgs werde zu drei Vierteln faschistisch ausfallen, meint er, ein gewählter Hitler aber niemals voll faschistisch. »Der Unterschied«, so Tucholskys mehr als leichtfertige Diagnose, »wird also nur in den ersten etwas wilden Hitlerwochen bestehn«.[73]

Es ist aber auch nicht so, dass die Unterstützung Thälmanns eine Übereinstimmung mit dessen Programm oder dem der Kommunisten bedeutet hätte. »Was ist der Unterschied zwischen Mussolini, Stalin u. Hitler?«, schreibt Tucholsky in diesen Tagen an Freund Walter Mehring: »Ja, wer das wüsste!«[74] Und den Kommunisten in Deutschland traute er ohnehin noch nie, nicht einmal im Ansatz, die Fähigkeit zu konstruktiver Politik zu. Es ist ein reines Protestverhalten in einer Lage, die er ohnehin für aussichtslos hält. »Es freut einen nicht mehr«, schreibt er Ende Februar an Annette Kolb aus seiner schwedischen Waldeinsamkeit, wenn man an Deutschland denke.[75] Ossietzky meint, gern hätte er als parteiloser Mann der Linken für einen akzeptablen Sozialdemokraten wie Paul Löbe oder Otto Braun gestimmt. Da aber kein sozialdemokratischer Kandidat vorhanden sei, müsse er eben für den kommunistischen votieren.[76] Hindenburg geht für ihn, schon aus gesinnungsethischen Gründen, auf keinen Fall. Der Mann, schreibt er an Tucholsky, sei ganz unmöglich, »a) nach unserer Tradition, b) nach meiner gegenwärtigen Situation.«[77]

Der erste Wahlgang findet am 13. März statt. Zwei Monate später sitzt Ossietzky hinter Gittern. Kreiser hat sich zwischenzeitlich nach Frankreich abgesetzt. »Am 10. Mai 1932 versammelte sich am Nollendorfplatz eine kleine Schar von Freunden«, berichtet Ludwig Marcuse in seinen Erinnerungen: »Zwanzig Autos, geschmückt mit den Fahnen der Republik, standen bereit, uns nach Tegel zu fahren. In der Nähe des Gefängnisses war ein kleines, kümmerliches Gehölz. Hier nahmen wir Abschied – für achtzehn Monate. Werden die Generäle ihren energischsten Gegner je wieder herauslassen? Es wurden Reden gehalten. Es wurde fotografiert. Mit leiser, scharfer Stimme sagte Ossietzky: das Echo meines Falls wird, so hoffe ich, von Nutzen sein für achteinhalb tausend politische Gefangene. Dann schloss sich das Tor.«[78] Ein Foto zeigt Ossietzky vor dem Tegeler Gefängnis in einer Menschenmenge. Neben ihm Lion Feuchtwanger, Alfred Wolfenstein, Ernst Toller und Rechtsanwalt Alfred Apfel. Gekommen sind auch Leonhard Frank, Arnold Zweig, Erich Mühsam, Roda Roda, Hermann Kesten, Walther Karsch, Alfons Goldschmidt, Herbert Ihering, Hellmut von Gerlach, Alfred Polgar, Kurt Pinthus, Bruno Frei und eben Ludwig Marcuse.[79] Von den Lesern der *Weltbühne* verabschiedet sich Ossietzky an diesem Tag mit den Worten, seine Hauptsünde sei es wohl gewesen, einen deutschen Lieblingsgedanken nicht zu teilen. Die *Weltbühne* glaube eben nicht an den Primat des Militärischen in der Politik.[80]

Am 1. Juli findet vor dem Landgericht Moabit der Prozess wegen Tucholskys Satz »Soldaten sind Mörder« statt. Angeklagt wegen Beleidigung der Reichswehr ist wieder der verantwortliche Schriftleiter der *Weltbühne,* Carl von Ossietzky, und nicht der Autor selbst. Der Prozess endet mit Freispruch, nicht zuletzt weil Tucholsky von Hindas aus Rechtsanwalt Rudolf Olden ein beeindruckendes Konzept für sein Plädoyer vorgeschlagen hat. Die ganze Literaturgeschichte von Laotse über das Neue Testament bis zu Kant, Goethe, Herder und zuletzt Papst Benedikt XV. wird da mit einer Reihe von vergleichbaren Zitaten aus der Tasche gezogen. Dem Gericht bleibt nichts anderes, als am Ende ausweichend festzustellen, es fehle bei dem inkriminierten Satz an der »Bestimmtheit eines Kreises von beleidigten Personen«, so dass im juristischen Sinn eine Beleidigung nicht vorliegen könne.[81]

Tucholsky hat eine Zeit lang überlegt, ob er aus Solidarität für Ossietzky zum Prozess nach Berlin reisen solle. Gegen ihn liege keine Anklage vor, schreibt er schließlich an Mary, und »die Strafe für Oss wird keineswegs schärfer, wenn ich nicht komme«. Er vermutet, Ossietzky werde in diesem Fall eine Geldstrafe erhalten. Was ihn selbst betrifft, könne es aber durchaus sein, dass er von Nazibanden verprügelt werde, wenn er erst einmal in Berlin sei. Auch gegen Schüsse sei man wehrlos. Zudem bestehe die Gefahr, dass man ihn »bis zur Abwicklung des ganzen Verfahrens nicht mehr aus Deutschland herauslassen« und ihm den Pass abnehmen werde.[82] Er kommt nicht, aus nachvollziehbaren Gründen.

Am 22. Dezember 1932 wird Carl von Ossietzky aufgrund einer Amnestie aus dem Gefängnis entlassen. Sollte er demnächst freikommen, schreibt er vier Tage vorher an Tucholsky, müsse man sich unbedingt bald treffen, in Berlin oder anderswo.[83] Doch die Ereignisse der nächsten Wochen werden diese Pläne durchkreuzen. Am 30. Januar 1933 ernennt Hindenburg Hitler zum Reichskanzler. Carl von Ossietzky wird am Morgen des 28. Februar um vier Uhr früh in der Bayerischen Straße 12 von zwei Zivilbeamten erneut verhaftet. Ein gedungener Denunziant sagt aus, er habe ihn während des Reichstagsbrandes am Abend zuvor in einer kommunistischen Kneipe am Alexanderplatz bei konspirativen Gesprächen belauscht. Zielgerichtet wird seit diesem Tag die hemmungslose Verfolgung aller Regimegegner im ganzen Reich verschärft. »Nun können wir aufs Ganze gehen«, frohlockt Joseph Goebbels noch am Abend der Brandstiftung.[84] Tucholskys etwas leichtfertige Prognose vom März des Vorjahres aus Anlass der Reichspräsidentenwahl ist damit endgültig Makulatur.

Nuuna

Er hält sich zu der Zeit, als Ossietzky das Gefängnis verlässt, in Zürich auf. Im Sommer 1932 hat er in der Schweiz die letzte wichtige Frau seines Lebens kennengelernt, die Ärztin Hedwig Müller, genannt Nuuna. Unter den um die hundert Pseudonymen, die er sich im Laufe der Zeit für sie ausdenkt, wird das das bleibende werden. Der finnische Klang dieses Kunstnamens hat etwas von nordischer Ruhe an sich. Auch etwas von einer Schicksalsnorne. Er klingt wie eine geheimnisvolle, fast druidische Verheißung. Denn die meiste Zeit des Jahres war er wieder rastlos gewesen – auf Reisen und in Gesundheitsmühlen. Im Frühjahr hatte er einige Wochen bei Walter Hasenclever in Le Lavandou an der Côte d'Azur verbracht, im Juni in Zürich Dr. Katzenstein wegen seiner Atemwege konsultiert und war von ihm ins Kurhaus Tarasp im Unterengadin geschickt worden. Über Katzenstein lernte er den Rechtsanwalt und Antiquar Wladimir Rosenbaum und dessen Frau Aline Valangin kennen, Schriftstellerin, Pianistin und Psychoanalytikerin. Eine Schülerin von C. G. Jung. Rosenbaums unterhalten am Limmat einen Künstlersalon. 1929 hatten sie in Comologno im Valle Onsernone, einer der steilsten Schluchten des Tessin von atemberaubender urlandschaftlicher Schönheit, ein Anwesen erworben, den mitten in dem Bergdorf an einem Hang gelegenen Palazzo La Barca. Hochalpine Abschiedenheit, Ziegen im Dorf, morgens um sieben und abends um sechs bimmelnde Kirchenglocken.

Hier ist Aline Valangin ebenfalls regelmäßig Gastgeberin. »Es gab kaum einen angesehenen Dichter, Maler oder Komponisten, der nicht in ihrem Haus verkehrte«, beschreibt Elias Canetti sie: »Sie war klug, man konnte mit ihr sprechen, sie verstand etwas von dem, was solche Männer ihr sagten, sie konnte ohne Anmaßung mit ihnen diskutieren. Sie war erfahren in Träumen, etwas, was sie mit Jung verband, aber es hieß, dass sogar Joyce ihr Träume von sich erzählte.«[85] Auch Tucholsky berichtet ihr von seinen Träumen. Sie war, wie er, ein erotomanisch veranlagter Mensch und hatte gerade eine heftige Beziehung mit dem italienischen Schriftsteller Ignazio Silone zu Ende gebracht. Tucholsky nimmt für kurze Zeit seinen Platz ein, bis er im August in Locarno bei einem gemeinsamen Essen mit den Rosenbaums auf Hedwig Müller trifft. Er ist zu dieser Zeit gerade aus Tarasp ins Valle Onsernone zurückgekehrt, mit zwei vollen Schrankkoffern, wie stets auf seine perfekte Erscheinung bedacht. Aber es ist Hochsommer, und Tucholsky läuft oft tagelang nur mit Badehose und Strohhut bekleidet am Swimmingpool des Palazzo La Barca umher und unterhält, so die Erinnerungen Valangins, die Gäste mit

Witzen und tollen Geschichten.[86] »Ich komme höxtwahrscheinlich am Freitag nach Zürich geloffen«, schreibt er Hedwig Müller von dort Ende August. »Ich freue mich sehr, Sie wiederzusehen.« Unterschrieben: »Ihr guter und dicker Peter«. Seitdem sind fast alle seine Briefe an sie adressiert.

In den wenigen Tagen, die er jetzt in Zürich weilt, gehen sie schnell zum intimen Du über. Vom 7. September bis Anfang Oktober hat er sich im Park-Sanatorium Hietzing bei Wien einquartiert. »Liebe Frau Lufft«, schreibt er ihr kurz nach seiner Ankunft, »ich habe Dich in mein Herz geschlossen, und es soll Dir schön gehen«. Er denkt an sie, »in allen Positionen«, und küsst sie in Gedanken auf die Vagina. Anfang Oktober lässt er sie wissen, er komme in den nächsten Tagen »mit der Puffpuffbahn oder mit Flatterflugzeug« zurück und »sinke dementsprechend« in ihre »werten Reiterarme«. Im Übrigen, die »männlichen Funxionen« seien nach der Kur ziemlich gut.[87] Hedwig Müller führte als Ärztin für innere Medizin und Kinderkrankheiten während der zwanziger Jahre eine Sozialpraxis und engagiert sich zu der Zeit, als Tucholsky sie kennenlernt, in einer Kampfgruppe gegen geistigen Terror, die sich mit dem wachsenden Einfluss rechtsradikaler Studentenverbände auseinandersetzt.[88] Sie verkörpert eine gewisse Mischung aus Intellektualität, Engagement und Eros, die Tucholsky sofort in Bann zieht. Wie umgekehrt er sie durch seinen Witz und seine Gedankenschärfe herausfordert. Drei Jahre jünger als er, macht die dunkelhaarige Hedwig Müller einen aparten, selbstbewussten und bestimmenden, fast durchdringenden Eindruck. Und sie hat die seltene Qualität, Mutter, Geliebte und intellektuelle Partnerin zugleich zu sein. Kaum ist er in Zürich, nimmt sie ihn auf, »dem Beyschlaf obzuliegen«. Er zieht bei ihr in der Florhofgasse 1 nahe der Universität auf der rechten Limmatseite ein und wird fast ein Jahr bis zum September 1933 dort wohnen bleiben. Bald schon ist sie für ihn »das aller 1. Mädchen, dem ich meine Liebe erkläre, obgleich mir schon mehrere über den Weg gelaufen sind«.[89] Manchmal vergisst er in

Tucholsky hat Hedwig Müller im Sommer 1932 in Locarno kennengelernt. Die Ärztin und Friedensaktivistin aus Zürich wird die letzte wichtige Frau seines Lebens werden. Er nennt sie Nuuna, wie eine geheimnisvolle Schicksalsnorne. Fast ein ganzes Jahr lebt er 1932/33 in ihrem Haus. Tucholsky ist fasziniert von der Mischung aus Intellektualität, Engagement und Eros, die von ihr ausgeht.

ihrer Gegenwart sogar, dass er eigentlich krank ist, obwohl die Nasenoperation, der er sich im Herbst 1932 unterzog, kaum Besserung gebracht hat.

Hier, in Zürich, erfährt er von Hitlers Machtergreifung und von Ossietzkys erneuter Festnahme. Der Herausgeber der *Weltbühne* hat gezögert, gehofft, die Reichstagswahl am 3. März 1933 werde vielleicht doch noch eine Wende bringen. Er hat Hitler unterschätzt wie Tucholsky kurzzeitig auch. Als Ossietzky sich am Abend des Reichstagsbrandes dann doch zur Flucht entschließen will, kann er sich am Ende nicht entscheiden. Er redet sich ein, man werde ihn nicht finden, weil er gerade umgezogen ist und es an seiner Wohnungstür noch kein Namensschild gibt. Bis am nächsten Morgen um vier Uhr besagte zwei Herren vor der Tür stehen. »Dieser ausgezeichnete Stilist, dieser in Zivilcourage unübertroffene Mann«, schreibt Tucholsky, als ihn die Nachricht erreicht, »hat eine merkwürdig lethargische Art, die ich nicht verstanden habe«. Es sei sehr schade um Ossietzky, »denn dieses Opfer ist ja völlig sinnlos«. In zwei, drei Wochen, beruhigt er sich aber, werde man ihn vermutlich wieder entlassen, »wenn nicht Konzentrationslager gemacht werden«.[90] Tatsächlich wird Carl von Ossietzky aber die nächsten drei Jahre in solchen Lagern verbringen, anfangs als Häftling mit der Nummer 562, als den man ihn auf einem bekannt gewordenen Erkennungsfoto sehen kann.

»Unsere Sache hat verloren. Dann hat man als anständiger Mann abzutreten«, lässt Tucholsky Mitte April aus Zürich Walter Hasenclever wissen. »Lieber Freund, uns haben sie falsch geboren.« Überstehe Hitler den nächsten Winter, »dann werden wir mit ihm begraben«. Er schreibt diesen Satz sieben Tage nach den großen Autodafés im Reich, bei denen am 10. Mai 1933 auch seine Bücher öffentlich in die Flammen geworfen wurden. »Unsere Bücher sind also verbrannt«, meint er weiter, und der Umfall der verschont gebliebenen Geistigen sei mehr als kläglich. Gottfried Benn, »ein Stück Weichkäse«, würde sich vermutlich auch einen Zopf stehen lassen, wenn die Chinesen nächstens Deutschland erobern sollten. Beinahe alle werden sie umfallen, teils, weil man sie mieten kann, teils weil sie, wie Friedrich Sieburg, es nicht ertragen können, »außerhalb der Salons zu stehen«. Der Rest? »Noch am Laternenpfahl zappelnd sind alle stinknational.« Und die Kommunisten? Massenhaft treten sie in die SA ein.[91]

Man sollte sich keine Illusionen machen. »Das jetzige Regime sieht stabil aus.« Und wenn es nicht hält: Wer soll es dann ablösen? »Diese Linke da?« Die Kommunisten etwa, die in den letzten Jahren »von vorn bis hinten nichts als dummes Zeug« gemacht haben? Er für seinen Teil wünsche jedenfalls »mit keinem dieser Leute jemals wieder etwas zu tun zu haben«.[92] Das, was man einmal deutsche Linke genannt hat, werde nie mehr wiederkommen. »Mit Recht nicht.«[93] Denn fast alle sogenannten Linken gehen nach, wie alte Uhren nachgehen. »Nichts stimmt mehr.« Wer im Übrigen »einmal marxistisch denken gelernt« habe, so sein abschließendes Urteil, der kann am Ende »überhaupt nicht mehr denken und ist verdorben«.[94]

Kurt Tucholsky hat sehr früh verstanden, dass die Niederlage der Demokratie Ende Januar 1933 total war, und nichts schreckt ihn so sehr wie die Flucht vor diesem Eingeständnis in ein Traumland der Eigentlichkeit mit dem Namen »Das andere Deutschland«. Es wäre wie eine linke Dolchstoßlegende. Man muss den Dingen in die Augen sehen. Die unentschlossene und handlungsgehemmte Republik – er selbst und die gesamte deutsche Linke eingeschlossen – hat den Untergang mit verursacht. Mit »tiefer Beschämung« sehe er jetzt oft auf das zurück, »was ich trotz meines innern Widerwillens in den letzten Tagen da noch getrieben habe«.[95] Zum Beispiel sein Deutschlandbuch. An einer etwa einsetzenden Emigrantenliteratur sollte man sich deshalb »unter keinen Umständen beteiligen«. Man bekommt »Falten um den Mundwinkel« und wird auf diesem Weg schnell »eine leicht komische Figur« wie jene russischen und italienischen Emigranten, die er aus den Salons seiner Pariser Jahre kennt.[96] Verlierer haben nie ›eigentlich‹ Recht gehabt. Sie haben grundsätzlich immer etwas falsch gemacht. Was daraus folgt, wird ihn in den nächsten zwei Jahren noch sehr beschäftigen.

Die *Weltbühne* hatte den ersten Schritt in die Emigration schon im Herbst 1932 vollzogen. Im September – Tucholsky hielt sich zu dieser Zeit im Park-Sanatorium Hietzing auf – wurde die *Wiener Weltbühne* gegründet. Die bedenklichen Zeichen im Reich mehrten sich. Ende Juli war die seit 1920 in Preußen amtierende sozialdemokratische Regierung Otto Braun per Notverordnung abgesetzt und der erzreaktionäre, ständestaatlich denkende Franz von Papen durch einen Erlass Hindenburgs zum Reichskommissar für Preußen ernannt worden. Die ›rote Festung‹ Preußen, ein demokratisches Rückgrat der Republik, wurde so durch einen trockenen Putsch einfach zusammengeschossen. Die Regierungen von Anhalt und Mecklenburg untersagten die Beflaggung ihrer Amtsgebäude mit den schwarz-rot-goldenen Farben, und auf dem Schweriner Landtag wehte gar schon die Hakenkreuzfahne. In dieser Lage entschloss sich Edith Jacobsohn, ein Ausweichquartier für das Blatt zu suchen, auch wenn die Gründung formell zunächst als Ausweitung seines Wirkungsbereichs auf Österreich begründet wurde. Tucholsky sieht die Angelegenheit skeptisch. Zwar eröffnet er – in diesen Tagen als Patient vor Ort – die erste Ausgabe der *Wiener Weltbühne* am 29. 9. 1932 mit einem Leitartikel, meint aber gleichzeitig in einem Brief an Hedwig Müller, aus der Wiener Ausgabe der *Weltbühne* werde wohl »nichts werden«. Es sei am Ende »grauslich. Ich mische mich da nicht ein, dazu sind mir meine Nerven zu schade«.[97] Sein letzter Beitrag in der Berliner *Weltbühne* erscheint am 8. November 1932. *Worauf man in Europa stolz ist* sind kurze Schnipsel über nationale Idiotien, kein wirklicher Abschied.

Die letzte Ausgabe des »Blättchens« wird am 7. März 1933 bei Stein in Potsdam ausgeliefert. Am 13. März ist es verboten. Das Verlagseigentum, auch das Privateigentum von Edith Jacobsohn, wird konfisziert, die Redaktion in der Berliner

Kantstraße 152 geschlossen. Die Sekretärin Hedwig Hünicke kann in letzter Minute noch einige Manuskripte vernichten, die für ihre Autoren hätten gefährlich werden können. Mitte März wird aber auch der Boden in Österreich unsicher. Kanzler Engelbert Dollfuß hat mit Hilfe eines Ermächtigungsgesetzes das Parlament und den Verfassungsgerichtshof aufgelöst. In Wien herrscht jetzt faktisch eine Diktatur, ein ›austrofaschistischer‹ Ständestaat mit engen Beziehungen zu Mussolinis Italien. Die Pressezensur wird eingeführt.

Am 30. März 1933 erscheint auch die letzte Ausgabe der sicher geglaubten *Wiener Weltbühne*. Sie enthält unter anderem einen erschütternden Bericht Egon Erwin Kischs über die Zustände in deutschen Gefängnissen und Konzentrationslagern. »Es muss furchtbar sein«, schreibt Tucholsky nach Lektüre dieses Artikels: »Helldorf, der Jraf und Obergausaf oder so etwas, hat gewütet wie ein böses Tier, die Leute, besonders natürlich die kleinen Leute, sind entsetzlich verprügelt worden«. Und dann hinterher die »Erpressungen, nichts auszusagen«,[98] damit der Terror nicht an die Öffentlichkeit gerät. Wenig später wird das Blatt, durch die Vermittlung Kischs in die demokratische Insel Prag umgezogen, dort als Exilorgan unter dem Namen *Die neue Weltbühne* wieder aus der Taufe gehoben. Der Mann mit den 5 PS, der das Profil dieser außergewöhnlichen und einflussreichen Zeitschrift über Jahre erheblich mitgestaltet hatte, ist damit aber schon lange nicht mehr befasst.

Er ist, wie er Walter Hasenclever Mitte April 1933 schreibt, von der Bühne abgetreten. Im Juni hat er in Zürich eine Verabredung mit Ernst Rowohlt, der sich, eine Ausnahme in dieser Zeit, sehr »anständig« verhält.[99] Alle Verlagsverträge werden aufgelöst, da seine Bücher in Deutschland nun verboten sind, und die Rechte fallen an ihn zurück. Man trifft sich im Grandhotel Baur au Lac, tafelt miteinander, trinkt gute Schweizer Weine und Schnäpse und flucht anschließend am nächtlichen Ufer des Zürichsees lauthals über Hitler. Es wird ein Abschied für immer sein.[100] Mitte Juli wird Tucholsky die deutsche

Staatsbürgerschaft aberkannt. Als im Reichsinnenministerium am 16. August eine erste Liste unerwünschter ›Volksverräter‹ zusammengestellt wird, steht Tucholsky unter der Nummer 28 dort an prominenter Stelle. Sein ganzes in Deutschland verbliebenes Vermögen wird beschlagnahmt. Am 21. August lässt er sich offiziell von Mary scheiden, um ihre Sicherheit nicht durch seinen Namen zu gefährden. »Die Sache ist selbstverständlich in aller Freundschaft vor sich gegangen«, schreibt er an Hasenclever: »Sie ist ein tadelloser und anständiger Mensch, ich tue da mein Möglichstes.«[101] Zwei Tage später wird er offiziell aus Deutschland ausgebürgert. Na gut, meint er dazu sarkastisch, er gehöre eben »einer älteren Rasse an; mit Negern ja, mit Boches nein«.[102] Und einen »internationalen Gerichtsvollzieher« gegen solches Unrecht gibt es ja leider nicht.[103]

Am 24. September ist Tucholsky nach über einem Jahr Abwesenheit wieder zwischen dem Tannenwald und seinem See an der schwedischen Nordseeküste. Während der Rückreise hat er einige Tage in Paris Station gemacht, und die Stadt bezaubert ihn wie damals, als er zum ersten Mal hier war. Er sieht nur wenig Leute, »zum Glück«,[104] trifft sich aber mit Hellmut von Gerlach und besucht mit ihm antifaschistische Versammlungen. Gerlach, wie er selbst von den Nazis für vogelfrei erklärt, ist unermüdlich. Der tapfere Mann, meint Tucholsky, hat zweifellos Mut, denn jederzeit könnte ihn bei einem öffentlichen Auftritt ein Attentat treffen, aber »von dieser ganzen Tätigkeit der Antihitlerleute« verspricht er sich dennoch gar nichts.[105] Das Braunbuch über den Reichstagsbrand? Einige Indizien gegen die Nazis, aber kein einziger juristisch stichhaltiger Beweis, also wertlos.[106]

Was in Tucholskys Augen wirklich noch Sinn macht, sind überschaubare handfeste Einzelaktivitäten. In den ersten Monaten seiner Rückkehr nach Hindas schreibt er einen Brief an Lady Margot Asquith, die Frau des ehemaligen liberalen Premierministers Herbert Asquith. Die erfolgreiche Kampagne, die in England für den wegen Reichstagsbrandstiftung zu

Unrecht angeklagten und schließlich freigesprochenen Kommunisten Georgi Dimitroff geführt wurde, veranlasst ihn nun zu dem Versuch, die gleichen Kreise auch für das Schicksal Carl von Ossietzkys zu interessieren.[107] Ein ähnliches Anliegen hat er bereits Ende Juli 1933 an den Schweizer Theologen Leonhard Ragaz gerichtet, der ihm bei den Kontakten nach England behilflich war.[108] Henry Wickham Steed, der ehemalige Chefredakteur der Londoner *Times,* berichtet auf Anregung Ernst Tollers am 31. Januar 1934 der britischen Öffentlichkeit in seinem ehemaligen Blatt zum ersten Mal über *The case of Carl von Ossietzky*. Steed wird sich wiederholt für die Freilassung Ossietzkys einsetzen. Auch er erhält von Tucholsky ein Bittschreiben.[109] Die Sache Ossietzky wird bis an sein Lebensende sein letztes politisches Engagement bleiben.

Endspiel

Am ersten Weihnachtstag 1933 besucht ihn Hedwig Müller, die seine Rückkehr nach Schweden nicht ohne eine gewisse Enttäuschung hingenommen hat, in Hindas. »Voller Szähnsucht« hat er sie erwartet, ansonsten als unbeschäftigter Schriftsteller im Haus für Ordnung gesorgt, versucht, seinen anhaltenden Katarrh mit Aspirin und Kaliumjodid zu bekämpfen, und sich Ende Oktober einen Kater namens Iwan zugelegt, der hinfort sein beständiger Hausgefährte sein wird. Und wie soll es weitergehen? »Ich verdiene nie mehr Geld, da ist es ein bisschen schwer.« Wird die Neutralität der Schweiz in einem künftigen Krieg respektiert werden? Das hält er für mehr als ungewiss. Vielleicht, schreibt er Nuuna, »könnten wir unseren werten Lehmsabend hier beschließen«. Dann müsste sie ein Haus kaufen, aber das kann er so nicht sagen. Er löst im Dezember seine Lebensversicherung auf,[110] um wieder flüssig zu werden. Nun ist sie da, und wenn Wünsche etwas helfen würden, sollte es am besten so bleiben. »Ich habe zur Zeit

Damenbesuch (nicht L. M.)«, lässt er Hasenclever wissen.[111] Es werden wunderbare Tage von einer Innigkeit, die er im Leben selten erfahren hat. »Ich bedanke mich noch einmal schönstens für alles, und gebe Dir das Brot der Liebe«, schreibt er ihr, als sie Ende Januar wieder zurück in Zürich ist, es ist ein »Gammer, dass wir nicht ständig aneinanderkläben, bis es uns graust«. Aber sie hat ihre Verpflichtungen in der Schweiz, und die Kontingenzen des Lebens, das weiß er auch, lassen sich nicht so ohne weiteres auflösen. Er ist wieder allein zwischen seinen verschneiten Tannen. »Iwan und ich.«[112] Während dieser dunklen Wintertage lernt Tucholsky, wenn er nicht liest, intensiv Schwedisch[113] und richtet sich dauerhaft im Norden ein.

In den letzten beiden Jahren seines Lebens kreisen seine Gedanken um drei Hauptthemen: das Scheitern der Republik und seine Gesundheit. Und die Ossietzky-Kampagne. Was ihn das ganze Jahr 1934 über am meisten umtreibt, sind die Niederlage und was daraus folgt. »Die Emigranten sind auf einem falschen Wege«, lässt er am 17. Januar Hasenclever wissen: »Es fehlt jede Selbstbesinnung. Wer eine solche Niederlage erlitten hat, muss in sich gehen.« Merkwürdige Ansätze dazu finden sich seiner Ansicht nach in der Zeitschrift des französischen *Ordre Nouveau*. Das war eine Gruppe von jungen Intellektuellen unterschiedlicher Herkunft, die sich ursprünglich unter der Führung von Alexandre Marc zusammenfand, der den marxistischen Determinismus seines jüdisch-großbürgerlichen Elternhauses entschieden ablehnte. Ehemalige Konservative zählten dazu, der spätere katholische Existentialist Gabriel Marcel, der protestantische Karl-Barth-Schüler Denis de Rougemont, Ex-Trotzkisten wie Pierre Naville, und Arnaud Dandieu, der stark durch den französischen Sozialismus in der Tradition Pierre-Joseph Proudhons geprägt war. Marc führte den Begriff des Personalismus in den Kreis ein, der die gemeinschaftgebundene Freiheit der Person betonte und in gewisser Weise manche Gedanken des Existentialismus vorwegnahm. Dandieu war der Theoretiker des auf Proudhon zurückgehenden föderalen Prinzips. Das Scheitern des Liberalismus, in der Weltwirtschaftskrise deutlich geworden, war ihr großes Thema, aber auch die Krise der Demokratie, die sie für ungeeignet hielten, Frankreichs Probleme zu lösen. Ihnen schwebte eine Art intellektueller Eliteherrschaft mit demokratischen Elementen auf regionaler Basis vor.[114]

Mit dem Wort »Salonfaschismus« sei das, meint Tucholsky, allerdings nicht so ohne weiteres abzutun.[115] Jean Guéhenno, der mit kommunistischen Neigungen versehene Chefredakteur der Zeitschrift *Europe,* hatte diesen Vorwurf erhoben. Aber die Kritik der Gruppe am Parlamentarismus war, im Unterschied zur *Action Française*, vollkommen frei von irgendwelchen xenophoben oder antisemitischen Untertönen. *Ordre Nouveau* erschien seit Mai 1933 in einer auf intellektuelle und akademische Kreise beschränkten kleinen Auflage von unter zweitausend, jeweils als Themenheft. Nummer vier hat das Thema *Weder rechts noch links*.[116] Das gefällt Tucholsky. Wenn diese Leute eine Zukunft haben sollten, meint er, dann müssten sie allerdings zu so etwas werden wie die großen Enzyklopädisten des achtzehnten Jahrhunderts, ein Laboratorium neuer Ideen jenseits von rechts und links, deren Konzepte lange Zeit brauchen, um wirklich zu reifen. »Ich habe noch nie so deutlich gespürt«, schreibt er an seine verständige »Herzensnuuna« in Zürich, »wie man zu keiner der beiden Parteien gehört. Weil sie alle beide stinken.« Er bestellt sich das Buch *La Révolution necessaire* von Robert Aron und Arnaud Dandieu, klug, gebildet, doch nicht leicht zu lesen. »Aber das ist was, da ist was.«[117] Doch was? Der Vitalismus, der Jugendkult, die dort propagierte ›Schöpfung durch Risiko‹?[118] Nach genauer Lektüre findet er das Ganze allerdings eher etwas dünn, nur »im negativen ganz großartig«, vor allem weil das Buch deutlich zeigt, »dass es mit den alten Formeln nicht mehr geht«.[119] Tucholsky hat in diesen Winterwochen eine geistige Wünschelrute in der Hand und sucht im Ungewissen. Nur eins weiß er genau. Wo der Brunnen der Weisheit nicht mehr zu finden ist.

Er hat sich bis zum Frühjahr 1934 ungewöhnlich intensiv mit den Publikationen des *Ordre Nouveau* beschäftigt, kommt aber Ende April zu dem ernüchternden Ergebnis, dass die darin diskutierten Ideen und Konzepte »eben doch noch sehr blutleer« sind. Er laboriert. Gegen die Kurzsichtigkeit der Linken, meint er in diesen Tagen, seien selbst »die Weiten, die etwa der lateinische Katholizismus eröffnet, wirklich ein Trost. Schade, dass es sich gar nicht auswirkt – ich möchte sagen: ›Schade, dass der Papst kein Katholik ist!‹«[120] Mit dem Katholizismus, dessen Kulturleistungen er nie bestritt, hat sich Tucholsky übrigens, wie sein umfangreicher, 1929 begonnener Briefwechsel mit der katholischen Publizistin Marierose Fuchs zeigt, immer ernsthaft und ohne Polemik auseinandergesetzt.[121] Was dabei herauskommen könnte, »wenn es südlich und katholisch ist«, schreibt er jetzt an Nuuna, das sehe man am besten an dem von ihm und Siegfried Jacobsohn stets verehrten Mozart.[122] Es ist mittlerweile Frühling geworden in Hindas, »himmlisches Wetter« am 1. Mai. Er holt seine Sommerschuhe aus dem Schrank. Nur Iwan macht Sorgen. Er transpiriert, um nicht zu sagen, er stinkt. In einem aber, als Zwischenbemerkung, hat der *Ordre Nouveau* in seinen Augen aber doch recht: »Hass führt nicht weiter.«[123]

Anfang Mai 1934 befindet er sich in Paris auf der Durchreise zu einem Kuraufenthalt in Challes-les-Eaux nördlich von Grenoble. »Für die große Stadt«, schreibt er kurz nach seiner Ankunft in Paris an Nuuna, »bin ich nun wohl endgültig verloren.«[124] Mitte April hat Georg Bernhard, Ullsteins ehemaliger Frankreichkorrespondent, im *Pariser Tageblatt* gefordert, Carl von Ossietzky den Friedensnobelpreis zu verleihen. Am 26. Mai sendet die Straßburger Sektion der *Deutschen Liga für Menschenrechte* einen offiziellen und begründeten Antrag an das Nobelpreiskomitee in Oslo.[125] Tucholsky jedoch ist skeptisch.[126] Ossietzky erhält den Preis in diesem Jahr nicht, und 1935 wird keiner vergeben, weil sowohl Außenminister Koht als auch der ehemalige Ministerpräsident Mowinckel Mitglied der Jury sind und man vermeiden möchte, die Preisverleihung wie eine offizielle Stellungnahme der norwegischen Regierung aussehen zu lassen.[127]

Tucholsky kauft bewusst keine Emigrantenzeitschriften in Paris, leiht sich aber Lautréamonts *Chants de Maldoror* aus und begeistert sich für deren »Ton der Apokalypse«.[128] Viel besser als die Surrealisten, die ihn für sich in Anspruch nehmen.[129] Da stehen Sachen drin, schreibt er an Hedwig Müller, »dass man sich auf den Arsch setzt«. Wie die Hunde immer gegen etwas bellen zum Beispiel. »Sie bellen, also gegen alles Mögliche, auch gegen ihr eigenes Gebell natürlich.« Wie in einem Pariser Emigrantenzirkel, möchte man fast sagen. Die Stadt irritiert ihn. »Auf den Schang Elüsee«, berichtet er Nuuna, gab es Schlägereien, und es laufen dort auch ständig antisemitische Blauhemden herum. »Diese Republiken sind alle so dof, aber es geht mich nichts mehr an.«[130] Er ist scheu geworden. Walter Mehring findet in diesen Tagen einen Zettel vor, auf dem steht: »heute früh stand ich eine Stunde vor Ihrem Hotel und bin nicht hineingegangen. Ich habe Sie nicht aufgesucht. Ein krankes Tier verkriecht sich auch.«[131]

In diesen Tagen hat Tucholsky ein Gespräch mit Robert Aron vom *Ordre Nouveau*,[132] der vom Surrealismus her kommt und eine Zeitlang mit Antonin Artaud, dem Erfinder des Theaters der Grausamkeit, zusammengearbeitet hat.[133] »Hier sitzen Möglichkeiten«, meint er nach dem Treffen zurückhaltend, »mehr sicherlich nicht«. Einzelne brauchbare Gedanken, vielleicht. Vor allem der, dass die regionale Zugehörigkeit noch nicht automatisch die Zugehörigkeit zu einem Staat zu bedeuten habe. Dass man eben nicht zwingend »etatistisch gesinnt« sein muss.[134] Der Gedanke geht auf Proudhon zurück, mit dem Marx, so Tucholsky, sich bekanntlich schon »in einer recht unleidlichen Weise herumgezankt« hat.[135]

Aron und seine Freunde hatten die Vision einer Überwindung des Kapitalismus durch die Auflösung souveräner Nationalstaaten und die Bildung einer supranationalen Föderation auf regionaler Basis. Die personale Überschaubarkeit der Regionen sollte dabei die Parteien ersetzen und die Gegensätze der Völker überwinden.[136] Am meisten wird Tucholsky an den Ideen des *Ordre Nouveau* diese Vision eines supranationalen Europa der Regionen angezogen haben. »Lieber vier Kantönli«, meint er, »als einen ganzen Napoleon und den halben Mussolini«.[137] Lieber etwas mehr aus der Welt des von ihm so verehrten Johann Peter Hebel als diese tödlichen modernen Staatsmaschinen. Aber das Gesamtkonzept der sogenannten Neuen Ordnung? Am Ende ist der *Ordre Nouveau* doch nur ein Klüngel reichlich gebildeter und mitunter auch reichlich verstiegener Leute. Also: »eine Hoffnung weniger«.[138]

Doch den »ganzen ›Links‹-Quatsch« will er hinter sich lassen, und dann könnte er, wenn er erst einmal darüber hinweg und gesund sei, vielleicht wieder anfangen zu schreiben. Tucholsky weiß, dass er kein großer Epiker ist. Dazu hat er kein Talent. Aber »die neuen französischen Romane machen mir einen mächtigen Mut – von ›Handlung‹ auch keine Spur, ganz etwas anderes, und das kann ich auch«. Er könnte, wenn er nur eines Tages die Sprache mit der für seine Ansprüche an sich selbst unabdingbaren Perfektion beherrschen würde, vielleicht eine Zukunft als französischer Schriftsteller haben. »Die Bochie ist aus«, auch in Gestalt der sogenannten Exilliteratur, aber, so hofft er, warum sollte man nicht »im französischen eine neue Heimat finden« können? Vielleicht. Wäre er doch nur so ein Genie im Wechseln der Sprache wie Joseph Conrad oder Adalbert von Chamisso. Er war im Berliner Französischen Gymnasium zur Schule gegangen, hatte jahrelang in Frankreich gelebt, aber nie wird er dahin kommen, diesen nach rationalen Maßstäben völlig unbegründeten Selbstzweifel zu überwinden.

Vom 20. Mai bis Mitte Juni 1934 unterzieht er sich einer Schwefelkur in den Savoyer Alpen. Er wohnt im Grand Hotel du Chateau von Challes-les-Eaux, einem Schloss aus dem fünfzehnten Jahrhundert mit Gourmetrestaurant und weiträumigem Park, und wundert sich, dass ihm langsam das Geld ausgeht.[139] Aber das Französische, redet er sich ausweichend ein, macht wenigstens Fortschritte,[140] und plötzlich sind auch die Geldsorgen verschwunden, weil unvermutet ein Lottogewinn verbucht werden kann. Mit schwindender Kasse hat Tucholsky nämlich begonnen, regelmäßig zu spielen, oft mit Nuuna. Er sieht sie am 14. Juni in Zürich wieder, und sie verabreden einen gemeinsamen Sommerurlaub an der schwedischen Nordseeküste. Soll er sich in Zukunft bei einem kleinen Gutsbesitzer oder Bauern in Schweden zwei Zimmer mieten und ansonsten hauptsächlich in Zürich bleiben? »So sehr ich zwischen 12 und halb eins auf die Uhr sehe, wo Du bleibst«, schreibt er Nuuna, als er wieder in Hindas ist, »so wenig wohl fühle ich mich in Zürich«. Das Klima. In Wirklichkeit will er nicht von ihr abhängig sein. »Nuunchen, mit Dir mechte ich im Norden angeln gehen«, lässt er sie wenige Tage später wissen: »Dann sitzen wir auf einer Bank und spielen Filéhmon und Baucemon.«[141] Eine tiefe Melancholie liegt in diesem Satz, die durch die Albernheit der Sprachverfremdung nur mühsam unterdrückt wird. Er weiß, dass das nicht gehen wird.

Der schlimmste Schlag, der ihn in dieser Zeit trifft, ist jedoch die für ihn völlig unerwartete politische Stellungnahme eines Mannes, den er sein Leben lang wie keinen zweiten verehrt hat. Er hält sich seit Anfang Juli in Lysekil auf, einer Halbinsel auf felsigem Grund mit kleinen Sandbuchten nördlich von Göteborg. »In einem Bauernhaus, Fjord, Privatbadebucht, Salzwind und lange Geduld«, wie er Hasenclever mitteilt.[142] Kater Iwan ist mit von der Partie, und auch Hedwig Müller reist Anfang August an.

Und dann, Anfang September 1934, erreicht ihn die Nachricht, dass sich Knut Hamsun offen in der Osloer *Aftenposten* für Hitlers Drittes Reich ausgesprochen hat. Er ist Monate zuvor schon einmal in der Provinzzeitung *Fylkesavisen Skien* mit dieser Ansicht vor die Öffentlichkeit getreten, und in Norwegen weiß man, dass er den heimischen Nationalsozialisten Vidkun Quisling unterstützt.[143] Tucholsky jedoch weiß es nicht, und umso mehr trifft ihn jetzt der Artikel in *Aftenposten,* über den er in einer schwedischen Zeitung liest. »Es ist bitter, aber wohl wahr«, schreibt er an Freund Hasenclever: »das scheint richtig zu sein«. Er werde ihm den Artikel mit der Nachricht übersetzen und zusenden.[144] Deutschland, dieses ›nordische Land‹, so hat Hamsun geschrieben, das jahrelang von Kommunisten, Juden und Brüning beherrscht wurde, befinde sich nun durch Hitler auf dem verdienstvollen Weg, sich von Grund auf umzuformen und zu erneuern.[145]

Hamsuns Artikel war eine Antwort auf die internationale Kampagne, Carl von Ossietzky den Friedensnobelpreis zu verleihen. »Deutschland macht einen Gesundungsprozess durch«, teilt er zur gleichen Zeit in einem Brief britischen Unterstützern Ossietzkys mit: »Und wenn die Regierung sich entschließt, Konzentrationslager zu errichten, dann sollten Sie oder die übrige Welt verstehen, dass sie ihre guten Gründe dafür hat.«[146] »Viel Enttäuschungen können mir hienieden nicht mehr begegnen«, meint Tucholsky betroffen, »aber das da war eine, und sie hat gesessen.« Er hat sich gerade ein Altersbildnis von Hamsun besorgt und wollte es in seinem Schlafzimmer aufhängen. Zurück in Hindås, entsorgt er sofort alle Porträts, die er von Hamsun besitzt.[147]

Hamsun war bisher die prominenteste Stimme des Auslands, die sich eindeutig für Hitler ausgesprochen hat. Und das nächste Jahr? »Erlaube mir zum Schluss, Ihnen meine ff. Prophezeiungen für das Jahr 1935 dahin zusammenzufassen«, schreibt Tucholsky Mitte Dezember an Nuuna, »dass es ein großer Erfolg für die Nazis werden wird.«[148] Am 13. Januar 1935 stimmen bei der Volksabstimmung an der Saar über neunzig Prozent für einen Anschluss an das Reich, und Knut Hamsun, so Tucholsky nun kaum noch überrascht, hat »den boches zur Saar gratuliert, und wie!«[149] Nächstes Jahr, 1936, kommen dann die Olympischen Spiele in Berlin. »Ja, also wohin mit uns?«[150]

In ganz Europa, so sein wenig ermutigendes Zeiturteil, geht leider die Faschisierung »trocken und unaufhaltsam fort«.[151] In Holland hat Anton Adriaan Musserts *Nationaal-Socialistische Beweging* NSB acht Prozent aller Stimmen bei den letzten Wahlen erhalten, »in der Tschechei sind sie die zweitmächtigste« Partei. Die von der *Action Française* beeinflussten Rexisten Léon Degrelles machen in Belgien munter Fortschritte. »In Frankreich ... das weiß man nicht. Ich glaube da eher an Thiers den Zweiten, England steht fest, Mosley wird es nicht erreichen.«[152] Tatsächlich wird Marschall Philippe Pétain Jahre später so etwas wie ein zweiter Adolphe Thiers werden (der 1871 mit Bismarck gegen die Pariser Commune kollaborierte), und der Führer der *British Union of Fascists*, Sir Oswald Mosley, hat im Mutterland der Demokratie nie eine Chance. »Mir fällt auf, wie heute beinah jeder Erfolg den hysterischen Charakter einer geistigen Epidemie an sich trägt«, schreibt Tucholsky Ende Mai 1935 resigniert an Nuuna, »Automarken; Mode; Bücher; Einstein; Faschismus – alles hat diesen atemlosen, jappenden, anilinfarbigen Zug«.[153] Wahrhaft ein dynamisches Zeitalter. Nie war die geliebte Welt Fontanes und Ibsens so weit weg wie heute.

Die Nachrichten, die er immer wieder über Ossietzky erhält, sind niederschmetternd. »Wenn er es nur durchsteht! Sie tun alles, damit er es nicht durchsteht.«[154] Im April 1933 war Ossietzky aus dem Berliner Polizeigefängnis ins Konzentrationslager Sonnenburg bei Küstrin gebracht worden. Prügel, Beschimpfungen, Zwangsarbeit, stundenlanges Exerzieren. Jeden Versuch, ihn zu einer Loyalitätserklärung für Hitler zu bewegen, lehnt er konsequent ab. Im Februar 1934 verlegt man ihn ins KZ Esterwegen im Emsländer Moor. Torfstechen, zehn Stunden am Tag bei brütender Sommerhitze oder feuchter Winterkälte. Ossietzky, den unbeugsamen Intellektuellen, haben die Wächter besonders im Auge. Wie ein Mithäftling später berichtet, wird er bei jeder nur passenden Gelegenheit verhöhnt und eingesperrt. Man schlägt ihm die Zähne aus, die Arbeit im Moor führt zu häufigen Fieberanfällen, er wird zum Latrinenputzen verdonnert und ist bald mit den Nerven völlig am Ende. Ob er den Winter überleben werde, sei fraglich, berichtet ein entlassener Mitgefangener dieser Tage in der *Neuen Weltbühne*.[155] Mitte Juni 1935, Hedwig Müller ist gerade für drei Wochen zu Besuch in Hindås, schreibt Tucholsky einen Brief an Norman Angell, der als ehemaliger Friedensnobelpreisträger im Nobelkomitee Vorschlagsrecht hat.[156] Die enttäuschende Antwort aus London trifft am 21. Juni ein. Er, Angell, habe sich leider bereits, bevor der Fall Ossietzky aufkam, für die Nominierung eines anderen entschieden, werde sich aber weiter an der Kampagne für dessen Freilassung beteiligen.[157] Doch in diesem Jahr wird der Preis ohnehin nicht vergeben. Als das Komitee sich am 23. November 1936 schließlich doch für Ossietzky ausspricht, lebt Tucholsky schon nicht mehr.

Die Zeit zwischen Mitte Juli und Ende September 1935 verbringt er mit Gertrude Meyer auf Gotland. Es wird einsam um ihn. Fünf Operationen hat er im letzten Winter hinter sich gebracht.[158] Depressionen suchen ihn heim. Zum ersten Mal in seinem Leben hat er, gerade einmal Mitte vierzig, das Gefühl, »alt geworden« zu sein. Im Übrigen: Ist er nicht ohnehin schon lange nur noch »ein aufgehörter Dichter«? Schreiben? Literatur? Er kann sich kaum denken, »dass es jemals nochmals fließt«.[159] Arthur Schopenhauers philosophischer Weg in die handlungsabgewandte Kontemplation wird während der Sommerwochen auf der Insel wieder zum Thema. Auch der sanftmütige Matthias Claudius, einer der »größten Dichter der ehem. Deutschen«.[160] Doch »das Erlebnis der Erlebnisse« in Visby heißt Søren Kierkegaard. Was er schreibt, so Tucholsky, »wirkt, wie wenn einer, der gar keine Gesellschaft mehr hat, allein auf dem Spaziergang vor sich hinmurmelt«.[161] Was zog ihn an diesem schwermütigen, merkwürdigen Mann so an, den der Däne Georg Brandes einmal ein Trollkind genannt hat, rastlos, schalkhaft von Natur, spöttisch in seinen Antworten, beißend witzig, wenn es gereizt wird?[162] War es seine Ablehnung der bedeutungslos quantitativen Dialektik von Weltgeschichte, die ihm gegenüber der eigenen Existenz stets nur wie eine Staffage

Das Foto stammt aus 1935, dem Todesjahr Kurt Tucholskys. Seine größte Enttäuschung in dieser Zeit ist die unverhohlene Hitler-Verehrung seines früheren Idols Knut Hamsun, der nun seit einiger Zeit auch gegen den KZ-Häftling Carl von Ossietzky zu Felde zieht. Trost findet er in diesen Monaten hauptsächlich in der Lektüre Kierkegaards. Aber im Grunde hat er mit dem Leben abgeschlossen.

erschien?[163] Kierkegaards großes Thema war der Einzelne und die Geworfenheit seiner Existenz. Er fühlte sich, wie Tucholsky, stets krank, und aus diesen Nebeln, so Brandes, brachen die Blitze seiner schalkhaften Ironie und Witzigkeit hervor. Nicht als ästhetischer Überflug romantischer Ichverliebtheit, sondern voller sittlichem Ernst. Entweder – oder. Kierkegaard hatte auch einmal geschrieben, das Paradox sei das eigentliche Pathos des intellektuellen Lebens.[164] Waren es solche Blicke in den Spiegel, die Tucholsky bei Kierkegaard anzogen?

Alles um ihn ist Verrat. Europa und seine diplomatisch gewundenen Verbeugungen vor Hitler? »Das sind Judasse ohne Silberlinge, oder, wie meine Freundin Lieschen das nennt: Umsonst geleckt.«[165] Und dann noch Hamsun, dessen Verrat die tiefsten Tiefen seiner Seele treffen musste. Am 11. November ist er noch einmal gleichzeitig in *Aftenposten* und *Tidens Tegn* gegen Ossietzky zu Felde gezogen. »Möchte dieser Deutsche lieber«, so Hamsun in kalten Worten über den geschundenen Häftling, »dass sein Land in der Gemeinschaft der Nationen unterdrückt und gedemütigt bleibt, dank der Gnade Frankreichs und Englands?«[166] Melancholische Gedanken Schopenhauers aus der Zeit während und nach den Wirren der napoleonischen Kriege mögen Tucholsky durch den Kopf gegangen sein. Etwa, dass wir in jeder Sekunde mit dem Tode kämpfen und das ganze Leben ohnehin nichts als ein Aufschub des Todes sei. Dass die Welt ein großer Wille sei, der nicht weiß, was er will, und dem nicht etwa eine verborgene Vernunft, sondern ein blindes, wucherndes, sich selbst zerfleischendes Treiben zugrunde liegt. Wer wollte das im Jahre 1935 bestreiten? Auch, dass es ein nachvollziehbarer Gedanke sei, wenn der Mensch seinem Leben ein Ende macht, sobald die Schrecknisse des Lebens die Schrecknisse des Todes überwiegen.[167] Wenigstens aber, eine Weisheit aus Schopenhauers *Aphorismen*: Rückzug kann Glück verheißen. Kierkegaard hatte sich aus diesem Grund Schopenhauer sehr affin gefühlt.[168] Tucholsky verschlingt sie nun beide.

Anfang Oktober bestimmt er Mary zu seiner Universalerbin. Ende November schreibt er einen letzten Brief an sie, den er nie zur Post bringt. Er will ihr zum Abschied die Hand geben und sie um Verzeihung bitten für das, was er ihr angetan hat. Er liegt nachts wach im Bett und denkt an sie. Alles kommt wieder. Wie er verlassen im Parc Monceau auf einer Bank saß, als sie endgültig nach Berlin abreiste. Wie alles zwischen ihnen zu hoch angefangen hatte, so dass jede Berührung mit der Erde wie eine Entweihung erscheinen musste. Und doch. Er hat nur einmal in seinem Leben wirklich geliebt. Sie. »Es war wie Glas zwischen uns – ich war schuld.« Hat er Angst? »Nicht vor dem Ende. Das ist mir gleichgültig.« Der Grund, zu kämpfen, die Brücke, das innere Glied jedoch, »die raison d'être fehlt«.[169]

Am 21. Dezember 1935 wird Kurt Tucholsky gegen 18 Uhr bewusstlos in das Sahlgrensche Krankenhaus in Göteborg eingeliefert. Dort stirbt er um 21 Uhr 55, seit langem innerlich ausgetreten aus dem Deutschtum wie einst aus dem Judentum (obwohl er genau wusste – wie er kurz vor seinem Tod an Arnold Zweig schrieb –, dass man in diesen Zeiten nicht aus dem Judentum austreten konnte[170]). Die Diagnose lautet: Überdosis Veronal, vermischt mit Alkohol. Ohne Barbiturate konnte der von innerer Unruhe Zerrissene schon lange nicht mehr einschlafen.

Er hinterlässt nichts, keinen Abschiedsbrief. Nicht einmal ein paar Worte wie Kierkegaards Selbstmörder in *Entweder-Oder*: »Wenn Sie diese Zeilen empfangen, bin ich nicht mehr. Sollte Sie jemand nach dem Grund fragen, so können Sie sagen: es war einmal eine Prinzessin, die hieß Morgenschön oder sonst etwas Ähnliches.« Sollte aber niemand etwas fragen, weder das eine noch das andere, »so brauchen Sie nichts zu antworten«.[171] Tucholsky wären vergleichbare Sätze durchaus zuzutrauen gewesen. Aber er hinterlässt nichts dergleichen. War es Selbstmord? Oder unvorsichtiger Tablettenmissbrauch, der durch zusätzlichen Alkohol seine tödliche Wirkung entfachte? Die Frage konnte nie endgültig geklärt werden.

Das Grab Kurt Tucholskys befindet sich auf dem Friedhof von Mariefred nahe Schloss Gripsholm, wo er seine letzten glücklichen Tage verlebt hat. Ob sein Tod in Hindas am 21. Dezember 1935 Selbstmord war oder Tablettenmissbrauch, konnte nie abschließend geklärt werden. Die nüchterne Diagnose im Göteborger Sahlgrenschen Krankenhaus lautete: Überdosis Veronal, vermischt mit Alkohol.

Die Trauerfeier findet am 27. Dezember in Göteborg statt. Hedwig Müller löst gemeinsam mit Gertrude Meyer Anfang Februar 1936 das Haus in Hindas auf und fährt anschließend über Berlin, wo sie sich mit Mary trifft und ihr unter anderem Tucholskys letzten Brief an sie überreicht,[172] zurück in die Schweiz. Am 11. Juni 1936 wird die Urne mit Kurt Tucholskys Asche unter einer Eiche auf dem kleinen Friedhof von Mariefred bei Schloss Gripsholm beigesetzt, wo sich sein einfacher grauer Grabstein mit dem eingravierten Goethe-Zitat *Alles Vergängliche ist nur ein Gleichnis* bis heute befindet. Gertrude Meyer, die bescheidene Geliebte im Hintergrund, mit der er seinen letzten Sommer auf Gotland verbrachte, hat die Überführung an diesen Wunschort veranlasst und finanziert.

»Jeder neue Tag bricht an, und ist bis an den Rand gefüllt mit seiner Fracht aus Schmutz«, schreibt Arthur Holitscher im August 1939 in einem Nachruf auf Tucholsky für die *Neue Weltbühne*, die jetzt mit dem Untertitel *La Nouvelle Revue Mondiale* in Paris erscheint, »einem Meer von Widerwärtigkeit, mit Schande, der Bissen Brot schmeckt nach Tränen, der Gruß in der Morgensonne ist gehemmt durch die Beschämung; dass dieses Dasein ohne Freiheit, jeder Menschenwürdigkeit bar und fast ohne Hoffnung, einem noch als ›Leben‹ zugemutet werden kann, und dass man es erträgt. Ein Kuriosum, jeder Tag, bei Gott, etwas Unausdenkbares, des Atmens Unwertes … Soll man es denn noch länger tragen?«[173] Nur wenige Tage nach diesen Zeilen beginnt der Zweite Weltkrieg.

Kurt Tucholsky – Stationen seines Lebens

1890 9. Januar: Kurt Tucholsky wird als Sohn des Kaufmanns und Bankdirektors Alex Tucholsky und Doris Tucholsky, geb. Tucholski in Berlin-Moabit geboren.

1893-1899 Die Familie lebt in Stettin. Rückkehr nach Berlin.

1905 1. November: Der Vater stirbt in Berlin.

1907 Erste Veröffentlichungen im *Ulk*.

1909 Aufnahme des Jurastudiums an der Friedrich-Wilhelm-Universität Berlin.

1910 Sommersemester in Genf.

1911 Ende August: Reise mit Else Weil nach Rheinsberg.

1912 *Rheinsberg* erscheint.

1913 Beginn der Mitarbeit an Siegfried Jacobsohns *Schaubühne*. Mitarbeit beim *Simplicissimus*. *Der Zeitsparer* erscheint.

1914 1. Juli: Austritt aus der Jüdischen Gemeinde zu Berlin. 1. August: Beginn des Ersten Weltkriegs.

1915 Promotion zum Dr. jur. Im April Einberufung als Armierungssoldat ins Baltikum.

1917 Im November lernt Tucholsky Mary Gerold aus Riga kennen und verliebt sich in sie.

1918 8. Mai: Versetzung nach Rumänien. Am 21. Juli wird Tucholsky dort evangelisch getauft. Ende November Rückkehr nach Berlin.

1919 Mitte März erscheint der Grundsatzartikel *Wir Negativen* in der *Weltbühne*. Ende August Mitbegründer des ›Friedensbundes der Kriegsteilnehmer‹. Ende Oktober erscheint der Gedichtband *Fromme Gesänge*.

1920 Anfang Januar kommt Mary Gerold nach Berlin, am 3. Mai heiratet Tucholsky Else Weil. Im Sommer Mitarbeit an der antipolnischen Zeitschrift *Pieron*, die er Mitte Dezember aufkündigt. Im November erscheint *Träumereien an preußischen Kaminen*.

1923 Tucholsky arbeitet ab 1. März im Bankhaus Bett, Simon & Co. Am 22. Juni trennt er sich von Else Weil.

1924 Anfang April übersiedelt Tucholsky nach Paris. Ende August heiratet er Mary Gerold.

1925 18. August bis Ende Oktober: Pyrenäenreise mit Mary.

1926 Im Oktober Umzug der Tucholskys nach Fontainebleau. Am 3. Dezember stirbt überraschend Siegfried Jacobsohn. Tucholsky übernimmt bis Mai 1927 die Leitung der *Weltbühne*.

1927 Am 25. Januar lernt Tucholsky in Berlin Lisa Matthias kennen. Nach einem längeren Aufenthalt in Dänemark kehrt er am 27. Juli nach Paris zurück. Im Dezember erscheint der Sammelband *Mit 5 PS*.

1928 Ende März erscheint das erste Gedicht von Tucholsky in der kommunistischen *Arbeiter Illustrierten Zeitung*. Im Frühjahr und Sommer mehrere Reisen, unter anderem mit Lisa Matthias. Am 20. November trennt sich Mary von ihrem Mann und zieht nach Berlin. Im Dezember erscheint der Sammelband *Das Lächeln der Mona Lisa*.

1929 April bis Oktober: Aufenthalt in Läggesta nahe Schloss Gripsholm in Schweden, teilweise in Begleitung von Lisa Matthias. Am 6. August erscheint *Deutschland, Deutschland über alles*. Am 7. August mietet Tucholsky die Villa Nedsjölund bei Göteborg an. Im Spätherbst Lesereise durch Deutschland.

1930 Am 22. Januar verlegt Tucholsky seinen ständigen Wohnsitz nach Schweden. Nach einer Tessin-Reise verbringt er den Sommer in Berlin. Im Oktober wird Gertrude Meyer in Schweden seine Sekretärin. Rowohlt schließt am 10. Dezember einen Vertrag über *Schloss Gripsholm* ab.

1931 Die Beziehung mit Lisa Matthias geht auseinander. 16./17. März: Treffen mit Carl von Ossietzky in Lübeck wegen der Zukunft der *Weltbühne*. Anfang Mai erscheint *Schloss Gripsholm*. Juli bis Oktober mit Gertrude Meyer in Kent. November: Arbeit mit Walter Hasenclever an einer Kolumbus-Komödie in Schweden. 17.–23. November »Weltbühnen«-Prozess wegen »Verrats militärischer Geheimnisse« in Leipzig.

1932 1. Juli: Der Prozess gegen Ossietzky wegen des Tucholsky-Satzes »Soldaten sind Mörder« in der *Weltbühne* endet mit Freispruch. Im August lernt Tucholsky im Tessin die Zürcher Ärztin Hedwig Müller kennen. Vom 8. Oktober 1932 bis zum 7. September 1933 lebt er bei Hedwig Müller in Zürich.

1933 Ende Februar wird Carl von Ossietzky in Berlin verhaftet und in ein Konzentrationslager eingewiesen. Am 7. März erscheint die letzte Nummer der *Weltbühne*. 10. Mai: Bücherverbrennung. 21. August: Scheidung von Mary Tucholsky. 23. August: Tucholsky auf der ersten Ausbürgerungsliste der Nationalsozialisten. Ende Dezember kommt Hedwig Müller für vier Wochen nach Schweden.

1934 Beginn der Kampagne für der Verleihung des Friedensnobelpreises an Carl von Ossietzky.

1935 Mitte Juli bis Ende September mit Gertrude Meyer auf Gotland. Am 21. Dezember stirbt Tucholsky im Göteborger Sahlgrenska-Krankenhaus.

Anmerkungen

DIE WELT VON GESTERN

1 Rheinsberg. GA 1, S. 95 ff.
2 Hamilton: Rheinsberg, S. 11
3 »Bei die Hitze-«. GA 1, S. 18
4 Schrei nach Lichtenberg. GA 14, S. 34
5 Ullstein: Spielplatz meines Lebens, S. 62 f.
6 An Berta Tucholsky, um 1911. GA 16, S. 7
7 Rheinsberg. GA 14, S. 444
8 An Mary Gerold, 8.9.1918. GA 16, S. 405
9 Rheinsberg. GA 1, S. 97, S. 104
10 Ullstein: Spielplatz meines Lebens, S. 63
11 Rheinsberg. GA 1, S. 123
12 Die Mark Brandenburg in Farbenfotografie. GA 1, S. 41
13 Rheinsberg. GA 1, S. 100, S. 102, S. 108, S. 110, S. 121
14 Tergit: Etwas Seltenes überhaupt, S. 70
15 Märchen. GA 1, S. 7
16 Coda. GA 1, S. 237
17 Wenn Ibsen wiederkäme … GA 1, S. 245 ff.
18 Zum Fünfzigsten. GA 7, S. 465
19 Rheinsberg. GA 1, S. 115 f., S. 123
20 An Mary Gerold. Beilage zum Brief vom 5.6.1918. GA 16, S. 259
21 Der ungeschriebene Roman. GA 1, S. 42
22 Rheinsberg. GA 1, S. 122, S. 107
23 Briefbeilagen. GA 2, S. 359
24 Bei die Hitze. GA 1, S. 18
25 Toller: Eine Jugend in Deutschland, S. 28
26 Rheinsberg. GA 1, S. 102
27 Rheinsberg: Vorrede zum fünfzigsten Tausend. GA 1, S. 507 f.
28 Rheinsberg. GA 1, S. 94
29 An Max Brod, 24.10.1911. GA 1, S. 12
30 Tergit: Etwas Seltenes überhaupt, S. 70
31 Dr. Owglass: Rheinsberg. März I, 1913, S. 306; Julius Bab: Rheinsberg. Die Schaubühne, 9.4.1914, S. 429 f.; Kommentar. GA 1, S. 513 f.
32 Kommentar. GA 16, S. 588
33 Kriegshetzer. GA 1, S. 38

34 Coda. GA 1, S. 237
35 An Hedwig Müller. Beilage zum Brief 30.9.1934. GA 20, S. 433
36 Winkler: Der lange Weg nach Westen, Bd. 1, S. 313
37 An Max Brod, 23.1.1912. GA 1, S, 15
38 Georg Heym: Der Krieg. Heym: Gedichte, S. 67
39 Demonstranten-Briefe. GA 2, S. 200
40 In Weißensee. GA 7, S. 242
41 An Fritz Tucholsky, 3.6.1935. GA 21, S. 246
42 Brief meines Vaters. GA 15, S. 41
43 Ein Pyrenäenbuch. GA 9, S. 160
44 Ullstein: Spielplatz meines Lebens, S. 58
45 Schloss Gripsholm. GA 14, S. 203 f.
46 Rosa Bertens. GA 2, S. 147 f.
47 An Ellen Tucholsky, 6.1.1916. GA 16, S. 70
48 Unser Militär! GA 3, S. 177 f.
49 Herbert der Cinese. GA 1, S. 255
50 Otto Reutter. GA 5, S. 12
51 Europa mit dem Ausrufungszeichen. GA 7, S. 170
52 Wintergarten. GA 1, S. 353
53 Die Eva. GA 2, S. 166
54 Etwas vom Humor. GA 2, S. 415
55 Schwarz-weiß-rot. GA 2, S. 385
56 Wintergarten. GA 2, S. 140
57 Auch ein Stück »Alt«-Berlin. GA 2, S. 142 f.
58 Ein Kind aus meiner Klasse. GA 7, S. 111, S. 112, S. 110
59 »Märchen«; »Vorsätze«, beide im Ulk vom 22.11.1907. GA 1, S. 7 f.
60 Ullstein: Spielplatz meines Lebens, S. 57 ff.
61 An Hans Erich Blaich, 9.10.1913. GA 16, S. 33
62 Ein Fall von Kleptomanie im Schüleralter. GA 2, S. 7 ff.
63 Blaise, der Gymnasiast. GA 2, S. 153
64 Preußische Justiz. GA 1, S. 11
65 Die Literatur im Kastanienwäldchen. GA 1, S. 47
66 Wessling: Max Brod, S. 103
67 Stephan Krotowski. GA 1, S. 136
68 Kafka: Tagebücher 1910–1923. Gesammelte Werke, Hg. von Max Brod, Bd, 7, S. 54
69 Marionetten der Mode. GA 1, S. 273 f.
70 Stephan Krotowski. GA 1, S. 136
71 Ullstein: Spielplatz meines Lebens, S. 58 ff.
72 Jungk: Franz Werfel, S. 46
73 An Max Brod, 5.10.1911. GA 16, S. 10
74 Ein Vortragsbuch. GA 7, S. 368 f.
75 Rheinsberg. GA 5, S. 205
76 An Max Brod, 27.9.1912. GA 16, S. 16
77 Rheinsberg. GA 5, S. 206

78 Mayer: Ernst Rowohlt, S. 170
79 An Wilhelm Schäfer, 4.9.1913. GA 16, S. 25
80 Orion. Ein Jahrkreis in Briefen. GA 2, S. 80
81 An Hans Erich Blaich, 8.6.1914. GA 16, S. 51
82 Journalistischer Nachwuchs. GA 10, S. 21
83 Kommentar. GA 1, S. 516 f.
84 Eva Krivanec: »krank und wieder gesund gelacht ...« Jüdisches Unterhaltungstheater in Berlin und Wien zwischen 1910 und 1918. In: Christine Haug, Franziska Mayer und Madleen Podewski: Populäres Judentum, S. 109, S. 113; sowie: Peter Sprengel: Geschichte der deutschsprachigen Literatur 1900–1918, S. 447
85 Die beiden Brüder H. GA 1, S. 126
86 Siegfried Jacobsohn. GA 1, S. 300 ff.
87 Gedenken an Siegfried Jacobsohn. GA 9, S. 613 ff.
88 Oswalt: Siegfried Jacobsohn, S. 30, S. 58 ff.
89 Zu Jacobsohn hier und im Folgenden: Oswalt: Siegfried Jacobsohn. Ein Leben für die Weltbühne; Madrasch-Groschopp: Die Weltbühne. Porträt einer Zeitschrift, passim
90 Oswalt: Siegfried Jacobsohn, S. 96
91 Leonce und Lena. GA 1, S. 230
92 Büchner. GA 1, S. 323
93 Siegfried Jacobsohn. GA 1, S. 301
94 Madrasch-Groschopp: Die Weltbühne, S. 31 f., S. 21
95 Fünfundzwanzig Jahre. GA 13, S. 337
96 An Mary Gerold, 6.9.1918. GA 16, S. 402
97 Pallenberg. GA 1, S. 142
98 Berliner Cabarets. GA 1, S. 151 ff.
99 An Hans Erich Blaich, 9.10.1913. GA 16, S. 33
100 Fünfundzwanzig Jahre. GA 13, S. 335
101 Arthur Rimbaud an Georges Izambard, 13.5.1871. In: Starke (Hg.): Der Untergang der romantischen Sonne. Ästhetische Texte von Baudelaire bis Mallarmé, S. 189
102 Start. GA 9, S. 654 f.
103 »Kurt Tucholsky trennt sich unentwegt von sich selber; von anderen ohnehin«. Fritz J. Raddatz: Tucholsky. Ein Pseudonym, S. 10
104 Massary. GA 1, S. 348 ff.
105 Tagebuch des Urlaubers. GA 2, S. 338
106 Giampietro. GA 2, S. 18 f.
107 Tilla Durieux. GA 2, S. 59
108 Politische Couplets. GA 3, S. 154
109 Kabarett-Rückblick. GA 1, S. 228
110 Gussy Holl. GA 1, S. 224
111 Erinnerung. GA 3, S. 98 f.
112 Erinnerung. GA 3, S. 98 f.
113 Madrasch-Groschopp: Die Weltbühne, S. 50

114 Siegfried Jacobsohn. GA 1, S. 302
115 Kleine Vorrede. GA 1, S. 182 f.
116 »Sie sind unterdessen in die Literatur gekommen und heißen Dr. Bruck.« Tucholsky an Hans Erich Blaich, 27.8.1913. GA 16, S. 25
117 Der Zeitsparer. GA 1, S. 285 f.
118 Das Paradigma. GA 1, S. 288
119 Von dem Manne, der keine Zeitungen mehr las. GA 1, S. 295
120 Der Papagei. GA 1, S. 297 ff.
121 Hans Erich Blaich an Tucholsky, 28.9.1913. GA 1, S. 589
122 K.-K. GA 1, S. 209
123 Home, sweet home. GA 2, S. 83
124 An Hans Erich Blaich, 23.2.1913. GA 16, S. 20
125 Fontane und seine Zeit. GA 3, S. 494
126 Café-Kultur. GA 2, S. 88
127 Der alte Pagay. GA 1, S. 344
128 Der Papagei. GA 1, S. 213
129 Der Kontrollierte. GA 1, S. 278
130 Der Berliner Busch. GA 1, S. 346
131 Café-Kultur. GA 2, S. 88
132 Wenn Ibsen wiederkäme ... GA 1, S. 247
133 Die Romantik des Geschmacklosen. GA 1, S. 231 f.
134 Der Held von Zabern. GA 1, S. 360
135 Ich gratuliere! Ein Beitrag zur neuesten Schundliteratur. GA 2, S. 36
136 David Schoenbaum: Zabern 1913. Consensus Politics in Germany
137 Start. GA 2, S. 9
138 Vorfrühling? GA 2, S. 45
139 An die Meinige. GA 2, S. 99
140 Der Konsumvereinsteufel. GA 2, S. 102
141 Die Kronprinzenbühne. GA 2, S. 103
142 Paul Paschen. GA 2, S. 104
143 Paganini oder: Der Teufel auf Tournee. GA 2, S. 179 ff.
144 Erotika. GA 2, S. 176
145 Der jüdische Untertan. GA 2, S. 135
146 Vormärz. 1. GA 2, S. 106 ff.
147 Maximilian Harden: Frankreich und Deutschland. Die Zukunft, 16.5.1914.In: Harden: Kaiserpanorama, S. 293
148 Der Sadist der Landwehr. GA 2, S. 191
149 Fölsing: Albert Einstein, S. 389
150 Jäckel: Das deutsche Jahrhundert, S. 55
151 Juli 14. GA 11, S. 243
152 von Gerlach: Die große Zeit der Lüge. Der Erste Weltkrieg und die deutsche Mentalität, S. 38
153 Macchiavelli. GA 2, S. 401
154 Ringer: Die Gelehrten. Der Niedergang der deutschen Mandarine 1890−1933, S. 169 ff.

155 Vondung: Die Apokalypse in Deutschland, S. 135, S. 191
156 Aus großer Zeit. GA 5, S. 465
157 Wehler: Deutsche Gesellschaftsgeschichte 1914–1945, S. 20
158 Rausch, Suff und Katzenjammer. GA 4, S. 341
159 Rausch, Suff und Katzenjammer. GA 4, S. 340
160 Macchiavelli. GA 2, S. 401 f.
161 An Hans Erich Blaich, 24.12.1916. GA 16, S. 99
162 Macchiavelli. GA 2, S. 402
163 Memento. GA 2, S. 263
164 Piscator: Das politische Theater, S. 25
165 An Hans Erich Blaich, 20.2.1917. GA 16, S. 106
166 Juli 14. GA 11, S. 249
167 »Die ersten Kriegsjahre war ich verstummt«. An Theobald Tiger. GA 2, S. 362
168 An die Universität Jena, 3.11.1914. GA 16, S. 55
169 An Ellen Tucholsky, 12.2.1915. GA 16, S. 55
170 An Johannes Niedner, 6.1.1915. GA 16, S. 55
171 Die Beschreibung folgt Frank Thiess. Thiess erhielt seinen Stellungsbefehl am 9. April. Er dürfte mit dem gleichen Transport wie Tucholsky am 10. April gefahren sein. Thiess: Verbrannte Erde, S. 241 f.
172 Wat Grotmudder vertellt. GA 5, S. 531
173 Thiess: Verbrannte Erde, S. 345
174 An Mary Gerold 5.7.1924. GA 17, S. 417
175 Wat Grotmudder vertellt. GA 5, S. 532
176 Unterwegs 1915. GA 2, S. 313 ff.
177 Sheehan: Kontinent der Gewalt, S. 117
178 An Ellen Tucholsky, 30.8.1915. GA 16, S. 61
179 An Hans Erich Blaich, 30.9.1915. GA 16, S. 64
180 An Ellen Tucholsky, 29.2.1916; 25.8.; 30.8.1915. GA 16, S. 61–77
181 Wo waren Sie im Kriege, Herr-? GA 8, S. 180
182 Unser Militär! GA 3, S. 178
183 An Hans Erich Blaich, 25.8.1916. GA 16, S. 89
184 Thiess: Verbrannte Erde, S. 345 ff.
185 Interview mit sich selbst. GA 3, S. 290
186 Schmidt: Geschichte des Baltikums, S. 181
187 Als Prolog. GA 2, S. 300
188 Hepp: Kurt Tucholsky. Biographische Annäherungen, S. 106
189 An Hans Erich Blaich, 9.1., 21.5., 3.11., 6.8.1917. GA 16, S. 101–116
190 Ein untergehendes Land. GA 3, S. 208.
191 Das Geheimnis des gelben Zimmers. GA 2, S. 296 f.
192 Alter Kümmel. GA 7, S. 316
193 Ein untergehendes Land. GA 3, S. 206 ff.
194 Arved Freiherr von Traube / Erik Thomson: Die Deutschbalten – Schicksal und Erbe einer eigenständigen Gemeinschaft. In: Schlau (Hg.): Die Deutschbalten, S. 59

195 An Hans Erich Blaich, 3. 11. 1917. GA 16, S. 116
196 Korrespondenzen erwähnt er in einem Brief an Blaich. An Hans Erich Blaich, 17. 4. 1917. GA 16, S. 107. Siehe auch: Pflug: Dr. med. Else Weil, S. 27
197 Rheinsberg. GA 1, S. 116
198 An Mary Gerold, 18. 1. 1918; 13. 11. 1917. GA 16, S. 135, S. 116 ff.
199 An Hans Erich Blaich, 3. 11. 1917. GA 16, S. 115
200 An Mary Gerold, 13. 11. 1917. GA 16, S. 118
201 Zur baltischen Mentalität: Thiess: Verbrannte Erde, S. 19, S. 42
202 An Mary Gerold, 16. 1., 18. 1. 1918. GA 16, S. 132, S. 135
203 Mary Gerold: Tagebuch. GA 16, S. 689 f.
204 Sie schläft. GA 10, S. 406
205 Rheinsberg. GA 1, S. 116
206 An Mary Gerold, 29. 4., 6. 5. 1918. GA 16, S. 210 f., S. 215
207 Theodor Wolff: Das tragische Haus. Bethmann-Hollweg, Michaelis, Hertling, Max von Baden. Wolff: Die Wilhelminische Epoche, S. 152
208 So Martha Feuchtwanger. Madrasch-Groschopp: Die Weltbühne, S. 93
209 Siegfried Jacobson an Edith Jacobsohn, 9. 7. 1917.Oswalt, a.a.O., S. 138
210 Die Weltlage. Von Germanicus; Neue politische Ziele? Von Leopold von Wiese; Tirpitz. Von Johannes Fischart; Claude Debussy. Von Oscar Bie. Die Weltbühne. Der Schaubühne XIV. Jahr, 4. April 1918, S. 307 bis 324
211 Auf die Weltbühne. GA 2, S. 336. Die Weltbühne, 4. 4. 1918, a.a.O., S. 331
212 An Mary Gerold, 12. 5. 1918. GA 16, S. 220
213 An Mary Gerold, 24. 9., 20. 5., 15. 8. 1918. GA 16, S. 428, S. 223 f., S. 358
214 An Mary Gerold, 20. 5. 1918. GA 16, S. 223
215 An Arnold Zweig, 15. 12. 1935. GA 21, S. 471
216 Schwarzmüller: Mackensen, S. 144 ff.
217 Militaria I. GA 3, S. 13
218 An Mary Gerold, 24. 9. 1918. GA 16, S, 428
219 An Mary Gerold, 14. 6., 26. 7. 1918. GA 16, S. 269, S. 330
220 Der Darmstädter Armleuchter. GA 10, S. 244 f.
221 An Mary Gerold, 26. 7. 1918. GA 16, S. 331; 2. 8. 1918. GA 16, S. 344
222 An Mary Gerold, 17. 8. 1918. GA 16, S. 363 f.
223 Max Horkheimer: Schopenhauer und die Gesellschaft. In: Horkheimer / Adorno: Sociologica II. Reden und Vorträge, S. 117
224 Max Horkheimer: Zur Aktualität Schopenhauers. In: Horkheimer / Adorno: Sociologica II. Reden und Vorträge, S. 127
225 Meinen Freunden den Idealisten. GA 2, S. 291
226 An Hans Erich Blaich, 4. 3. 1916. GA 16, S, 79
227 An Mary Gerold, 4. 8. 1918. GA 16, S. 346
228 An Lukianos. GA 2, S. 429
229 Nette Bücher. GA 2, S. 374
230 Etwas vom Humor. GA 2, S. 414 f.

231 Busch-Briefe. GA 2, S. 123 f.
232 Alt-Wiener Couplet. GA 2, S. 346
233 Ludendorff: Meine Kriegserinnerungen, S. 547
234 Briefbeilagen. GA 2, S. 367 f.
235 Südliche Nacht. GA 2, S. 409
236 Zum ersten August. GA 2, S. 366
237 Frohe Erwartung. GA 2, S. 399
238 An Mary Gerold, 31. 10. 1918; 19. 10. 1918. GA 16, S. 483, S. 469
239 An Mary Gerold, 2. 11. 1918. GA 16, S. 485
240 Maximilian Harden: Gott mit uns. Die Zukunft, 16. 11. 1918. Harden: Kaiserpanorama, S. 303
241 Schwarzmüller: Mackensen, S. 165
242 Revolution beim preußischen Kommiss. GA 5, S. 577
243 Schwarzmüller: Mackensen, S. 171
244 An Mary Gerold, 19. 12. 1918. GA 16, S. 493
245 Revolution beim preußischen Kommiss. GA 5, S. 577 ff.
246 Wir hätten sollen … GA 3, S. 312
247 Das Buch von der deutschen Schande. GA 5, S. 106
248 An Mary Gerold, 19. 12. 1918. GA 16, S. 491
249 Troeltsch: Die Fehlgeburt einer Republik, S. 11
250 An Mary Gerold, 15. 9. 1918. GA 16, S. 417
251 Wir hätten sollen … GA 3, S. 314

DIE HALBE REPUBLIK

1 Fölsing: Albert Einstein, S. 473 f.
2 Haffner: Die deutsche Revolution 1918/19, S. 68
3 Theodor Wolff: Die Revolution des Schlemihl – Die revolutionären Ereignisse des Winters 1918/19 in Deutschland. In: Wolff: Die Wilhelminische Epoche, S. 178
4 An Mary Gerold, 30. 9. 1918. GA 16, S. 438
5 An Hans Erich Blaich, 28. 11. 1918. GA 16, S. 488
6 An Mary Gerold, 19. 12. 1918. GA 16, S. 492
7 An Hans Erich Blaich, 27. 12., 14. 12. 1918. GA 16, S. 497, S. 489
8 Namensänderung. GA 2, S. 185
9 An Hans Erich Blaich, 27. 5. 1919. GA 17, S. 17
10 An Mary Gerold, 27. 9. 1919. GA 17, S. 91
11 Wright: Gustav Stresemann, S. 145
12 Theodor Wolff an Tucholsky, 15. 10. 1919. GA 17, S. 576
13 An Theodor Wolff, 29. 2., 11. 2. 1920. GA 17, S. 155, S. 153
14 An Hans Erich Blaich, 14. 12. 1918. GA 16, S. 488
15 Hans Erich Blaich an Tucholsky, 8. 12. 1918. GA 16, S. 978
16 Führer? GA 4, S. 442
17 Frau Übersee. GA 3, S. 8

18 Kessler: Tagebücher, 5.1.1919, S. 92. Die Weltbühne sah die Vorgänge ähnlich und sprach sogar von einer »Gegenrevolution von links«. Johannes Fischart: Emil Eichhorn. In: Die Weltbühne. Der Schaubühne XV. Jahrgang, Nr. 4, 23.1.1919, S. 80 ff., hier S. 83
19 Trotnow: Karl Liebknecht. Eine politische Biographie, S. 283
20 Kessler: Tagebücher, 5.1.1919, S. 92
21 Zwei Erschlagene. GA 3, S. 27
22 Wolff: Die Revolution des Schlemihl, a.a.O., S. 167
23 Am Schalter. GA 2, S. 435
24 Wolff: Die Revolution des Schlemihl, a.a.O., S. 194 ff.
25 An Hans Erich Blaich, 1.2.1919. GA 17, S. 8
26 An Mary Gerold, 30.6.1919. GA 17, S. 31
27 Mary Gerold an Kurt Tucholsky, 12.6.1919. GA 17, S. 461, S. 478
28 Schmidt: Geschichte des Baltikums, S. 218
29 Wunschzettel für Weihnachten. GA 2, S. 443
30 Ausblick. GA 3, S. 29
31 Troeltsch: Die Fehlgeburt einer Republik, S. 78, S. 84 f.
32 Ausblick. GA 3, S. 30
33 Generalstreik. GA 3, S. 66
34 An Hans Erich Blaich, 27.12.1918. GA 16, S. 498
35 An Mary Gerold, 19.12.1918. GA 16, S. 492
36 Spaziergänge in Berlin. GA 3, S. 61
37 An Hans Erich Blaich, 11.7.1919. GA 17, S. 40 f.
38 Armes Berlin! GA 3, S. 83
39 Zwei Erschlagene. GA 3, S. 27
40 Kessler: Tagebücher, 13.3.1919, S. 155
41 Carsten: Eduard Bernstein, S. 171
42 Karl Kraus: Antwort an Rosa Luxemburg von einer Unsentimentalen. Die Fackel, Nov. 1920. In: Kraus: Ausgewählte Werke, Bd. 2, S. 345
43 Marcuse: Mein zwanzigstes Jahrhundert, S. 102
44 Guckkasten. GA 2, S. 434
45 Jäckel: Das deutsche Jahrhundert, S. 85
46 An Hans Erich Blaich, 14.12.1918. GA 16, S. 489
47 L. Persius: Der U-Boot-Krieg. In: Die Weltbühne. Der Schaubühne XV. Jahr, Nr. 4, 23.1.1919, S. 86
48 An Hans Erich Blaich, 14.12.1918. GA 16, S. 489
49 Craig: Deutsche Geschichte 1866–1945, S. 439
50 Schulze: Weimar. Deutschland 1917–1933, S. 181
51 Unser Militär! GA 3, S. 179
52 Im Saal. GA 3, S. 436
53 Die mitunter wie Fremdkörper erscheinenden pathetischen Formulierungen und der hymnische Ton mancher Passagen des Aufsatzes sind vermutlich diesem Umstand geschuldet. Siehe Helmut Mörchen: Schriftsteller in der Massengesellschaft, S. 64 f.
54 Wir Negativen. GA 3, S. 73

55 Das Lied vom Kompromiss. GA 3, S. 81
56 Wir Negativen. GA 3, S. 78 f.
57 Mann: Deutsche Geschichte des 19. und 20. Jahrhunderts, S. 727
58 Mayer: Ein Deutscher auf Widerruf, Bd. 1, S. 71
59 Winkler: Weimar, S. 301
60 »Ich bin Schriftsteller – kein Parteiführer«. An Fritz Tucholsky, 18. 1. 1931. GA 19, S. 270
61 Kleiner Vorschlag. GA 14, S. 19
62 Max Weber: Politik als Beruf. In: Weber: Politische Schriften, S. 534
63 Jürgen Habermas: Geist und Macht – ein deutsches Thema. Heinrich Heine und die Rolle des Intellektuellen in Deutschland. In: Kruse/Kortländer (Hg.): Das Junge Deutschland, S. 22
64 Wir Negativen. GA 3, S. 79 f.
65 Panizza. GA 3, S. 302
66 Preußische Studenten. GA 3, S. 142 f.
67 Raddatz: Tucholsky. Ein Pseudonym, S. 26
68 Jacobsohn an Tucholsky, 16. 8. 1922, 7. 4. 1925, 1. 7. 1919. Siegfried Jacobsohn: Briefe an Kurt Tucholsky, S. 132, S. 279, S. 30
69 Marcuse: Mein zwanzigstes Jahrhundert, S. 65
70 An Mary Gerold, 5. 10. 1919. GA 17, S. 101
71 So Valeska Gert. Madrasch-Groschopp: Die Weltbühne, S. 123
72 Jacobsohn an Tucholsky, 23. 6. 1919. Siegfried Jacobsohn: Briefe an Kurt Tucholsky, S. 21
73 Heinrich Ströbel: Einkehr. In: Die Weltbühne. Der Schaubühne XV. Jahr, Nr. 32, 31. 7. 1919, S. 119
74 Flora, die Göttin der Blüten, spricht. GA 3, S. 173
75 Der Gallenbitter. GA 7, S. 503 ff.
76 Grimms Märchen. GA 10, S. 366
77 Bilanz. GA 3, S. 156
78 Paul Levi: Warum gehen wir zur Vereinigten Sozialdemokratischen Partei? In: Levi: Zwischen Spartakus und Sozialdemokratie, S. 179
79 Das Heil von außen. GA 3, S. 137
80 Preußische Studenten. GA 3, S. 146
81 An Mary Gerold, 13. 6. 1919, 9. 7. 1919, 30. 6. 1919, 30. 7. 1919. GA 17, S. 19 f., S. 39, S. 33, S. 58
82 An Siegfried Jacobsohn, 23. 6. 1919. GA 17, S. 22 f.
83 An Mary Gerold, 20./21. 10. 1919. GA 17, S. 116
84 Fontane und seine Zeit. GA 3, S. 493
85 An Mary Gerold, 24. 6. 1919. GA 17, S. 26; 14. 10. 1918. GA 16, S. 463
86 Mary Gerold an Tucholsky, 19. 6., 24. 6., 14. 8. 1919. GA 17, S. 484–514
87 von Blücher: Deutschlands Weg nach Rapallo, S. 75
88 Ibid., S. 83
89 Mary Gerold an Tucholsky, 10. 7. 1919. GA 17, S. 497; 23. 11. 1919. GA 17, S. 560
90 Ernst von Salomon: Die Geächteten. Hamburg: Rowohlt 1962, S. 104

91 Mary Gerold an Tucholsky, 23. 11. 1919. GA 17, S. 560
92 Die Baltischen Helden. GA 3, S. 346 f.
93 Die Baltischen Helden. GA 3, S. 346
94 Mary Gerold an Tucholsky, 14. 10. 1919. GA 17, S. 544
95 Krieg dem Kriege. GA 3, S. 195
96 Suomi-Finnland. GA 7, S. 308
97 Das Recht des Fremden. GA 8, S. 166 ff.
98 Suomi-Finnland. GA 7, S. 308
99 Mazower: Der dunkle Kontinent, S. 86
100 Pogrome in der Ukraine. Die Weltbühne. Der Schaubühne XVI. Jahr, Nr. 52, 23. 12. 1920, S. 741
101 An Hans Lukaschek, 18. 12. 1920. GA 17, S. 173
102 An Maximilian Harden, 14. 4. 1926. GA 18, S. 92
103 An Mary Gerold, 21. 12. 1919. GA 17, S. 139; 1. 1. 1920. GA 17, S. 143; 5. 12. 1919. GA 17, S. 135
104 Mary Gerold an Tucholsky, 17. 12. 1919. GA 17, S. 560
105 Mary Gerold an Tucholsky, 17. 12. 1919, 6. 2. 1920. GA 17, S. 560, S. 570
106 An Berta Tucholsky, um 1911. GA 16, S. 7
107 Weihnachten. GA 2, S. 439
108 Start. GA 9, S. 654 f.
109 Pflug: Dr. med. Else Weil, S. 27 ff.
110 Jacobsohn an Tucholsky, 17. 6. 1919. Siegfried Jacobsohn: Briefe an Kurt Tucholsky 1915–1926, S. 25
111 An Mary Gerold, 24. 11., 24. 4., 20. 1. 1920. GA 17, S. 130, S. 193, S. 150
112 Mary Gerold an Tucholsky, 9. 8. 1919. GA 17, S. 511
113 Mary Tucholsky, Tagebuch vom 8. 8. 1919. GA 17, S. 510
114 An Mary Gerold, 5. 2. 1920. GA 17, S. 153
115 Pflug: Dr. med. Else Weil, S. 31
116 Mikrokosmos. GA 4, S. 206
117 Kommentar. GA 4, S. 824
118 Die Träume. GA 2, S. 291
119 Die verzauberte Prinzessin. GA 4, S. 530
120 An Mary Gerold, 17. 5., 2. 3. 1923. GA 17, S. 180, S. 239
121 Kähler: Berlin – Asphalt und Licht, S. 35
122 Spaziergänge eines Berliners. GA 3, S. 68
123 Marcuse: Mein zwanzigstes Jahrhundert, S. 57
124 Die Nachgemachten. GA 6, S. 18
125 Berliner Geselligkeiten. GA 3, S. 386 ff.
126 Jansen: Das Varieté. Die glanzvolle Geschichte einer unterhaltenden Kunst, S. 193 ff.
127 Der Wintergarten. GA 3, S. 289
128 Politische Couplets. GA 3, S. 152
129 Erinnerung. GA 3, S. 99
130 Der Ginganz. GA 3, S. 303 f.

131 An Hans Erich Blaich, 20.2.1919. GA 17, S. 11
132 Politische Couplets. GA 3, S. 153 f.
133 Maurice Chevalier. GA 10, S. 450
134 Walter Mehring: Paul Graetz. In: Mehring: Der Zeitpuls fliegt, S. 109 f.
135 Richard: Cabaret-Kabarett, S. 151, S. 206 ff.
136 Aristide Bruant. GA 7, S. 21
137 Walter Mehring: Kurt Tucholsky, Theobald Tiger, Peter Panter und Ignaz Wrobel. In: Mehring: Wir müssen weiter. Fragmente aus dem Exil, S. 19
138 An Mary Gerold. Beilage zum Brief vom 5.10.1919. GA 17, S. 99 f.
139 Wenn der alte Motor wieder tackt ... GA 3, S. 441, S. 443 f.
140 An Mary Gerold, 25.11.1922. GA 17, S. 214
141 Die Kunst des Couplets. GA 3, S. 398
142 Mehring: Kurt Tucholsky, Theobald Tiger, Peter Panter und Ignaz Wrobel, a.a.O., S. 23
143 Die Kunst des Couplets. GA 3, S. 399 f.
144 Die blonde Dame singt. Für Gussy Holl. GA 3, S. 219 f.
145 Die Bildersammlung eines Humoristen. GA 9, S. 641
146 Christian Wagner. GA 3, S. 48
147 Der berühmteste Mann der Welt. GA 5, S. 438 f.
148 Schepplin. GA 14, S. 81
149 The Kid. GA 6, S. 109
150 Variété und Kritik. GA 5, S. 451
151 Herr Schwejk. GA 8, S. 307
152 An Max Brod, 26.7.1928, S. 56
153 Kommentar. GA 3, S. 720
154 Politische Satire. GA 3, S. 329
155 's ist Krieg! GA 3, S. 245
156 Nationale Verteidigung (auch: Das Volk steht auf ...). GA 2, S. 419 f.
157 Das Königswort (auch: Ein Königswort). GA 3, S. 128
158 P.B.: Fromme Gesänge; Berliner Tageblatt vom 14.12.1919. GA 3, S. 723
159 Juli 14. GA 11, S. 249
160 Lukian: Der Lügenfreund. In: Lukian: Lügengeschichten und Dialoge, S. 13
161 Lukian: Charon oder die Weltbeschauer. In: Lukian: Götter, Tote und Hetären, S. 135
162 Die Satire »Nächtliche Szene« aus dem Ulk, zur gleichen Zeit entstanden, ist ein unübersehbar Lukian nachempfundenes Totengespräch. GA 2, S. 187 ff.
163 J.E.N., Mannheimer General-Anzeiger vom 27.2.1920. GA 3, S. 724
164 Kommentar. GA 3, S. 723
165 Heinrich Heine: Vorwort zur zweiten Auflage der Reisebilder. In: Heine: Werke (Briegleb), Bd. 3, S. 209
166 Politische Satire. GA 3, S. 328

167 Walter Benjamin: Linke Melancholie. In: Benjamin: Angelus Novus, S. 458
168 Dada. GA 4, S. 311 f.
169 Hanne Bergius, Karl Riha: Nachwort. In: Riha / Bergius (Hg.): Dada Berlin, S. 178
170 Helen Atkins: »Die Zeit der Kohlrübe in Deutschland«. In: Schuster (Hg.): George Grosz. Berlin–New York, S. 137 f.
171 Dada. GA 4, S. 312
172 Einstein: Die Kunst des 20. Jahrhunderts, S. 251, S. 255
173 An Hans Schönlank, 10. 1. 1923. GA 17, S. 224
174 Zwei Mann in Zivil. GA 3, S. 415 ff.
175 Das erdolchte Heer. GA 3, S. 410
176 Der Vereinshumorist singt. GA 3, S. 445
177 Kadett Ludendorff. GA 5, S. 321
178 von Hindenburg: Aus meinem Leben, S. 403
179 Troeltsch: Die Fehlgeburt einer Republik, S. 84, S. 112
180 Militaria. GA 3, S. 56
181 Buschkämpfer. GA 3, S. 166
182 Militaria. GA 3, S. 57
183 Kessler: Tagebücher, 8. 3. 1919, S. 151
184 Kessler: Tagebücher, 7. 3. 1919, S. 149
185 Schivelbusch: Die Kultur der Niederlage, S. 254
186 Troeltsch: Die Fehlgeburt einer Republik, S. 135
187 Abreißkalender. GA 7, S. 550
188 Hellmut v. Gerlach: Mildernde Umstände für Ebert. Die Weltbühne. Der Schaubühne XXII. Jahr, Nr. 4, 26. 1. 1926, S. 122
189 Der Knochenzerschlager. GA 4, S. 77 f.
190 Troeltsch: Die Fehlgeburt einer Republik, S. 227
191 Die Beamtenpest. GA 10, S. 478
192 Noch immer ... GA 3, S. 233
193 Die Baltischen Helden. GA 3, S. 350
194 Die lebendigen Toten. GA 3, S. 160
195 Der Affe auf dem Leierkasten. GA 5, S. 143
196 Hannover: Politische Justiz 1918-1933, S. 45
197 Im Saal. GA 3, S. 435 f.
198 Prozess Marloh. GA 3, S. 462
199 Kessler: Tagebücher 1918–1937, 4. 12. 1919, S. 204
200 Prozess Marloh. GA 3, S. 465
201 Militaria. GA 4, S. 39
202 Drei Minuten Gehör. GA 5, S. 460 ff.
203 Kommentar. GA 5, S. 828
204 Troeltsch: Die Fehlgeburt einer Republik, S. 99 f.
205 In der Provinz. GA 5, S. 185
206 Das leere Schloss. GA 4, S. 68 ff.
207 Dämmerung. GA 4, S. 100 f.

208 Troeltsch: Die Fehlgeburt einer Republik, S. 134
209 Kapp-Lüttwitz. GA 4, S. 108
210 An die alten Soldaten! GA 4, S. 324
211 In der Strafkolonie. GA 4, S. 224
212 Wenn Ibsen wiederkäme … GA 1, S, 245 ff.
213 Stammtisch. GA 5, S. 10 f.
214 Zeppelin. GA 6, S. 349
215 Stammtisch. GA 5, S. 10 f.
216 Gegen den Strom. GA 8, S. 211
217 Carsten: Eduard Bernstein, S. 175
218 Rovan: Geschichte der deutschen Sozialdemokratie, S. 126 f.; Krause: USPD. Zur Geschichte der Unabhängigen Sozialdemokratischen Partei Deutschlands, S. 170 f.
219 S.J. an Tucholsky, 17.7., 7.8.1920. Jacobsohn: Briefe an Kurt Tucholsky, S. 82, S. 85
220 Kritik der tausend Nasenlöcher. GA 13, S. 125
221 Total Manoli! GA 4, S. 464
222 Kritik der tausend Nasenlöcher. GA 13, S. 125
223 Saisonbeginn an der Ostsee. GA 5, S. 341
224 Mir ist heut so nach Tamerlan! GA 5, S. 564
225 Militärbilanz. GA 4, S. 156 f.
226 Kapp-Lüttwitz. GA 4, S. 116
227 Wehler: Deutsche Gesellschaftsgeschichte 1914–1945, S. 418
228 Gegenrechnung? GA 5, S. 94
229 Haben Sie schon mal …? GA 4, S. 122
230 Reisende, meidet Bayern! GA 5, S. 20
231 Wehler: Deutsche Gesellschaftsgeschichte 1914–1945, S. 386
232 Gellinek: Philipp Scheidemann, S. 55, S. 63 f.
233 Nachruf. GA 5, S. 113
234 Das Buch von der deutschen Schande. GA 5, S. 110 f.
235 Die Geschäftsreisenden. GA 5, S. 370 f.
236 Craig: Deutsche Geschichte 1866–1945, S. 477
237 Die zufällige Republik. GA 5, S. 417
238 Wehler: Deutsche Gesellschaftsgeschichte 1914–1945, S. 386
239 Die zufällige Republik. GA 5, S. 413
240 Paul Levi: Die Lage nach Rathenaus Tod. In: Levi: Zwischen Spartakus und Sozialdemokratie, S. 241
241 Die zufällige Republik. GA 5, S. 416; Der trockene Putsch. GA 5, S. 423
242 Harden. GA 5, S. 417
243 Das Opfer der Republik. GA 5, S. 397
244 Verfassungstag. GA 5, S. 497
245 Republik wider Willen. GA 5, S. 516
246 Die Inszenierung der Republik. GA 7, S. 168
247 Der trockene Putsch. GA 5, S. 421 f.
248 An Hedwig Müller. GA 21, S. 173

249 Geßler und wir. GA 5, S. 455
250 An Siegfried Jacobsohn, 1.1.1922. GA 17, S. 209
251 Revolution beim preußischen Kommiss. GA 5, S. 577
252 Prozess Harden. GA 5, S. 599
253 An Hans Schönlank, 10.1.1923. GA 17, S. 224
254 Die Zwölf auf der Bank. GA 5, S. 585
255 Rede Maximilian Hardens vor den Geschworenen im Prozess gegen seine Attentäter. In: Harden: Kaiserpanorama, S. 312
256 Thimme hatte 1919 in einer Broschüre die Deutschen aufgerufen, Harden »aus der Gemeinschaft der Deutschen für immer auszustoßen«. Young: Maximilian Harden, S. 250
257 Rede Maximilian Hardens, a.a.O., S. 321
258 Prozess Harden. GA 5, S. 592 ff.
259 Ein deutsches Volkslied. GA 5, S. 580
260 An Siegfried Jacobsohn, 1.9.1922. GA 17, S. 208 f.
261 Else Lasker-Schüler: Gott hör ... In: Lasker-Schüler: Sämtliche Gedichte, S. 145
262 An Mary Gerold, 9.8.1923. GA 17, S. 269
263 An Sibylle Schöpf-Witting, 25.3.1923. GA 17, S. 254
264 An Mary Gerold, 9.8.1923. GA 17, S. 269
265 An Elisabeth Gertrud Dunant, um den 6.6.1935. GA 21, S. 248
266 Gellinek: Philipp Scheidemann, S. 80, S. 92
267 »Das will kein Mensch mehr wissen-!« GA 6, S. 62
268 Die Kegelschnitte Gottes. GA 6, S. 86
269 Kolb: Gustav Stresemann, S. 92
270 Die neuen Troubadore. GA 5, S. 46 f.
271 Die Münchner Bockbierjustiz. GA 6, S. 139
272 Der Geist von 1914. GA 6, S. 249
273 Die Münchner Bockbierjustiz. GA 6, S. 139
274 Der Geist von 1914. GA 6, S. 249
275 An Hans Schönlank, 10.1.1923. GA 17, S. 224
276 Die beiden Deutschland! GA 5, S. 477
277 Raffke. GA 5, S. 565

DEUTSCHLAND VON AUSSEN

1 Reise in die kleine Stadt. GA 6, S. 22 ff.
2 Mary Gerold am 23.2.1923. GA 17, S. 678
3 Mary Gerold am 12.3.1923. GA 17, S. 687
4 S.J. an Tucholsky, 16.6.1923; 29.8.1920. Jacobsohn: Briefe an Kurt Tucholsky, S, 146, S. 88
5 »Nicht viele Blätter werden den Winter überstehen«. In: Die Weltbühne. Der Schaubühne XVIII. Jahr, 18. Jg., 5.10.1922, S. 376
6 Madrasch-Groschopp: Die Weltbühne, S. 144 ff.

7 S.J. an Tucholsky, 15.7.1923; 21.8.1923; 30.8.1923. Jacobsohn: Briefe an Kurt Tucholsky, S. 155, S, 158, S, 161 f.
8 Kleine Reise. GA 6, S. 122 f.
9 An Gussy Holl und Emil Jannings, 25./29.11.1923. GA 17, S. 290
10 »Ja, früher ...!« GA 6, S. 26
11 Die Kegelschnitte Gottes. GA 6, S. 81
12 Kleine Reise. GA 6, S. 123
13 Mehring: Kurt Tucholsky, Theobald Tiger, Peter Panter und Ignaz Wrobel. In: Mehring: Wir müssen weiter. Fragmente aus dem Exil, S. 20
14 An Mary Gerold, 11.4.1924. GA 17, S. 305; 7.4.1924. GA 17, S. 303; 11.4.1924. GA 17, S. 307; 15.4.1914. GA 17, S. 309
15 An Mary Gerold, 24.4.1924. GA 17, S. 319
16 Kolb: Versuch über Briand, S. 77
17 Paris an der Panke. GA 5, S. 542 f.
18 An Mary Gerold, 22.4., 11.4.1924. GA 17, S. 315, S. 306; Kommentar. GA 17, S. 738
19 An Walter Hasenclever, 4.3.1933. GA 20, S. 14
20 An Mary Gerold, 17.4.1924. GA 17, S. 309; Kommentar. GA 17, S. 740
21 Parc Monceau. GA 6, S. 141 f.
22 Der ungeschriebene Roman. GA 1, S. 41 f.
23 Die Dekadenten. GA 7, S. 526
24 Der Ruf auf der Straße. GA 10, S. 280
25 Pariser Dankgebet. GA 8, S. 284
26 Die Neutralen. GA 8, S. 268 ff.
27 Der Ruf auf der Straße. GA 10, S. 280
28 Vier Sommerplätze. GA 8, S. 370
29 Zörgiebel in Paris. GA 10, S. 147
30 Das Elend mit der Speisekarte. GA 10, S. 384
31 »Neu-Erscheinung«. GA 10, S. 72 f.
32 Pariser Publikum. GA 10, S. 430
33 Deutschenspiegel. GA 10, S. 291
34 Der kleine Salon. GA 10, S. 429
35 Der französische Sortimenter. GA 11, S. 63 f.
36 Der Ruf auf der Straße. GA 10, S. 278
37 Wie sieht der Deutsche das Ausland? GA 10, S. 511
38 Auf dem Nachttisch. GA 11, S. 431
39 Pariser Gelächter. GA 10, S. 525
40 Verhetzte Kinder – ohnmächtige Republik. GA 10, S. 432 f.
41 Der Telegrammblock. GA 7, S. 351 f.
42 An Mary Gerold, April–Mai 1924, GA 17, S. 310–335
43 An Jean-Richard Bloch, 28.9.1930. GA 19, S. 239
44 Die Republikanische Beschwerdestelle. GA 10, S. 393
45 Joseph Fr. Matthes: Kurt Tucholsky. Testament an Frankreich. In: Tu-

cholsky: Ich kann nicht schreiben ohne zu lügen. Briefe 1913 bis 1935, S. 228, S. 238
46 Kommentar. GA 10, S. 760. Poincaré hatte Tucholsky zu einem Interview empfangen, das am 27. 5. 1928 in der Voss abgedruckt wurde. Poincaré spricht. GA 19, S. 226 ff.
47 Jaurès im Panthéon. GA 6, S. 419 ff.
48 D'une autre barrière. GA 7, S. 176 f.
49 Kwaschik: Auf der Suche nach der deutschen Mentalität. Der Kulturhistoriker und Essayist Robert Minder, S. 40 ff.
50 Spaziergang. GA 7, S. 194
51 Unamuno spricht. GA 6, S. 362
52 Emigranten. GA 7, S. 372
53 Unamuno spricht. GA 6, S. 364 f.
54 Spaziergang. GA 7, S. 195
55 Marinetti in Paris. GA 7, S. 322 ff.
56 Emigranten. GA 7, S. 372
57 Camelots. GA 8, S. 236 f.
58 Königsmacher in der Bretagne. GA 8, S. 426 ff.
59 Der überalterte Parlamentarismus. GA 7, S. 532
60 Camelots. GA 8, S. 237
61 Herr Maurras vor Gericht. GA 7, S. 421 ff.
62 Robert Minder: Deutsche und französische Literatur – inneres Reich und Einbürgerung des Dichters. In: Minder: Kultur und Literatur in Deutschland und Frankreich, S. 40
63 Nolte: Der Faschismus in seiner Epoche, S. 174
64 Herr Maurras vor Gericht. GA 7, S. 422
65 Pariser Tage. GA 7, S. 35
66 Pariser Tage. GA 8, S. 204
67 Drieu, der sich später selbst als europäischer Faschist bezeichnete, schied im März 1945 durch Selbstmord aus dem Leben. »Selbst wenn Hitler und Mussolini 1944 oder 1945 untergehen«, schrieb er noch Mitte 1944, »werden sie doch eine Zeitspanne durchlaufen haben, die nur höchst selten sterblichen Wesen noch großzügiger eingeräumt wird.« Pierre Drieu la Rochelle: Faschistische Bilanz. In: Neulen: Europa und das 3. Reich, S. 287
68 Anatole-France-Dämmerung? GA 7, S. 47
69 An Mary Gerold, 5. 7. 1924. GA 17, S. 417
70 Vor Verdun. GA 6, S. 252 ff.
71 ›Montag Morgen‹, 4. 8. 1924. Kommentar. GA 6, S. 607 f.
72 Der Geist von 1914. GA 6, S. 245 ff.
73 An Maximilian Harden, 9. 8. 1924. GA 17, S. 436
74 An Mary Tucholsky, um den 2. 9. 1924. GA 17, S. 439
75 An Julie Gerold, Anfang November 1924. GA 17, S. 442
76 Tote Stadt und lebende Steine. GA 6, S. 431 ff.
77 Reise durch die Jahreszeiten. GA 7, S. 26

78 Walter Mehring: Kurt Tucholsky, Theobald Tiger, Peter Panter und Ignaz Wrobel. In: Mehring: Wir müssen weiter. Fragmente aus dem Exil, S. 20
79 An Mary Gerold, 1.7.1924. GA 17, S. 410
80 Ein Pyrenäenbuch. GA 9, S. 28–64
81 Kintopp, Glaube und Kurpfuscherei. GA 11, S. 219
82 Ein Pyrenäenbuch. GA 9, S. 103
83 »Wir von der Unter-Tertia«. GA 10, S. 538
84 Ein Pyrenäenbuch. GA 9, S. 145
85 Günther: Geschichte des Variétés, S. 72
86 Ein Pyrenäenbuch. GA 9, S. 163 ff.
87 Der kaiserliche Statthalter. GA 7, S. 182
88 Was nun-? GA 7, S. 207 ff.
89 S.J. an Tucholsky, 26.4.1924. Jacobsohn: Briefe an Kurt Tucholsky, S. 285
90 »Das Ministerium Marx hat dem Reich bremsend und behutsam voltigierend große Dienste geleistet.« Zeppelin, GA 6, S. 348. Siehe auch: An Marierose Fuchs, 18.2.1930. GA 19, S. 197
91 Was nun-? GA 7, S. 207 f.
92 Vierzehn Käfige und Einer. GA 7, S. 53
93 Brief an einen besseren Herrn. GA 7, S. 140
94 All right! GA 6, S. 367 f.
95 Brief an einen besseren Herrn. GA 7, S. 140
96 Ein Betrunkener in der Wilhelmstraße. GA 11, S. 10
97 Brief an einen besseren Herrn. GA 7, S. 139
98 Kolb: Versuch über Briand, S. 67
99 Kessler: Tagebücher, 1.1.1926, S. 446
100 Außen- und Innenpolitik. GA 8, S. 325 f.
101 Ein kleiner Druckfehler. GA 8, S. 421
102 Deutschenspiegel. GA 10, S. 295 f.
103 Das sah damals nicht nur Tucholsky so. Aus heutiger Sicht gerät der Lernprozess Stresemanns mehr in den Vordergrund. Sein Biograph Jonathan Wright streitet zwar nicht ab, dass Stresemann eine Revision der Grenzen zu Polen im Auge gehabt habe, meint aber, seit 1929 sei diese Option zunehmend einer Perspektive langfristiger wirtschaftlicher Zusammenarbeit gewichen. Stresemann starb im Oktober 1929, und die Entwicklung der folgenden Jahre verlief dann tatsächlich eher so, wie sie Tucholsky vorausgesehen hatte. Siehe Wright: Gustav Stresemann, S. 508
104 Mal singen, Leute-! GA 6, S. 388
105 An Joseph Fr. Matthes, 4.6.1928. GA 19, S. 33
106 Alter Burgunder wird versteigert. GA 10, S. 533 f.
107 Kommentar. GA 18, S. 553
108 S.J. an Tucholsky, 2.1.1926. Jacobsohn: Briefe an Kurt Tucholsky, S. 358
109 An Siegfried Jacobsohn, 2.12.1926. GA 18, S. 164

110 S.J. an Tucholsky, 2.12.1926. Jacobsohn: Briefe an Kurt Tucholsky, S. 470 f.
111 Siegfried Jacobsohn †. GA 8, S. 514 f.
112 Lücke. GA 9, S. 288
113 Gedenken an Siegfried Jacbsohn. GA 9, S. 613 f.
114 An Mary Tucholsky, 7.–18.7.1926. GA 18, S. 131–153
115 Madrasch-Groschopp: Die Weltbühne, S. 155 ff., S. 163
116 Sternburg: Carl von Ossietzky, S. 188, S. 204
117 Madrasch-Groschopp: Die Weltbühne, S. 164
118 An Mary Tucholsky, 9.1.1927. GA 18, S. 174
119 Madrasch-Groschopp: Die Weltbühne, S. 172 ff.
120 Ein Pyrenäenbuch. GA 9, S. 7
121 An Mary Tucholsky, Januar/Februar 1927. GA 17, S. 173–193
122 An Mary Tucholsky, 29.3.1927. GA 18, S. 226
123 Matthias: Ich war Tucholskys Lottchen, S. 31. Das Buch ist wegen seiner in Teilen maßlosen Eitelkeit und Gekränktheit nur in Grenzen als Quelle tauglich.
124 Matthias: Ich war Tucholskys Lottchen, S. 42
125 Gestoßener Seufzer. GA 14, S. 47
126 Berlin! Berlin! GA 9, S. 286
127 Keinen Mann und keinen Groschen. GA 9, S. 297
128 Ein Briefwechsel. GA 9, S. 243 ff.
129 In Uniform. GA 9, S. 263
130 Deutsche Richter. GA 9, S. 313
131 Kommentar. GA 9, S. 901
132 Stahlhelm oder Filzhut? GA 9, S. 353 ff.
133 Bekritzelte Programmhefte. GA 9, S. 316
134 Der innere Monolog. GA 9, S. 359 ff.
135 Ulysses. GA 9, S. 602 ff.
136 Der Bär tanzt. GA 10, S. 165
137 Herr Wendriner kauft ein. GA 6, S. 352
138 Herr Wendriner telefoniert (auch: Zehn Minuten). GA 5, S. 406 f.
139 Herr Wendriner kann nicht einschlafen. GA 8, S. 186
140 Babbitt. GA 7, S. 218
141 S.J. an Tucholsky, 10.3.1925. Jacobsohn: Briefe an Kurt Tucholsky, S. 269
142 An Siegfried Jacobsohn. 9.3.1925. GA 18, S. 21 f.
143 An Mark Neven-Dumont, 21.3.1935. GA 18, S. 35
144 An Siegfried Jacobsohn. 9.3.1925. GA 18, S. 21 f.
145 Babbitt. GA 7, S. 212 ff.
146 An Edith Jacobsohn, 10.11.1925. GA 18, S. 61 f.
147 Madrasch-Groschopp: Die Weltbühne, S. 203
148 An Mary Tucholsky, 24.1., 7.2., 28.7., 27.3., Anfang Juni 1927. GA 18, S. 186–235
149 Matthias: Ich war Tucholskys Lottchen, S. 47

150 Unanständige Bilder. GA 13, S. 278
151 An Maximilian Harden, 12.6.1927. GA 18, S. 237
152 An Mary Tucholsky, 12.6., 15.6.1927. GA 18, S. 238, S. 245
153 An Mary Tucholsky. Beilage zum Brief vom 6.7.1927. GA 18, S. 260
154 An Mary Tucholsky, 13.7., 16.7.1927. GA 18, S. 272 ff.
155 Start. GA 9, S. 654 f.
156 Plötzensee. GA 4, S. 169 f.
157 Der Portier vom Reichskanzlerpalais spricht. GA 4, S. 119
158 Breslau. GA 5, S. 178
159 Sehnsucht nach der Sehnsucht. GA 3, S. 149
160 Confessio. GA 9, S. 241
161 Letzte Fahrt. GA 5, S. 558
162 Wo waren Sie im Kriege, Herr-? GA 8, S. 180
163 Nachher. GA 8, S. 50
164 Claire Goll, nach: Tucholsky: Ich kann nicht schreiben, ohne zu lügen. Briefe 1913 bis 1935, Erläuterungen, S. 276. »Er war ein äußerst sensibler und geistreicher Mann«, so Claire Goll weiter, »und vor allem von einem ungeheuren Witz. Er brachte mich so zum Lachen, dass ich immer weinte, wenn ich neben ihm herging. Das war ein tragischer Witz, er war sehr unglücklich, er sagte zu mir: was soll ich nur jetzt mit meinem Leben anfangen, wo soll ich hin, am liebsten würde man mit seinem Leben abbrechen.«
165 »Zwei Männer kenne ich auf der Welt; wenn ich bei denen nachts anklopfte und sagte: Herrschaften, so und so ... ich muss nach Amerika – was nun? Sie würden mir helfen.« Schloss Gripsholm. GA 14, S. 197 f.
166 Matthias: Ich war Tucholskys Lottchen, S. 56
167 An Mary Tucholsky, 25.7.1927. GA 18, S. 280
168 Das Ideal. GA 9, S. 433
169 Der Reisegott Zippi. GA 9, S. 400
170 Das verzauberte Paris. GA 9, S. 472
171 Das Wirtshaus im Spessart. GA 9, S. 592
172 An Mary Tucholsky, 18.9.1927. GA 18, S. 312
173 An Lisa Matthias, 21.9.1927. GA 18, S. 313
174 An Mary Tucholsky, 25.9.1927. GA 18, S. 315
175 An Lisa Matthias, 14.11., 13.12.1927. GA 18, S. 325 ff., S. 332 f.
176 Mit Rute und Peitsche durch Preußen-Deutschland. GA 9, S. 469
177 Kommentar. GA 9, S. 984
178 Und wer spricht für Euch? GA 9, S. 553
179 Französischer Kriegsfilm. GA 9, S. 537 ff.
180 Der Fall Röttcher. GA 9, S. 621
181 Acht Jahre politischer Justiz. GA 9, S. 535 f.
182 Der Krieg und die deutsche Rau. GA 9, S. 431
183 Berlin und die Provinz. GA 10, S. 101
184 Ossietzky und die Weltbühne auch. Als im Spätsommer 1928 die kommunistischen Reichstagsabgeordneten Münzenberg und Pieck einen

Antrag gegen den geplanten Bau des Panzerkreuzers A im Parlament einbringen, ruft er seine Leser zur Unterstützung der damit verbundenen Kampagne auf. Zwar seien die beiden Abgeordneten offenbar nicht in der Lage, einen solchen Antrag sachgemäß zu formulieren, zwar seien die Kommunisten bekanntermaßen erklärte Gegner der Pazifisten, die Angelegenheit selbst aber verdiene jede Unterstützung. »Aber wir«, so Ossietzky, »wären die größern Esel, wenn wir uns durch verstimmte Begleitmusik abhalten ließen, eine Sache zu verfolgen, die vernünftiger ist als einige ihrer Befürworter«. Der Panzerkreuzer sei zwar im Grunde eine militärische Lappalie, aber gefährlich als Eröffnung einer Serie. »Mögen die Kommunisten auch wenig einladend offerieren«, so sein abschließendes Plädoyer, »es ist nicht ihre Sache allein, und es gilt im Notfall sogar, den Sinn der Sache gegen die Veranstalter zu verteidigen.« Carl von Ossietzky: Volksentscheid. Die Weltbühne. Der Schaubühne XXIV. Jahr, 24. Jg, Nr. 37, 11.9.1928, S. 387 ff.
185 Ersatz. GA 10, S. 115 f.
186 Fragen an eine Arbeiterfrau. GA 10, S. 194
187 Ein Haus – untendurch. GA 10, S. 409
188 Töteberg: John Heartfield, S. 62
189 Dank vom Hause Stalin. GA 10, S. 206
190 Die Stunde der Entscheidung. GA 10, S. 207
191 Das überholte Witzblatt. GA 10, S. 216
192 Die Inseln. GA 11, S. 207 ff.
193 Die leider nicht absetzbaren Richter. GA 10, S. 170
194 Die Inseln. GA 11, S. 208 f.
195 An Mary Tucholsky, 30.8.1929. GA 19, S. 158
196 Die Rolle des Intellektuellen in der Partei. GA 11, S. 314
197 An Felix Gasbarra, 14.3.1928. GA 19, S. 19
198 An Felix Gasbarra, 16.2., 14.3.1928. GA 19, S. 13–17
199 Bert Brechts Hauspostille. GA 10, S. 84 ff.
200 Proteste gegen die Dreigroschenoper. GA 13, S. 161
201 An Gustav Regler, 11.10.1930. GA 19, S. 243
202 Bert Brechts Hauspostille. GA 10, S. 84 ff.
203 Die Anhängewagen. GA 11, S. 133
204 Matthias: Ich war Tucholskys Lottchen, S. 77, S. 93
205 An Felix Gasbarra, 16.2.1928. GA 19, S. 14
206 Riviera. GA 10, S. 93
207 An Mary Tucholsky, 11.5., 15.5.1928. GA 19, S. 19, S. 27
208 Matthias: Ich war Tucholskys Lottchen, S. 77, S. 110
209 An Mary Tucholsky, 20.6.1928. GA 19, S. 40
210 Heimweh nach den großen Städten. GA 10, S. 338
211 An Mary Tucholsky, Juli/August 1928. GA 19, S. 57–61
212 An Mary Tucholsky, 1.8.1928. GA 19, S. 60
213 Das Lächeln der Mona Lisa. GA 10, S. 571
214 An Mary Tucholsky, 17.8.1928. GA 19, S. 74

215 Beschluss und Erinnerung. GA 10, S. 580
216 An Mary Tucholsky, 20./17. 8. 1928. GA 19, S. 75, S. 74
217 Ankunft. GA 10, S. 372
218 An Mary Tucholsky, 4. 9. 1928. GA 19, S. 89
219 Matthias: Ich war Tucholskys Lottchen, S. 106 ff.
220 Theorie der Leidenschaft Berlin N 54. GA 13, S. 57
221 Ehekrach. GA 10, S. 69
222 An Mary Tucholsky, 7.–18. 9. 1928. GA 19, S. 90, S. 93, S. 94
223 An Mary Tucholsky, 18./25. 9. 1928. GA 19, S. 95 f., S. 100
224 Gross: Willi Münzenberg, S. 330
225 Mayer: Ein Deutscher auf Widerruf, Bd. 1, S. 89 ff.
226 Mary Tucholsky: Tagebuch vom 5. 6. 1928. GA 19, S. 449 f.
227 An Rudolf Leonhard, 19. 11. 1928. GA 19, S. 107
228 An Mary Tucholsky, 21. 11. 1928. GA 19, S. 107
229 Mary an Kurt Tucholsky, 20. 11. 1928. GA 19, S. 515
230 An Mary Tucholsky, 27. 11. 1928. GA 19, S, 112
231 An Lisa Matthias, nach dem 5. 12. 1928. GA 19, S. 118
232 Matthias: Ich war Tucholskys Lottchen, S. 133 ff.
233 An Mary Tucholsky, 7. 12. 1928. GA 19, S. 119
234 An Rudolf Leonhardt, 11. 12. 1928. GA 19, S. 120
235 An Kate Kühl, 17. 12. 1928. GA 19, S. 121
236 Lied fürs Grammophon. GA 11, S. 11
237 Chanson für eine Frankfurterin. GA 11, S. 32
238 Auf dem Nachttisch. GA 11, S. 78 f.
239 Matthias: Ich war Tucholskys Lottchen, S. 148
240 An Emil Ludwig, 20. 1. 1929. GA 19, S. 126
241 Ich möchte Student sein. GA 11, S. 50 f.
242 Die Berlinerin. GA 11, S. 49
243 An Mary Tucholsky, 31. 3. 1929. GA 19, S. 134
244 Gross: Willi Münzenberg, S. 330
245 Schloss Gripsholm. GA 4, S. 166
246 Schloss Gripsholm. GA 4, S. 166 ff.
247 Matthias: Ich war Tucholskys Lottchen, S. 164 ff.
248 Carl von Ossietzky: Zörgiebel ist schuld! Die Weltbühne. Der Schaubühne XXV. Jahr, Nr. 19, 7. 5. 1929, S. 692
249 Das Märchen von Berlin. GA 11, S. 149 ff.
250 Carl von Ossietzky: Areopag. Die Weltbühne. Der Schaubühne XXV. Jahr, Nr. 24, 11. 6. 1929, S. 884
251 Die Mark Brandenburg in Farbenfotografie. GA 1, S. 41
252 Die Tendenzphotographie. GA 7, S. 198
253 Das überholte Witzblatt. GA 10, S. 216
254 Auf dem Nachttisch. GA 10, S. 24
255 Auf dem Nachttisch. GA 13, S. 223
256 Deutschland, Deutschland über alles. GA 12, S. 9, S. 220 f., S. 14, S. 138
257 An Mary Gerold, 8. 9. 1918. GA 16, S. 405

258 Laqueur: Weimar. Die Kultur der Republik, S. 67
259 An Jakob Wassermann, 1.3.1931. GA 19, S. 280
260 Spaziergang. GA 7, S. 195
261 In der Strafkolonie. GA 4, S. 224
262 An Walter Hasenclever, 25.7.1933. GA 20, S. 66
263 An Herbert Ihering. 18.10.1929. GA 19, S. 167 f.
264 Matthias: Ich war Tucholskys Lottchen, S. 171
265 Schloss Gripsholm. GA 14, S. 217
266 Henri Barbusse und die Platte »Lord help me«. GA 11, S. 455
267 Replik. GA 13, S. 177
268 B. Traven. GA 13, S. 482
269 Schloss Gripsholm. GA 14, S. 175, S. 203, S. 235
270 Matthias: Ich war Tucholskys Lottchen, S. 171, S. 179
271 Schloss Gripsholm. GA 14, S. 167
272 »Ober – Herr Ober-!« GA 11, S. 317
273 Matthias: Ich war Tucholskys Lottchen, S. 179
274 Die Herren Wahrnehmer. GA 11, S. 410
275 Auf dem Nachttisch. GA 11, S. 275 ff.
276 Dein Lebensgefühl. GA 13, S. 431
277 Matthias: Ich war Tucholskys Lottchen, S. 179
278 Schloss Gripsholm. GA 14, S. 257
279 Denkmal am Deutschen Eck. GA 13, S. 19
280 Matthias: Ich war Tucholskys Lottchen, S. 185 f.
281 Der Reisebericht. GA 3, S. 8 f.
282 O du mein Österreich-! GA 13, S. 12 f.
283 Ibid.
284 An Walter B. Meyer, 27.11.1929. GA 19, S. 174
285 Gesangseinlage. GA 13, S. 326
286 Fiat. GA 11, S. 415
287 Auf dem Nachttisch. GA 11, S. 80
288 An Joseph Fr. Matthes, 18.3.1930. GA 19, S. 207

KEIN ORT, NIRGENDS

1 Bloch: Das Prinzip Hoffnung. Zweiter Band, S. 914
2 An Hans Erich Blaich, 28.6.1917. GA 16, S. 110
3 Die fünfte Jahreszeit. GA 11, S. 414
4 An Hedwig Müller, 4.7.1934. GA 20, S. 354
5 Die »dummen« Schweden. GA 11, S. 437
6 An Mary Tucholsky, 28.1.1930. GA 19, S. 190
7 Theorie der Leidenschaft Berlin N 54. GA 13, S. 56 f.
8 Matthias: Ich war Tucholskys Lottchen, S. 195–212
9 An Mary Tucholsky, 18.3.1930. GA 19, S. 210
10 Der breite Rücke. GA 13, S. 119

11 Der Hellseher. GA 13, S. 137
12 Bracher: Die Krise Europas seit 1917, S. 96
13 An Hans Erich Blaich, 14. 12. 1918. GA 16, S. 489
14 Der Hellseher. GA 13, S. 136
15 Matthias: Ich war Tucholskys Lottchen, S. 231 ff.
16 Kreuzworträtsel mit Gewalt. GA 13, S. 305
17 An Marierose Fuchs, 29. 6. 1930. GA 19, S. 231
18 In der Hotelhalle. GA 13, S. 299 ff.
19 An Karl Wilhelm Körner, 14. 8. 1930. GA 19, S. 230
20 Matthias: Ich war Tucholskys Lottchen, S. 227 ff.
21 Lottchen beichtet 1 Geliebten. GA 14, S. 33
22 Matthias: Ich war Tucholskys Lottchen, S. 229
23 Zum Jubiläum einer Buchhandlung. GA 113, S. 416 ff.
24 Fünfundzwanzig Jahre. GA 13, S. 339
25 An Armin Schönberg, 21. 9. 1930. GA 19, S. 237
26 An Walter Hasenclever, 15. 10. 1930. GA 19, S. 246
27 Blick in ferne Zukunft. GA 13, S. 433
28 An Alfred Stern, 6. 5. 1931. GA 19, S. 287
29 Schloss Gripsholm. GA 14, S. 152
30 Schloss Gripsholm. GA 14, S. 151
31 Schloss Gripsholm. GA 14, S. 242 f.
32 Matthias: Ich war Tucholskys Lottchen, S. 187
33 Schloss Gripsholm. GA 14, S. 244
34 An Max Brod, 24. 5. 1931. GA 19, S. 289
35 Schloss Gripsholm. GA 14, S. 254 f.
36 Schloss Gripsholm. GA 14, S. 148
37 Matthias: Ich war Tucholskys Lottchen, S. 249
38 An Fritz Tucholsky, 6. 4. 1931. GA 19, S. 282
39 Matthias: Ich war Tucholskys Lottchen, S. 254
40 Matthias: Ich war Tucholskys Lottchen, S. 231. Lisa Matthias verfremdet den Namen von Jannings in ihrem Buch zu »Pachulke«. Eindeutig ist jedoch Jannings gemeint.
41 Matthias: Ich war Tucholskys Lottchen, S. 258 ff.
42 Landesverratsprozeß gegen die Weltbühne. Die Weltbühne. Der Schaubühne XXVII. Jahr, Nr. 18, 5. 5. 1931, S. 641
43 Heinz Jäger: Windiges aus der deutschen Luftfahrt. Die Weltbühne. Der Schaubühne XXV. Jahr, Nr. 11, 12. 3. 1929, S. 407
44 An Rudolf Leonhard, 29. 11. 1931. GA 19, S. 329
45 An Mark Neven-Dumont, 5. 6. 1931. GA 19, S. 291
46 Harold Nicolson, Tagebuch 11. 6. 1931. GA 19, S. 680
47 An Walter Hasenclever, 5. 1. 1934. GA 20, S. 177
48 An Rudolf Leonhard, 11. 7. 1931. GA 19, S. 301
49 An Marierose Fuchs, 4. 7. 1931. GA 19, S. 297
50 An Rudolf Leonhard, 31. 7. 1931. GA 19, S. 304
51 An Gussy Holl und Emil Jannings, 17. 8. 1931. GA 19, S. 311

52 An Gertrude Meyer, Dezember 1931. GA 19, S. 335
53 An Berta Tucholsky, um 1911. GA 16, S. 7
54 Die blonde Dame singt. Für Gussy Holl. GA 3, S. 219 f.
55 An Gussy Holl und Emil Jannings, 17.8.1931. GA 19, S. 311
56 Christoph Columbus. Von Walter Hasenclever und Peter Panter. Das Gesamtmanuskript ist jetzt abgedruckt in GA 15, S. 98–177. Hier: S. 170 ff.
57 An Rudolf Leonhardt, 13.1.1932. GA 19, S. 337
58 An Hedwig Müller, 17.9.1932. GA 19, S. 387
59 Mary an Kurt Tucholsky, 5.10.1932. GA 19, S. 776
60 Der bewachte Kriegsschauplatz. GA 14, S. 348
61 Reparationsfibel. GA 14, S. 379
62 Die Herren Wirtschaftsführer. GA 14, S. 359
63 Die Augen der Welt. GA 14, S. 354
64 An Rudolf Leonhard, 16.10.1931. GA 19, S. 318
65 Kempner: Ankläger einer Epoche, S. 68
66 Sternburg: Carl von Ossietzky, S. 238–245
67 Hannover: Politische Justiz 1918–1933, S. 190
68 Hermand/Trommler: Die Kultur der Weimarer Republik, S. 252
69 Madrasch-Groschopp: Die Weltbühne, S. 262
70 An Rudolf Leonhard, 29.11.1931. GA 19, S. 329
71 Für Carl von Ossietzky. General-Quittung. GA 15, S. 197
72 An Carl von Ossietzky, 4.4.1932. GA 19, S. 262
73 An Carl von Ossietzky, 12.3.1932. GA 19, S. 349 f.
74 An Walter Mehring, 2.2.1932. GA 19, S. 338 f.
75 An Annette Kolb, 29.2.1932. GA 19, S. 344
76 Sternburg: Carl von Ossietzky, S. 249 f.
77 Carl von Ossietzky an Kurt Tucholsky, 10.3.1932. In: »Farbige weithin sichtbare Signalzeichen«. Der Briefwechsel zwischen Carl von Ossietzky und Kurt Tucholsky aus dem Jahre 1932, S. 12
78 Marcuse: Mein zwanzigstes Jahrhundert, S. 152
79 Madrasch-Groschopp: Die Weltbühne, S. 284
80 Carl von Ossietzky: Rechenschaft. Die Weltbühne. Der Schaubühne XXVIII. Jahr, Nr. 19, 10.5.1932, S. 701
81 Sternburg: Carl von Ossietzky, S. 258
82 An Mary Tucholsky, 29.3.1932. GA 19, S. 358 f.
83 Carl von Ossietzky an Kurt Tucholsky, 18.12.1932. In: »Farbige weithin sichtbare Signalzeichen«. Der Briefwechsel zwischen Carl von Ossietzky und Kurt Tucholsky aus dem Jahre 1932, S. 43
84 Goebbels: Tagebücher. Band 2, 1930–1934, 27.2.1933, S. 769
85 Canetti: Das Augenspiel, S. 183
86 Kommentar. GA 19, S. 763
87 An Hedwig Müller, August–Oktober 1932. GA 19, S. 379–394
88 Kommentar. GA 19, S. 764
89 An Hedwig Müller, 10.9.; 17.12.1932. GA 19, S. 380, S. 401

90 An Walter Hasenclever, 4. 3. 1933. GA 20, S. 16
91 An Walter Hasenclever, Februar–Mai. GA 20, S. 12–50
92 An Heinz Pol, 20. 4.; 7. 5. 1933. GA 20, S. 30 f., S. 36
93 An Walter Hasenclever, 17. 5. 1933. GA 20, S. 40
94 An Hedwig Müller, 2. 2. 1934. GA 20, S. 205
95 Ibid.
96 An Walter Hasenclever, 4. 3. 1933. GA 20, S. 14
97 An Hedwig Müller, 12. 9. 1932. GA 19, S. 382
98 An Fritz Heberlein, 2. 4. 1933. GA 20, S. 19 f.
99 An Walter Hasenclever, 16. 6. 1933. GA 20, S. 50
100 Mayer: Ernst Rowohlt, S. 170
101 An Walter Hasenclever, 25. 8. 1933. GA 20, S. 75
102 Ibid.
103 An Fritz Tucholsky, 31. 8. 1933. GA 20, S. 79
104 An Walter Hasenclever, 14. 9. 1933. GA 20, S. 92
105 An Hedwig Müller, September 1933. GA 20, S. 89 f.
106 An Walter Hasenclever, 15. 9. 1933. GA 20, S. 96. An Hedwig Müller, 21. 9. 1933. GA 20, S. 100
107 An Lady Margot Asquith, 1. 3. 1934. GA 20, S. 235 f.
108 An Leonhard Ragaz, 31. 7. 1933. GA 20, S. 67
109 An Henry Wickham Steed, 6. 2. 1934. GA 20, S. 208 f.
110 An Hedwig Müller, Oktober–November 1933. GA 20, S. 118–145
111 An Walter Hasenclever, 5. 1. 1933. GA 20, S. 175
112 An Hedwig Müller, 22. 1. 1933. GA 20, S. 185
113 An das Kungl. Utrikesdepartementet. GA 20, S. 199
114 Eckert: Konservative Revolution in Frankreich? Die Nonkonformisten der Jeune Droite und des Ordre Nouveau in der Krise der 30er Jahre, S. 62 ff.
115 An Walter Hasenclever, 17. 1. 1934. GA 20, S. 182
116 Eckert: Konservative Revolution in Frankreich? S. 82, S. 81, S. 78. Fritz J. Raddatz meint, Tucholsky sei offenbar der einzige deutsche Intellektuelle gewesen, der diese Debatte überhaupt wahrnahm. Siehe Raddatz: Tucholsky: Ein Pseudonym, S. 108. Das stimmt so nicht. Harro Schulze-Boysen zum Beispiel, das spätere Haupt der ›Roten Kapelle‹ (und mit ihm Robert Jungk), unterhielt enge Beziehungen zum Ordre Nouveau. Siehe Eckert, a.a.O., S. 119.
117 An Hedwig Müller, Januar/Februar 1934. GA 20, S. 219 f., S. 201
118 Eckert: Konservative Revolution in Frankreich? S. 82
119 An Hedwig Müller, 16. 2. 1934. GA 20, S. 221
120 An Hedwig Müller, 30. und 26. 4. 1934. GA 20, S. 306, S. 304
121 Tucholsky: Briefe an eine Katholikin
122 An Hedwig Müller, 4. 5. 1934. GA 20, S. 312
123 An Hedwig Müller, 30. 4.; 1. 5.; 2. 5. 1934. GA 20, S. 307 ff.
124 An Hedwig Müller, 10. 5. 1934. GA 20, S. 314
125 Sternburg: Carl von Ossietzky, S. 288

126 An Hedwig Müller, 3.6.1934. GA 20, S. 342
127 Ferguson: Hamsun, S. 483
128 An Hedwig Müller, 24.5.1934. GA 20, S. 326
129 An Hedwig Müller. Beilage zum Brief 2.1.1935. GA 21, S. 10
130 An Hedwig Müller, Mai/Juni 1934. GA 20, S. 326, S. 319
131 Walter Mehring: Kurt Tucholsky, Theobald Tiger, Peter Panter und Ignaz Wrobel. In: Mehring: Wir müssen weiter. Fragmente aus dem Exil, S. 21
132 An Hedwig Müller, 19.5.1934. GA 20, S. 322
133 Eckert: Konservative Revolution in Frankreich? S. 68
134 An Hedwig Müller, Mai/Juni 1934. GA 20, S. 323, S. 345
135 An Hedwig Müller. Beilage zum Brief vom 27.9.1934. GA 20, S. 425
136 Eckert: Konservative Revolution in Frankreich? S. 97 f.
137 An Hedwig Müller. Beilage zum Brief 25. und 27.4.1935. GA 21, S. 193 f.
138 An Hedwig Müller. Beilage zum Brief vom 27.10.1934. GA 20, S. 475
139 An Hedwig Müller, 15.4., 24.5., 28.7.1934. GA 20, S. 286, S. 327, S. 378, S. 327
140 An Fritz Tucholsky, 25.5.1934. GA 20, S. 329
141 An Hedwig Müller, Mai–Juli 1934. GA 20, S. 332–356
142 An Walter Hasenclever, 5. Und 9.8.1934. GA 20, S. 387
143 Ferguson: Hamsun, S. 480 ff.
144 An Walter Hasenclever, 6.9.1934. GA 20, S. 397
145 Knut Hamsun: Abwarten und sehen. Aftenposten, 10.7.1934. GA 20, S. 443 f. Siehe auch: Ferguson: Hamsun, S. 487 f.
146 Ferguson: Hamsun, S. 483
147 An Walter Hasenclever, September/Oktober 1934. GA 20, S. 398, S. 438
148 An Hedwig Müller, 18.12.1934. GA 20, S. 555
149 An Walter Hasenclever, 10.2.1935. GA 21, S. 48
150 An Hedwig Müller, 10.3.1935. GA 21, S. 16
151 An Walter Hasenclever, 10.2.1935. GA 21, S. 47
152 An Hedwig Müller, 24.5.1935. GA 20, S. 206
153 An Hedwig Müller. Beilage zum Brief vom 27.5.1935. GA 21, S. 214
154 An Hedwig Müller, 7.1.1935. GA 21, S. 12
155 Kommentar. GA 21, S. 518
156 An Norman Angell, 11.6.1935. GA 21, S. 256
157 Norman Angell an Kurt Tucholsky, 19.6.1935. GA 21, S. 675
158 An Walter Hasenclever, um den 18.8.1935. GA 21, S. 289
159 An Hedwig Müller, 19., 25.7.1935. GA 21, S. 264, S. 270
160 An Hedwig Müller, Elisabeth Gertrud, Robert und Jean Frédéric-Henry Dunant. Beilage zum Brief an Hedwig Müller, 18.8.1935. GA 21, S. 301
161 An Hedwig Müller, 13.9.1935. GA 21, S. 330 f.

162 Brandes: Sören Kierkegaard, S. 10
163 Löwith: Von Hegel zu Nietzsche, S. 127, S. 176
164 Brandes: Sören Kierkegaard, S. 89
165 An Walter Hasenclever, um den 18.8.1935. GA 21, S. 295
166 Ferguson: Hamsun, S. 484
167 Schopenhauer: Vereinzelte, jedoch systematisch geordnete Gedanken über vielerlei Gegenstände. In: Ders.: Werke Bd. V, S. 276
168 Adorno: Kierkegaard. Konstruktion des Ästhetischen, S. 18
169 An Mary Tucholsky, 20.11.1935. GA 21, S. 423 f.
170 »Ich bin im Jahre 1911 ›aus dem Judentum ausgetreten‹, und ich weiß, dass man das gar nicht kann.« An Arnold Zweig, 15.12.1935. GA 21, S. 471
171 Brandes: Sören Kierkegaard, S. 124
172 Kommentar. GA 21, S. 773
173 Die neue Weltbühne. Der Weltbühne XXXV. Jahrgang, Nr. 34, August 1939. Nach: Ruth Greuner: Arthur Holitscher. In: Greuner: Gegenspieler. Profile linksbürgerlicher Publizisten aus Kaiserreich und Weimarer Republik, S. 87 f.

Literaturverzeichnis

Kurt Tucholsky wird grundsätzlich nach der Gesamtausgabe in 22 Bänden (GA) zitiert.

WERKAUSGABEN

Gesamtausgabe (GA). Texte und Briefe. Hg. Antje Bonitz, Dirk Grathoff, Michael Hepp, Gerhard Kraiker. 22 Bände. Reinbek 1996 ff.
Gesammelte Werke in 10 Bänden. Hg. Mary Gerold-Tucholsky und Fritz J. Raddatz. Reinbek 1975
Deutsches Tempo. Gesammelte Werke. Ergänzungsband 1. Hg. Mary Gerold-Tucholsky und Fritz J. Raddatz. Reinbek 1985
Republik wider Willen. Gesammelte Werke. Ergänzungsband 2. Hg. Fritz J. Raddatz. Reinbek 1989
Gesammelte Werke. Bde. 1–3, 1907–1932. Hg. Mary Gerold-Tucholsky und Fritz J. Raddatz. Reinbek 1960 f.
Ausgewählte Werke in sechs Bänden. Hg. Roland Links. Berlin 1969–1973

BRIEFE UND TAGEBÜCHER

Sudelbuch. Reinbek 1993
Die Q-Tagebücher. 1934–1935. Hg. Mary Gerold-Tucholsky und Gustav Huonker. Reinbek 1978, 1985
Ausgewählte Briefe 1913–1935. Hg. Mary Gerold-Tucholsky und Fritz J. Raddatz. Reinbek 1962
Unser ungelebtes Leben. Briefe an Mary. Hg. Fritz J. Raddatz. Reinbek 1982, 1990
Briefe aus dem Schweigen. 1932–1935. Briefe an Nuuna. Hg. Mary Gerold-Tucholsky und Gustav Huonker. Reinbek 1977, 1990
Briefe an eine Katholikin. 1929–1931. Reinbek 1969, 1970
Ich kann nicht schreiben, ohne zu lügen. Briefe 1913 bis 1935. Hg. Fritz J. Raddatz. Reinbek 1989

ANDERE LITERATUR

Adorno, Theodor W.: Kierkegaard. Konstruktion des Ästhetischen. Frankfurt am Main 1974
Bellin, Klaus: Es war wie Glas zwischen uns. Die Geschichte von Mary und Kurt Tucholsky. Berlin 2010
Bemann, Helga: Kurt Tucholsky. Berlin 1990
Benjamin, Walter: Angelus Novus. Frankfurt am Main 1966
Bloch, Ernst: Das Prinzip Hoffnung. 3 Bde. Frankfurt am Main 1977
Blücher, Wipert von: Deutschlands Weg nach Rapallo. Wiesbaden 1951
Bracher, Karl Dietrich / Manfred Funke / Hans-Adolf Jacobsen (Hg.): Die Weimarer Republik 1918–1933. Bonn 1988
Bracher, Karl Dietrich: Die deutsche Diktatur. Entstehung, Struktur, Folgen des Nationalsozialismus. Köln 1993
Bracher, Karl Dietrich: Die Krise Europas seit 1917. Frankfurt am Main / Berlin 1993
Brandes, Georg: Sören Kierkegaard. Eine kritische Darstellung. Leipzig 1992
Brenner, Wolfgang: Walther Rathenau. Deutscher und Jude. München / Zürich 2005
Büttner, Ursula: Weimar. Die überforderte Republik 1918–1933. Stuttgart 2008
Burleigh, Michael: Die Zeit des Nationalsozialismus. Frankfurt am Main 2000
Canetti, Elias: Das Augenspiel. Lebensgeschichte 1931–1937. Berlin 1986
Carsten, Francis Ludwig: Eduard Bernstein 1850–1932. Eine politische Biographie. München 1993
Clark, Christopher: Wilhelm II. Die Herrschaft des letzten deutschen Kaisers. München 2009
Clay Large, David: Hitlers München. Aufstieg und Fall der Hauptstadt der Bewegung. München 1998
Craig, Gordon A.: Deutsche Geschichte 1866–1945. München 1999
Davies, Norman: Im Herzen Europas. Geschichte Polens. München 2001
Der Antimilitarist und Pazifist Tucholsky. Dokumentation der Tagung »Der Krieg ist aber unter allen Umständen tief unsittlich«. Schriftenreihe der Kurt-Tucholsky-Gesellschaft, Band 4. St. Ingbert 2008
Die Weltbühne 1918–1933. Vollständiger Nachdruck (16 Bände). Königstein 1978
Ebersbach, Volker: Heinrich Mann. Frankfurt am Main 1978
Eckert, Hans-Wilhelm: Konservative Revolution in Frankreich? Die Nonkonformisten der Jeune Droite und des Ordre Nouveau in der Krise der 30er Jahre. München 2000
Einstein, Carl: Die Kunst des 20. Jahrhunderts. Leipzig 1988
Eksteins, Modris: Tanz über Gräben. Die Geburt der Moderne und der Erste Weltkrieg. Reinbek 1990
Emrich, Wilhelm: Franz Kafka. Frankfurt am Main / Bonn 1970

Ferguson, Robert: Knut Hamsun. Leben gegen den Strom. München / Leipzig 1990

Flechtheim, Ossip K.: Die KPD in der Weimarer Republik. Frankfurt am Main 1969

Fölsing, Albrecht: Albert Einstein. Eine Biographie. Frankfurt am Main 1995

Fröhlich, Michael (Hg.): Die Weimarer Republik. Portrait einer Epoche in Biographien. Darmstadt 2002

Gay, Peter: Die Republik der Außenseiter. Geist und Kultur in der Weimarer Zeit 1918–1933. Frankfurt am Main 1989

Gay, Peter: Kult der Gewalt. Aggression im bürgerlichen Zeitalter. München 2000

Gellinek, Christian: Philipp Scheidemann. Eine biographische Skizze. Köln / Weimar / Berlin 1994

Gerlach, Hellmut von: Die große Zeit der Lüge. Der Erste Weltkrieg und die deutsche Mentalität (1871–1921). Bremen 1994

Gerlach, Hellmut von: Von Rechts nach Links. Frankfurt am Main 1987

Gietinger, Klaus: Der Konterrevolutionär. Waldemar Pabst – eine deutsche Karriere. Hamburg 2009

Goebbels, Joseph: Tagebücher. 5 Bde. München / Zürich 1999

Greuner, Ruth: Gegenspieler. Profile linksbürgerlicher Publizisten aus Kaiserreich und Weimarer Republik. Berlin 1969

Gross, Babette: Willi Münzenberg. Eine politische Biografie. Leipzig 1991

Günther, Ernst: Geschichte des Varietés. Berlin 1978

Gumbel, Emil Julius: Verschwörer. Zur Geschichte und Soziologie der deutschen nationalistischen Geheimbünde 1918–1924. Frankfurt am Main 1984

Habermas, Jürgen: Geist und Macht – ein deutsches Thema. Heinrich Heine und die Rolle des Intellektuellen in Deutschland: In: Joseph A. Kruse / Bernd Kortländer (Hg.): Das Junge Deutschland. Hamburg 1987

Haffner, Sebastian: Die deutsche Revolution 1918 / 19. Berlin 2002

Hamilton, Andrew: Rheinsberg. Das Schloss, der Park, Kronprinz Fritz und Bruder Heinrich. Berlin 2005

Hannover, Heinrich / Elisabeth Hannover-Drück: Politische Justiz 1918–1933. Frankfurt am Main 1966

Harden, Maximilian: Kaiserpanorama. Literarische und politische Publizistik. Hg. Ruth Greuner. Berlin 1983

Haug, Christine / Franziska Mayer / Madleen Podewski: Populäres Judentum. Medien, Debatten, Lesestoffe. Tübingen 2009

Heine, Heinrich: Sämtliche Schriften in zwölf Bänden. Hg. Klaus Briegleb. München 1976

Hellberg, Frank: Walter Mehring. Schriftsteller zwischen Kabarett und Avantgarde. Bonn 1983

Hemingway, Ernest: Gesammelte Werke in zehn Bänden. Reinbek 1989

Hepp, Michael; Kurt Tucholsky. Reinbek 1998

Hepp, Michael: Kurt Tucholsky. Biographische Annäherungen. Reinbek 1999
Hermand, Jost / Frank Trommler: Die Kultur der Weimarer Republik. Frankfurt am Main 1988
Heym, Georg: Gedichte. Frankfurt am Main 1966
Hindenburg, Paul von: Aus meinem Leben. Leipzig 1920
Hirsch, Helmut: Rosa Luxemburg. Reinbek 2004
Horkheimer, Max / Theodor W. Adorno: Sociologica II. Reden und Vorträge. Frankfurt am Main 1967
Horne, John / Alan Kramer: German Atrocities, 1914. A History of Denial. New Haven / London 2001
Hosfeld, Rolf / Hermann Pölking: Die Deutschen 1815 bis 1918. Fürstenherrlichkeit und Bürgerwelten. München / Zürich 2007
Hosfeld, Rolf / Hermann Pölking: Die Deutschen 1918 bis 1945. Leben zwischen Revolution und Katastrophe. München / Zürich 2006
Jacobsohn, Siegfried: Briefe an Kurt Tucholsky 1915–1926. Hg. Richard von Soldenhoff. Reinbek 1997
Jäckel, Eberhard: Das deutsche Jahrhundert. Eine historische Bilanz. Frankfurt am Main 1999
Jansen, Wolfgang: Das Varieté. Die glanzvolle Geschichte einer unterhaltenden Kunst. Berlin 1990
Jungk, Peter Stephan: Franz Werfel. Eine Lebensgeschichte. Frankfurt am Main 2001
Kähler, Hermann: Berlin. Asphalt und Licht. Berlin 1986
Kafka, Franz: Gesammelte Werke. Hg. Max Brod. Frankfurt am Main 1976
Keegan, John: Der Erste Weltkrieg. Eine europäische Tragödie. Reinbek 2001
Kempner, Robert M.W.: Ankläger einer Epoche. Lebenserinnerungen. Frankfurt am Main / Berlin / Wien 1983
Kern, Thomas: Soziale Bewegungen. Ursachen, Wirkungen, Mechanismen. Wiesbaden 2008
Kessler, Harry Graf: Tagebücher 1918-1937. Frankfurt am Main 1979
Kielmansegg, Peter Graf: Deutschland und der Erste Weltkrieg. Stuttgart 1980
Kolb, Annette: Versuch über Briand. Berlin 1929
Kolb, Eberhard: Gustav Stresemann. München 2003
Kraus, Karl: Ausgewählte Werke in drei Bänden. München 1977
Krause, Hartfried: USPD. Zur Geschichte der Unabhängigen Sozialdemokratischen Partei Deutschlands. Frankfurt am Main / Köln 1975
Kwaschik, Anne: Auf der Suche nach der deutschen Mentalität. Der Kulturhistoriker und Essayist Robert Minder. Göttingen 2008
Lange, Annemarie: Das Wilhelminische Berlin. Berlin 1980
Lange, Annemarie: Berlin in der Weimarer Republik. Berlin 1987
Laqueur, Walter: Weimar. Die Kultur der Republik. Frankfurt am Main / Berlin / Wien 1977

Laqueur, Walter / George L. Mosse (Hg.): Die europäischen Linksintellektuellen zwischen den beiden Weltkriegen. München 1967
Lasker-Schüler, Else: Sämtliche Gedichte. München 1966
Levi, Paul: Zwischen Spartakus und Sozialdemokratie. Frankfurt am Main / Wien 1969
Löwith, Karl: Von Hegel zu Nietzsche. Frankfurt am Main 1969
Ludendorff, Erich: Meine Kriegserinnerungen 1914–1918. Berlin 1919
Lützeler, Paul Michael: Die Schriftsteller und Europa. Von der Romantik bis zur Gegenwart. München / Zürich 1992
Lukian: Lügengeschichten und Dialoge. Nördlingen 1985
Lukian: Götter, Tote und Hetären. Leipzig 1976
Madrasch-Groschopp, Ursula: Die Weltbühne. Porträt einer Zeitschrift. Berlin 1983
Mann, Golo: Deutsche Geschichte des 19. und 20. Jahrhunderts. Frankfurt am Main 1989
Mann, Heinrich: Werkauswahl in 10 Bänden. Düsseldorf 1976
Marcuse, Ludwig: Mein zwanzigstes Jahrhundert. Auf dem Wege zu einer Autobiographie. Zürich 1975
Matthias, Lisa: Ich war Tucholskys Lottchen. Hamburg 1962
Mayer, Hans: Ein Deutscher auf Widerruf. Erinnerungen. Frankfurt am Main 1982
Mayer, Paul: Ernst Rowohlt. Reinbek 1967
Mazower, Mark: Der dunkle Kontinent. Europa im 20. Jahrhundert. Berlin 2000
Mehring, Walter: Der Zeitpuls fliegt! Chansons, Gedichte, Prosa. Reinbek 1958
Mehring, Walter: Wir müssen weiter. Fragmente aus dem Exil. Frankfurt am Main / Berlin / Wien 1981
Minder, Robert: Kultur und Literatur in Deutschland und Frankreich. Frankfurt am Main 1977
Mörchen, Helmut: Schriftsteller in der Massengesellschaft. Stuttgart 1973
Mommsen, Hans: Aufstieg und Untergang der Republik von Weimar 1918–1933. Berlin 1998
Mommsen, Wolfgang J.: Der Erste Weltkrieg. Anfang vom Ende des bürgerlichen Zeitalters. Frankfurt am Main 2004
Mommsen, Wolfgang J.: Bürgerliche Kultur und künstlerische Avantgarde 1871–1918. Frankfurt am Main / Berlin 1994
Nebelin, Manfred: Ludendorff. Diktator im Ersten Weltkrieg. München 2010
Neulen, Hans Werner: Europa und das 3. Reich. München 1987
Nietzsche, Friedrich: Werke, Hg. Karl Schlechta. München 1969
Nolte, Ernst: Der Faschismus in seiner Epoche. München / Zürich 1995
Nolte, Ernst: Die faschistischen Bewegungen. München 1973
Oswalt, Stefanie: Siegfried Jacobsohn. Ein Leben für die Weltbühne. Gerlingen 2000

Paret, Peter: Die Berliner Secession. Moderne Kunst und ihre Feinde im Kaiserlichen Deutschland. Frankfurt am Main / Berlin / Wien 1983
Pflug, Sunhild: Dr. med. Else Weil. Teetz / Berlin 2008
Pforte, Dietger (Hg.): »Farbig weithin sichtbare Signalzeichen«. Der Briefwechsel zwischen Carl von Ossietzky und Kurt Tucholsky aus dem Jahr 1932. Berlin 1985
Piscator, Erwin: Das politische Theater. Reinbek 1979
Priestland, David: Weltgeschichte des Kommunismus. München 2009
Raddatz, Fritz J.: Tucholsky. Ein Pseudonym. Reinbek 1993
Richard, Lionel: Cabaret-Kabarett. Von Paris nach Europa. Leipzig 1993
Riha, Karl (Hg.): Dada Berlin. Texte, Manifeste, Aktionen. Stuttgart 1977
Ringer, Fritz K.: Die Gelehrten. Der Niedergang der deutschen Mandarine 1890–1933. München 1987
Rovan, Joseph: Geschichte der deutschen Sozialdemokratie. Frankfurt am Main 1980
Safranski, Rüdiger: Schopenhauer und die wilden Jahre der Philosophie. Reinbek 1992
Sahl, Hans: Memoiren eines Moralisten. Zürich 1983
Salomon, Ernst von: Die Geächteten. Reinbek 1962
Schivelbusch, Wolfgang: Die Kultur der Niederlage. Frankfurt am Main 2003
Schlau, Wilfried (Hg.): Die Deutsch-Balten. München 2001
Schmidt, Alexander: Geschichte des Baltikums. München 1992
Schoenbaum, David: Zabern 1913. Consensus Politics in Germany. London 1982
Schöne, Lothar: Neuigkeiten vom Mittelpunkt der Welt. Der Kampf ums Theater in der Weimarer Republik. Darmstadt 1995
Schopenhauer, Arthur: Werke in fünf Bänden. Hg. Ludger Lütkehaus. Zürich 1988
Schulz, Klaus-Peter: Kurt Tucholsky. Reinbek 1970
Schulze, Hagen: Weimar. Deutschland 1917–1933. München 1982
Schunck, Peter: Geschichte Frankreichs. München / Zürich 1994
Schuster, Peter-Klaus (Hg.): George Grosz. Berlin-New York. Berlin 1995
Schwarzmüller, Theo: Generalfeldmarschall August von Mackensen. Zwischen Kaiser und »Führer«. Paderborn / München / Wien / Zürich 1996
Sheehan, James J.: Kontinent der Gewalt. Europas langer Weg zum Frieden. München 2008
Sontheimer, Kurt: Antidemokratisches Denken in der Weimarer Republik. München 1978
Sprengel, Peter: Geschichte der deutschsprachigen Literatur 1900–1918. Von der Jahrhundertwende bis zum Ende des Ersten Weltkriegs. München 2004
Sternburg, Wilhelm von: Carl von Ossietzky. Es ist eine unheimliche Stimmung in Deutschland. Berlin 2000

Stürmer, Michael: Das ruhelose Reich. Deutschland 1866–1918. München 1983
Tergit, Gabriele: Etwas Seltenes überhaupt. Erinnerungen. Frankfurt am Main / Berlin / Wien 1983
Thiess, Frank: Verbrannte Erde. Wien / Hamburg 1963
Töteberg, Michael: John Heartfield. Reinbek 1978
Toller, Ernst: Eine Jugend in Deutschland. Reinbek 1963
Tooley, T. Hunt: National identity and Weimar Germany. Upper Silesia and the Eastern Border, 1918–1922. Lincoln 1997
Troeltsch, Ernst; Die Fehlgeburt einer Republik. Spektator in Berlin 1918–1922. Frankfurt am Main 1994
Trotnow, Helmut: Karl Liebknecht. Eine politische Biographie. München 1982
Ullstein, Heinz: Spielplatz meines Lebens. München 1961
Vondung, Klaus: Die Apokalypse in Deutschland. München 1988
Weber, Hermann: Die Wandlungen des deutschen Kommunismus. Die Stalinisierung der KPD in der Weimarer Republik. Frankfurt am Main 1969
Weber, Max: Politische Schriften. Tübingen 1958
Wehler, Hans-Ulrich: Deutsche Gesellschaftsgeschichte 1914–1949. München 2003
Wessling, Berndt W.: Max Brod. Ein Porträt. Stuttgart / Berlin / Köln / Mainz 1969
Wette, Wolfram (Hg.): Schule der Gewalt. Militarismus in Deutschland 1871–1945. Berlin 2005
Winkler, Heinrich August: Der lange Weg nach Westen. 2 Bde. München 2002
Winkler, Heinrich August: Weimar 1918-1933. Die Geschichte der ersten deutschen Demokratie. München 1993
Wippermann: Wolfgang: Europäischer Faschismus im Vergleich 1922–1982. Frankfurt am Main 1983
Witt, Peter-Christian: Friedrich Ebert. Bonn 1982
Wolff, Theodor: Die Wilhelminische Epoche. Fürst Bülow am Fenster und andere Begegnungen. Frankfurt am Main 1989
Wright, Jonathan: Gustav Stresemann 1878–1929. Weimars größter Staatsmann. München 2006
Young, Harry F.: Maximilian Harden. Censor Germaniae. Münster 1971
Zweig, Stefan: Die Welt von gestern. Frankfurt am Main 1962
Zwerenz, Gerhard: Kurt Tucholsky. Biographie eines guten Deutschen. München 1979

Personenregister

Seitenangaben von Abbildungen sind kursiv gesetzt

Altenberg, Peter 45
Angell, Norman 22, 268
Apfel, Alfred 249
Aron, Robert 261, 263
Artaud, Antonin 263
Asquith, Herbert 258
Asquith, Margot 258

Bab, Julius 20 f., 45
Baden, Max von 82
Bahr, Hermann 45
Barrison Sisters *(Five Sisters Barrison)* 30, 50
Baum, Vicki 183
Baumann, Paul 233
Beaverbrook, Lord 240
Bebel, August 22
Beckett, Samuel 53
Benedikt XV. 249
Benjamin, Walter 124
Benn, Gottfried 199, 254 f.
Béranger, Pierre-Jean de 122
Berlioz, Hector 160
Bernhard, Georg 177 f., 262
Bernhardi, Friedrich von 21
Bernstein, Eduard 95, 136 f.
Bernstorff, Albrecht Graf von 240
Bethmann-Hollweg, Theobald von 55, 58, 126
Blaich, Hans Erich (alias Dr. Owglass) 20, 34, 46, 52 f., 67 f., 70 f., 79, 84, 88, 91, 97, 227
Blix, Ragnvald 203

Bloch, Ernst 227
Blücher, Wipert von 104
Böcklin, Arnold 16
Bonhoeffer, Karl 109
Bracher, Karl Dietrich 230
Brahm, Otto 32
Braun, Otto 248, 256
Brecht, Bert 183, 199, 205
Breuer, Robert (alias Cunctator, Germanicus) 75 f.
Briand, Aristide 164, 176 f., 222
Brod, Max 20, 35 f., 38, 44, *204*, 236
Bruant, Aristide 116, 118, *119*, 120, 172
Brummell, George Bryan (gen. Beau Brummell) 36
Brüning, Heinrich 232, 240, 266
Büchner, Georg 45
Busch, Wilhelm 79 f.

Campbell-Rosé, Clarisse *siehe* Saharet
Canetti, Elias 251
Cassirer, Paul 148
Céleyran, Tapie de 172
Chagall, Mrac 162
Chamberlain, Austen 176
Chamberlain, Houston Stewart 113
Chaplin, Charlie 121, 124, 196, 244
Chevalier, Maurice 115, *117*
Claire s. Pimbusch, Claire
Claudius, Matthias 268
Clausewitz, Carl von 21

Clemenceau, Georges 101
Corinth, Lovis 45
Coudenhove-Kalergi, Richard Nikolaus 164 f.
Courteline, Georges 203
Crispien, Arthur 133
Cuno, Wilhelm 147
Curtius, Ernst Robert 165

Dandieu, Arnaud 260 f.
Danehl, Erich (gen. Karlchen) 76, 192 f., *195*, 203, 205, 222
Darwin, Charles 21
Daudet, Leon 167 f.
Däumig, Ernst 133
Dauthendey, Max 20
David, Jacques-Louis 145
Debussy, Claude 76
Degrelle, Léon 267
Delbrück, Hans 126
Dieterle, Wilhelm 145
Diez, Karl 141
Dimitroff, Georgi 259
Döblin, Alfred 148
Dollfuß, Engelbert 257
Domela, Harry 194, 196
Durieux, Tilla 49 f.
Duse, Eleonora 43

Ebert, Friedrich 75, 91, 97, 128 f., 133, 136, 145, 150, 174, 184
Ehrhardt, Hermann *132*, 134, 140 f.
Eichhorn, Emil 91
Einstein, Albert 58, 87, 143, 148, 164, 168, 267
Einstein, Carl 125
Ellington, Duke 152
Eloesser, Arthur 182
Erlholz, Käthe 139, 147, 210
Erzberger, Matthias 141, 146

Falkenhayn, Erich von 62
Feuchtwanger, Lion 45, 75, 249
Fircks, Fred von 110
Fischer, Samuel 39

Flaubert, Gustave 28
Flynn, Errol 115, *117*
Fontane, Theodor 22, 54, 70, 79, 103, 267
Forstner, Günter von 55
Fouché, Joseph 207
France, Anatole 168
Frank, Leonhard 249
Frankfurther, Kitty 12, 75
Franz Ferdinand 57
Frei, Bruno 249
Freud, Sigmund 62, 112, 123, 172, 185 f., 219
Friedell, Egon 45
Friedländer, Martin M. 50
Friedmann, Dr. 201
Friedrich II. 10, *11*
Fritsch, Hans (gen. Jakopp) 192 f., *195*, 203, 222, 227, 237
Fuchs, Marierose 262
Fürstenberg, Carl 26

Gambetta, Léon 16
George, Heinrich 145
George, David Lloyd 107
Gerlach, Hellmut von 60, 129, 158, 169, 249, 258
Gerold, Mary (gen. Mala Suson, Malzen, Matz, Meli) 71 f., *73*, 74, 77 f., 82, 84, 88, 92 f., 100, 102–106, 108–111, 113 f., 147, 155–157, 168–170, 179 f., 182, 188 f., *190*, 191, 193, 199, *200*, 201–203, 205–207, *208*, 209–212, 222, 228, 230, 235, 242, *243*, 249, 258, 271, 273, 275–277
Giampietro, Joseph 49
Goebbels, Joseph 250
Goethe, Johann Wolfgang von 50, 52 f., 87, 249
Gold, Alfred 42
Goldschmidt, Alfons 249
Goll, Claire 192, 209
Goll, Ivan 209
Goltz, Colmar von der 21

Graetz, Paul 115 f., *117*, 118, 120, 162, 210, 242
Grey, Sir Edward 23
Groener, Wilhelm 128, 244
Gross, Babette 206, 212
Grosz, George 116, 124 f., 148, 158, 162, 183, 188
Grotjahn, Alfred 61
Guéhenno, Jean 261
Guilbert, Yvette 30, 116, 162, 172
Gulbransson, Olaf 108
Gumbel, Emil Julius 133, 141 f.

Haas, Willy 36
Hamilton, Alexander 10, 12
Hamsun, Knut 17 f., 220, 265 f., *269*, 270
Harden, Maximilian 43, 52, 57, 83, 108, 144, 147 f., 169, 179, 190
Hašek, Jaroslav 36
Hasenclever, Walter 218, 241 f., *243*, 250, 254, 257 f., 260, 265 f., 277
Hauptmann, Gerhart 152
Hauser, Kaspar (alias Kurt Tucholsky) 48, 88, 192
Hausmann, Raoul 124
Heartfield, John 118, 124, 212, 215–218, *221*
Hebel, Johann Peter 71, 264
Heine, Heinrich 16, 25, 99, 123, 160
Hemingway, Ernest 18
Herder, Johann Gottfried 249
Herriot, Edouard 164
Herrmann-Neiße, Max 203
Herrnfeld, Anton 40, 48
Herrnfeld, Donat 40, 48
Hertling, Georg von 75
Herzfelde, Wieland 183, 216
Hesse, Hermann 39
Hesterberg, Trude 116, 120, 210
Heuss, Theodor 137, 183
Heydrich, Reinhard 217
Heym, Georg 23
Hilferding, Rudolf 151, 180
Hiller, Kurt 89, 90, 247

Hindenburg, Paul von 80, 125–127, 173 f., 178, 184, 196, 223, 230 f., 247 f., 250, 256
Hitler, Adolf 151 f., 231 f., 240, 247 f., 250, 254, 257, 265–267, 270
Hoddis, Jakob van 17
Hodann, Max 144
Hoesch, Leopold von 162
Hoffmann, E.T.A. 113
Hofmannsthal, Hugo von 44 f.
Hölderlin, Friedrich 216 f.
Holitscher, Arthur 273
Holl, Gussy 50, *51*, 80, 115, 120, 240 f.
Hollaender, Friedrich 116, 120, 134
Huelsenbeck, Richard 183, 203
Hugenberg, Alfred 197, 206
Hugo, Victor 162
Hünicke, Hedwig 180, 257

Ibsen, Henrik 17, 38, 135, 267
Ihering, Herbert 45, 218, 249

Jacobs, Monty 206
Jacobsohn, Edith 182, 187 f., 245, 256
Jacobsohn, Siegfried 20, 40, *41*, 42–46, 48, 50, 52, 75 f., 89, 99–101, 103, 109 f., 137, 146, 148, 156 f., 173, 178–180, *181*, 182, 188, 191, 203, 234, 237, 262, 275 f.
Jakopp s. Fritsch, Hans
Janácek, Leos 36
Jannings, Emil *51*, 231, 237, 240 f.
Jaurès, Jean 164
Jessner, Leopold 145
Joachim Albrecht Prinz von Preußen 223
Jogiches, Leo 95
Joyce, James 165, 185, 251
Juncker, Axel 20, 35
Jung, C.G. 43, 251

315

Kafka, Franz 36–38, *132*, 135, *204*, 210 f., 218
Kamp, Jürgen 100
Kant, Immanuel 249
Kapp, Wolfgang 134, 140
Karlchen s. Danehl, Ernst
Karolyi, Mihály 158
Karsch, Walther 182, 249
Katzenstein, Dr. 251
Kautsky, Karl 148
Keller, Gottfried 94
Kemal, Mustafa 104
Kempner, Robert 245
Kerenski, Alexander 158, 240
Kessler, Harry Graf 91 f., 95, 128, 131, 144, 169, 176
Kesten, Hermann 249
Kierkegaard, Søren 268, *269*, 270 f.
Kisch, Egon Erwin 45, 257
Klabund (alias Alfred Henschke) 134
Kleiber, Erich 182
Kleist, Heinrich von 16, 38
Koht, Halvdan 262 f.
Kolb, Annette 158, 176, 248
Kortner, Fritz 182
Köster, Adolf 145
Krassmöller, Dr. 33 f.
Kraus, Karl 42, 75, 95 f.
Kreiser, Walter (alias Heinz Jäger) 238 f., 245, 248
Kühl, Kate 120, 210

Lampe, Peter Martin 245
Landauer, Gustav 44
Lasker-Schüler, Else 20, 45, 148 f.
Lasko, Leo 197
Lautréamont, Comte de 263
Leander, Richard (alias Richard von Volkmann) 111
Legien, Carl 136
Lehmann-Rußbüldt, Otto 133
Lehmann, Felix 103, 111, 121, 123
Leistikow, Walter 16
Lemmer, Ernst 144
Leroux, Gaston 70

Lessing, Gotthold Ephraim 42
Leuß, Hans 57
Levi, Paul 102, 169
Lewis, Sinclair 187
Liebermann, Max 137
Liebknecht, Karl 87, *90*, 91 f., 94–97, 130, 136, 141, 192, 222
Löbe, Paul 137, 184, 248
Löhr, Hans-Albrecht 241
Lossen, Lina 182
Louis Ferdinand von Preußen 96
Ludendorff, Erich 80, 82, 125 f., 134, 140, 152, 165, 167, 217
Ludwig, Emil 211
Lukian von Samosata 123
Lüttwitz, Walther Freiherr von 92, 134
Luxemburg, Rosa 57, 91 f., 94–97, 141, 222

Mackensen, August von 77 f., 83, 184
Mala Suson *siehe* Gerold, Mary
Malzen *siehe* Gerold, Mary
Mann, Heinrich 13, 21, 148 f., 157, 164, 196, 217, 247
Mann, Thomas 39, 92, 116, 148, 157, 164, 247
Marc, Alexander 260
Marcel, Gabriel 260
Marcuse Ludwig 114, 248 f.
Marinetti, Filippo Tommaso 165 f.
Marloh, Otto 130 f.
Marx, Karl 263
Marx, Wilhelm 173
Mary *siehe* Gerold, Mary
Masereel, Frans 162
Massary, Fritzi 48 f., 180
Matthias, Leo 183
Matthias, Lisa 183, 188 f., 192–194, 200, 201, 203, 205–207, 209–212, 213, 214, 219 f., *221*, 222, 227 f., 229, 231 f., 234–238, 260, 270, 276
Matz *siehe* Gerold, Mary

Maurras, Charles 167
Mayer, Hans 98, 206 f.
McDonald, Ramsay 174
Mehring, Walter 13, 115, 118, *119*, 120, 156, 170, 248, 263
Meli *siehe* Gerold, Mary
Ménard-Dorian, Aline 158
Menter, Leo 145
Meyer, Ernst 57
Meyer, Gertrude 233, 241 f., 268, 271, 273, 276 f.
Meyer, Willy 133
Milch, Erhard 67
Minder, Robert 164 f., 167
Mirabeau, Honoré-Gabriel Graf 10
Monet, Claude 158
Morgenstern, Christian 45
Mosley, Oswald 267
Mosse, Rudolf 26, 33, 88, 102
Mowinckel, Johan Ludwig 262 f.
Mozart, Wolfgang Amadeus 45, 179, 182, 262
Mühsam, Erich 45, 249
Müller, Hedwig (gen. Nuuna) 250–252, *253*, 256, 259 f., 261–263, 265–268, 271, 273, 277
Müller, Hermann 217, 230
Munch, Edvard 17, 45
Münzenberg, Willi 197, *204*, 206, 212, 215, 218 f.
Mussert, Anton Adriaan 267
Mussolini, Benito 165–167, 230, 248, 257, 264

Nardi, Pauline 182, 188
Naville, Pierre 260
Nelson, Rudolf 46, 120, 137, *138*, 139, 147, 152, 210
Neven DuMont, Mark 240
Nicolson, Harold 240
Nietzsche, Friedrich 16, 179
Nikolai II. 70
Nitti, Francesco Saverio 158

Nobel, Alfred 25
Noske, Gustav 95 f., 136 f.
Nungo (alias Kurt Tucholsky) 74, 110, 209
Nuuna *siehe* Müller, Hedwig

Offenbach, Jacques 160
Olden, Rudolf 249
Orlik, Emil 45
Ossietzky, Carl von 131, 137, 180, 182, 188 f., 194, *195*, 212, 215, *229*, 233 f., 238–240, 244 f., *246*, 247–250, 254, 259, 262, 266–268, *269*, 270, 276 f.

Pabst, Georg Wilhelm 241
Pabst, Waldemar 222
Paganini, Niccolò 57
Pallenberg, Max 46
Panter, Peter (alias Kurt Tucholsky) 46, 48, 50, 67, 109, 111, 124 f., 232, 242
Papen, Franz von 256
Pechstein, Max 148
Persius, Lothar 97
Pétain, Philippe 267
Pfützenreuter, Otto *siehe* Reutter, Otto
Pimbusch, Claire (alias Else Weil) 13 f., *15*, 19, 22, 35, 37, 71 f., 109–111, 114, 139, 156, 183
Pinthus, Kurt 249
Piscator, Erwin 62, 199
Platen, Carl 152
Plenge, Johann 60
Poincaré, Raymond 164, 166
Polgar, Alfred 43, 45, 180, 249
Princip, Gavrilo 57
Proudhon, Pierre-Joseph 260, 263

Quisling, Vidkun 265

Raabe, Wilhelm 70, 94
Radbruch, Gustav 142
Ragaz, Leonhard 259

Rathenau, Emil 26
Rathenau, Walther 37, 105, 142–144, 146–148, 186, 233
Reinhard, Wilhelm 97
Reinhardt, Max 44 f., 103, 115 f., *117*, 118, 133 f., 180
Reutter, Otto (alias Pfützenreuter, Otto) 30, *31*, 115
Rilke, Rainer Maria 20, 39
Rivera, Miguel Primo de 165
Rochelle, Pierre Drieu la 168
Roda Roda, Alexander 39, 45, 249
Rolland, Romain 164
Rosenbaum, Wladimir 251
Rougemont, Denis de 260
Rowohlt, Ernst 38 f., 148, 201 f., 257
Russell, Lillian 30

Sachs, Emmy 180
Sachs, Nelly 180
Sackville-West, Vita 240
Saharet (alias Campbell-Rosé, Clarisse) 30, *31*
Salomon, Ernst von 105, 135
Schacht, Hjalmar 151
Scheidemann, Philipp 82 f., 87, 91, 101, 133, 141–143, 149 f., 238
Schlieffen, Alfred Graf von 184
Schnitzler, Arthur 43
Schopenhauer, Arthur 78–80, 84, 97, 179, 199, 268, 270
Seeckt, Hans von 140, 175
Seldte, Franz 184
Severing, Carl 137, 197
Shaw, George Bernard 45
Sieburg, Friedrich 240, 255
Silone, Ignazio 251
Simmel, Georg 12, 220
Simon, Hugo 148 f., 155
Skladanowsky (Gebrüder) 30
Slevogt, Max 45
Sombart, Werner 60
Speer, Albert 67
Spengler, Oswald 150
Stalin, Josef 198, 248

Starke, Ottomar 188
Steed, Henry Wickham 259
Steinlen, Théophile-Alexandre 54
Sterne, Lawrence 235
Stresemann, Gustav 89, 149, 151, 174–77, 222, 245
Strindberg, August 17
Sunshine-Girls 50
Suttner, Berta von 25
Szafranski, Kurt 20, 35, 38, *204*, 205 f.

Taine, Hyppolite 170
Tante Flora 32
Tergit, Gabriele 16
Thälmann, Ernst 173, 247 f.
Thiers, Adolphe 267
Thiess, Frank 65, 67, 72
Thimme, Friedrich 148
Tiger, Theobald (alias Kurt Tucholsky) 46, 48, 76, 88, 109, 121, 124 f., 134, 139, 144, 152, 158, 228, 230
Tirpitz, Alfred von 21, 76
Toller, Ernst 19, 182 f., 249, 259
Tolstoi, Leo 179
Toulouse-Lautrec, Comtesse Adèle de 173, 175
Toulouse-Lautrec, Henri de 172 f., 175
Troeltsch, Ernst 60, 84, 89, 94, 99, 127–129, 133, 135
Trotzki, Leo 198
Tucholsky, Alex *24*, 25 f., *29*, 30, 275
Tucholsky, Berta (gen. Tante Berta) 12, 54
Tucholsky, Doris *24*, 25 f., 28, *29*, 33, 275
Tucholsky, Ellen 28, *29*, 63, 66
Tucholsky, Fritz 28, *29*
Tucholsky, Neumann 26
Twain, Mark 203

Ulbricht, Walter 206
Ullah, Aman 197
Ullstein, Heinz 12, 14, 33 f., 37

Ullstein, Hermann 169
Ulmanis, Karlis 103, 106
Unamuno, Miguel de 165, 170

Valangin, Aline 251
Valetti, Rosa 116, 120, 185
Vetter, Karl 131, 144 f.
Wagner, Richard 45, 76

Waldoff, Claire 46, 116
Walser, Robert 45
Waschnek, Erich 241
Wassermann, Jakob 191, 217
Weber, Louise (alias La Golue) 172
Weber, Max 91, 98
Wedekind, Frank 56 f.
Weil, Else (siehe auch Pimbusch, Claire) 9, 12 f., 15, 19 f., 35, 109 f., 156, 235, 275 f.
Wells, H.G. 52
Wels, Otto 82
Werfel, Franz 20, 36–38

Werner, Anton von 16
Wieland, Christoph Martin 123
Wilamowitz-Moellendorff, Ulrich von 12
Wilde, Oscar 36, 38, 49
Wilhelm II. 17, 58, 61, 82 f., 96, 112, 123, 147, 215
Wirth, Joseph 143, 145, 147
Wolfenstein, Alfred 249
Wolff, Kurt 39
Wolff, Theodor 44, 75, 87, 89, 92
Wölfflin, Heinrich 12
Wolfgang, Martin 145
Wrobel, Ignaz (alias Kurt Tucholsky) 46, 48, 52, 121, 124 f., 139, 141 f., 194, 215, 231, 234, 242
Wüst, Ida 210

Zille, Heinrich 108
Zimmermann, Arthur 126
Zörgiebel, Karl Friedrich 214 f.
Zweig, Arnold 45, 148, 249, 271

Bildnachweis

AKG Images, Berlin: 11, 81, 90, 213 (N.N.)
Bildarchiv Preußischer Kulturbesitz, Berlin: 41 (Atelier Binder), 51, 73, 195, 221 (N.N.)
Konditorei Rabien, Berlin: 181
Kurt Tucholsky Literaturmuseum, Schloss Rheinsberg, Rheinsberg: 15, 24, 27, 29, 31, 47, 64, 69, 138, 159, 163, 190, 200, 204, 208, 229, 243, 253, 269, 272
Ullstein Bild, Berlin: 117 (N.N.), 119 (United Archives), 132 (ADN-Bildarchiv), 246 (ddp)